北京市哲学社会科学北京学研究基地项目资助
北京市属高等学校高层次人才引进与培养计划项目资助

北京学丛书·纪实系列
主编 张宝秀

老北京梦寻
LAO BEIJING MENG XUN

杨澄 著

北京大学出版社

写在前面的话

北京历史悠久,拥有三千多年建城史和八百六十多年建都史。

北京人文繁华,是金元明清四朝帝都,也是中华民国的首个首都。1949年中华人民共和国成立,定都北京。

北京见证了中华民族的发展壮大,积累了无比丰厚的文明成果,成为中国人民的精神圣地。

孔子说:"温故而知新,可以为师矣。""故"是历史,"新"是未来。以史为镜方可知兴替,丢失了历史的民族无以知新,是没有未来的。班固在《东都赋》里指出:"温故知新已难,而知德者鲜矣。"德之不存,礼崩乐坏,世事无依。两位历史巨人从正反两个方面告知了"温故"的紧要。

北京市哲学社会科学北京学研究基地与北京大学出版社合作,推出了《北京学丛书》(该丛书分为"流影"和"纪实"两个系列),旨在"温故而知新",名之曰"纪实",既是为老北京众生相立传,更是为新北京大变化述说,留存古今北京的社会记忆,为研究者提供丰富多样的素材,助益读者领悟北京的前世今生。

北京学研究基地，是北京市哲学社会科学规划办公室与北京市教委联合设立的，是以成立于1998年的北京联合大学北京学研究所为核心、以"立足北京、研究北京、服务北京"为宗旨、以北京地域综合体为研究对象、多学科交叉互动的综合性研究平台。广泛调动专家学者、社会工作者、历史文化爱好者等各方面研究力量和资源，对北京历史文化进行多方位、多要素、多专题的发掘与研究，为首都北京发挥全国文化中心示范作用做贡献，是我们的责任和努力方向。

本丛书编写凭借个人口述、采访等直接体验或使用日记、书信、报刊、档案等历史文献间接体验，真实地述说北京历史上的真人真事和现实生活，以文为主，图文互补，题材可大可小，须见物见人见精神，不虚妄，求真实。

当代著名学者闻一多先生留美归来，回到久别的北京，壮怀激烈，写下诗歌《祈祷》："请告诉我，谁是中国人？启示我，如何把记忆抱紧；请告诉我这民族的伟大……"

愿《北京学丛书·纪实系列》能为回答先生的追问做出努力，"把记忆抱紧"，倾听北京的声音，感知"这民族的伟大"。

张宝秀

北京城
是梦堆积起来的地方
悠悠老北京
积蓄着多少代人
矢志不渝的追求
胼手胝足的努力
和绚丽多彩的梦想
老北京
是一笔取不尽、用不竭的财富
亲近老北京
不仅需要情感
更需要智慧、襟怀和勇气

白云观门前小市

目 录

开篇
一梦到京城 /014

第一章
老城圈儿的核心是金龙宝座 /022
　一、从苦海爬上岸的北京人 /026
　二、军事重要，政治更需要 /027
　三、壮哉，元大都 /029
　四、大明造就北京城 /037
　五、清帝国的添彩与糟践 /042
　六、顺着城墙的影子找故事 /044

第二章
胡同是供养老北京的血脉 /052
　一、胡同是什么东西 /055
　二、胡同俩字怎么讲 /058
　三、胡同里藏着故事 /060
　四、胡同怎么起名字 /061

第三章
中规中矩的四合院 /068
　一、四合院里说"四合" /070
　二、四合院的文化理念 /072
　三、我住四合院的苦辣酸甜 /075

第四章
铸就金街离不开天时地利人和 /078
　一、想当初，鼓楼大街热闹非凡 /080
　二、到后来，前门大街包罗万象 /082
　三、看现在，王府井金光闪亮 /085
　四、繁华今古说牌楼 /090

第五章
老字号不"老"的奥秘 /094
　一、"六必居"到底有多老 /096
　二、从"东来顺"粥摊儿，
　　　到赫赫清真馆 /099
　三、打开"老字号"的奥秘 /104

第六章
老茶馆是另一个家/114
一、北京人的茶缘/116
二、饮茶的三六九等/119
三、各色各样的老茶馆/123

第七章
众口难调也能调的老饭馆/128
一、春节家宴说"和气"/130
二、食不厌精的"谭家菜"/132
三、两种烤鸭一般香/136
四、"砂锅白肉",居、家皆然/142
五、二荤铺"灶温"的"温"/143

第八章
京剧的摇篮
——北京的老戏园子/148
一、没好角儿就没有京剧/151
二、北京人别忘了"广和楼"/153
三、锣鼓咚咚唱对台/159
四、我也"票"了一回戏/167

第九章
老会馆背后的功德/172
一、从鲁迅进京下榻绍兴县馆说起/175
二、进京赶考催生了北京会馆/180
三、捡拾京城会馆的几块残片/185
四、台湾会馆旧地重光/189

第十章
日下出门全靠腿的老交通/192
一、腿的日子/195
二、腿和轮的日子/198
三、轮子行的日子/201
四、飞行的日子/205

第十一章
飘然远去的老行业/210
一、下磨脚底上磨肩/214

二、冲风唤卖一声声/216
三、巧手拾掇万家器/222
四、饥饿逼出来的天才/227

第十二章
吹不走、改不了的老风俗/240
一、春节/243
二、正月十九、燕九节/262
三、二月二、龙抬头/263
四、清明节、寒食节/264
五、五月节、端午节、端阳节、
　女儿节/267
六、七夕节/269
七、中元节、鬼节/272
八、八月节、中秋节、团圆节、
　月饼节、兔爷节/274
九、九九重阳节/277

第十三章
美哉，壮哉，我育英/280
一、"能按月交学费吗？"/283
二、老师学问好、品德高，
　还都有故事/285
三、难忘恩师张舜英/286
四、培养兴趣的课外活动/288
五、"致知力行"，受用一生/289
六、育英也是"家"/290

第十四章
饱经沧桑的老北京人/294
一、初识皇弟/297
二、显赫背后的隐忧/299
三、惊惧牵来的安然/303
四、心地平和度余年/305

尾声
故事不远　近在眼前/308

宣武门外大街

开 篇

一梦到京城

老北京是梦堆积起来的地方。

追寻老北京的路途，暗合了我70多年的经历。虽微不足道，却如江中的渔火，明明灭灭，引出我无尽的回忆和联想。

那是20世纪30年代，父亲从山西省太谷县南门外东庄村的乡下，先后两次流落到北京求生，终于扎下了根，有了我们一家。我成了北京人。

传说，那年太谷老家门前的无花果，开了一朵朵挺大挺大的白花，全村人都吓坏了，不敢从父亲家门前经过。果然，不到一个月，爷爷、奶奶、伯伯、伯母、叔叔，先后去世，只剩下11岁的父亲和6岁的姑姑，除了哭，茫然无措。村里人都很同情，却不敢靠近。他们说，这是无花果开花带来的祸，谁沾上，谁家破人亡！住在外村的远亲心中不忍，夜里偷着来到家，悄悄地把亲人埋葬了；把小姑姑领到太原矿上，送给穷苦的窑工当了童养媳；又把11岁的父亲领到邻村的豆腐房干点杂活，讨碗豆渣吃。一个七口之家，就这样破灭了。

1952年，费了很大周折，父亲在太原找到了姑姑，她什么都不记得了，拉着父亲的手，只是傻笑，翻开父亲的上衣口袋，把东西和钱都掏出来。父亲走后的第三天，她疯疯癫癫地跑了，再无消息。这是后话。

都说，北京是皇上住的地方，好活人。12岁的父亲攥着磨豆腐挣来的两块大洋，走到北京，找到老乡在前门外粮食店开的兴盛馆，烧火、刷碗、淘米、洗菜，干些粗活。靠着实诚、勤快和用心，五年后他掌了灶，学了一把炒菜的好手艺。一年伏天，天正热，广顺木厂的高志广掌柜同朋友来兴盛馆吃饭。汇账的时候，不小心把塞在袜筒里的钱，掉在地上，也没发觉。父亲捡起追到街口，把钱还给了高掌柜。从此高掌柜时常来兴盛馆吃饭，有一搭没一搭地和父亲聊天，心里有了底，就把给木厂伙计"缝穷"的养女刘秀珍说给了父亲，并出钱办了婚事。这年，父亲已经三十多岁。婚后第二年有了姐姐。添人进口本是件喜事，偏偏赶上兵荒马乱，北平城人心惶惶，父亲失了业，求告无门，一家三口只好回归无房、无地、无亲人的老家。谁承想太谷的乡亲们也一样的揭不开锅，世道一样的乱。汾河的水再好喝，也解不了饿。父亲拼死拼活地打了半年短工，攒不够下一顿的半碗小米。一家三口怎么活？一连几天，父亲梦见高大的前门楼子，梦见前门大街西侧、那条饭馆挨着饭馆的粮食店街。既然热土焐不热穷苦人凉透了的心，那就只有离开，把东庄村深深地埋进心底，再也不想！父亲、母亲和怀抱的姐姐，再次投奔老北京宽大的胸怀。

  北京城收留了这一家人，还把我送进了这个家。1937年年根儿底下，我出生的那天，失业多时的父亲正好找到了事由：给老乡开的"同太永"商号做饭。乡亲和街坊都祝贺他双喜临门。他高兴地抱着我说，就叫他"双喜"吧。从此，父亲总是把我带在身旁，好像我会给这一家人带来吉兆。

  我是在北京的山西人圈儿里长大的，吃惯了山西面食，听惯了软软的山西话。我最熟悉的地方是前门大街、珠市口和天桥，因为姥姥家住在天桥的福长街头条。那个从小哄我玩、给我说故事、在旗的文瑞大爷，成了我有生以来第一个老师，教材就是老北京的故事。

  他常把我举到正阳门大石狮子肚子前面那个旮旯儿里，说太祖爷大战萨尔浒，说铁冠图吴三桂请清兵，说顺治爷，说巴图鲁……他是黄带子，当年住东直门里，也显赫过。大清国一完，断了钱粮，他找不着吃饭的地方，只有卖房产、卖家当，卖了个溜光净，离开了东直门，挤进前门外湿井胡同的一个小杂院里。没得可卖了，就剩下挨饿这一条路了。可巧这时父亲找到了事由，需要有个常人每天照看我，待遇是只管饭，年节有点零花钱。他半推半就地接受了父亲的请求，移樽我家。

  他已经穷到家当只剩一袍一褂的地步了，可那份儿"大爷"的架子依旧不倒，走到哪儿都端着、拿着劲儿。母亲没文化，敬重他是皇上家的人，总是把第一个出屉的窝头端给他。文大爷既不说谢，也不拿正眼看一下，仿佛这是他从龙入关该得的那份"俸禄"。在我们家，他常和来家串门也失了业的厨师胡福盛大爷聊天。他习惯居高临下地说话，摆出一副教训人的架势。一句话不对茬，他抬腿就走。母亲追出门，喊："快吃饭了！"他头也不回，钻进自己那间不足八平方米的小屋，饿上一天。

而对我，文大爷倾尽了一辈子的亲情和希望，从不发脾气。每个月初，他带着我去西珠市口路北清华池洗澡。洗完澡，他总也忘不了给我买一块含姜丝的粽子糖，让我发发寒气，等落了汗再出澡堂子的门。我爱听戏，常常夜半不归，他总是先稳住急脾气的父亲，而后在鲜鱼口、大栅栏转悠，一家家戏园子里找，总能把我从西皮二黄中唤回，领回家，好言好语地劝慰我的父母，让我免去一顿扫帚疙瘩。他真的是我的保护神！

后来我上中学了，胡大爷开饭馆去了。文大爷不好意思再在我家吃闲饭，赊了几盒烟卷，拐个小竹篮儿，蹲在前门大街施家胡同把口的电料行门口卖零烟。他不吆喝，也不会摆摊，烟卷自然没人买，他只是干坐街头，木然地面对过往的行人和车辆，像个世外人。母亲和我每天倒着班地给他送饭，劝他别卖了，他边吃边摇头，抹不开面子，叹口气说，早该迈出这一步，晚喽！

他是在他那间小黑屋坐着死的，手里还拄着我给他买的那根粗木拐棍，那样子仿佛站起来要出门。小竹篮儿倒了，烟卷撒了一地。床上却整整齐齐地摆着两个澄浆底的蛐蛐罐、两个小烟壶和一把波斯彩壶（壶嘴残了）。街坊说，天明他咽气前，一直喊着："喜子、喜子！"那是我的小名。床上的物件我认得，那是宫里的东西，皇上赐的。他没钱买粮食，饿晕过两次，却没舍得卖这几件"宝贝"。我不知道，临终前他是怎样拼力把这五件"宝贝"摆得那么整齐的，但我明白，这是他留给我的全部念想，他一生的珍爱！

文大爷随着他那个时代永远逝去了。虽然我不能忘却，但也终究会被后世遗忘。

如今，北京城正在毫不吝惜地脱去沉重的千年旧装，急换新容，披星戴月地去追比巴黎、纽约一类的世界城市。高楼林立，环线重重，人如潮涌，车衔似龙。我记忆中的老北京渐行渐远，连背影也模糊了，不光是那些城门、牌楼、胡同、四合院……

比这更挡不住的是一茬茬老人带着他们的感知、技艺和梦想甩手而去，留下一处处无法弥补的文化空白……

我惊悚于有形的和无形的老北京正在急速地逝去，就连近十年、二十年的景色，也在快速地褪成一片灰白！

相比京城的巨变，旧日的情景却频繁而执拗地浮现在我的面前：

槐荫遮盖下小胡同里悠悠扬扬的"买大小，哎，小金鱼来——"；

街口相遇客客气气的一声："您先走"；

城墙根儿喊落一弯残月的"咿——啊——"；

文津街图书馆里静谧无声的灯光……

我怀念往昔那平和宽容的气氛，也情不自禁地追想起为营造这气氛，一代代先人们付出的努力和牺牲。他们在困苦中奋斗，从不气馁，为我们留下了宝贵的经验教训。这时，我记起龙须沟边的那个小学校。大雨滂沱，沟岸齐平，黑水冒着呕人的气泡，时常有小伙伴滑入沟中毙命。老师一再叮嘱："晴天时就要看准沟沿儿的宽窄，哪实，哪虚，记牢喽！涨水时，沉住气，往实地方踩！"1950年人民政府填平了龙须沟，我却没敢忘掉"沉住气，往实地方踩"那句话。尽管今天龙须沟埋进了地下，地面上盖起了漂亮的楼房，可生活里的沟沟坎坎哪有个埋得完铲得平的时候呢？

诚然，近百年来我们迭次经历了外辱内乱的巨大苦痛，刻骨铭心，难以平复中华民族所蒙受的丧权辱国之耻。而眼下，繁花似锦，凄风苦雨的昨夜仿佛烟消云散，全然逝去。今天，我们正意气风发地做着前人未曾做过的大事业。难道，还有必要捡拾过去的记忆吗？

鲁迅先生曾经深恶痛绝地鞭笞国民的麻木不仁，失却记性，他指出：

人们因为能忘却，所以自己能渐渐地脱离了受过的苦痛，也因为能忘却，所以往往照样地再犯前人的错误。

遗忘先人，失却记忆，该是一件多么危险的事情呀！

唯此，摒弃丧失记性的恶习，是多么重要的事。人们可以不在乎过去，但未来终究会为此付出沉重的代价，令后代斥责前辈的愚昧与昏聩。因而，今日追寻老北京，正是忙着在捡拾失却的记忆过程中，去审慎地自省、检讨，既非一味地怀旧猎奇，更不是无聊的消遣。

其实，从"破四旧"噩梦中苏醒过来的老北京情结是一种可喜的觉悟，不管它用什么形式表达，都是对历史的尊重和认同，对现实的希冀和补充。

我很喜欢在四九城游走，从老辈人和书本提供的线索中，结合自己的经历，按图索骥，去追寻老北京的故事。我发现，追寻老北京，也是在审视自己，这不光需要毅力、智慧，也需要勇气和襟怀。脚下的路途远了，头脑中的思想和情感境界会不断升高。

我想起了王国维在《人间词话》里的一段名言。他说：

古今之成大事业、大学问者，必经过三种之境界："昨夜西风凋碧树。独上高楼，望尽天涯路。"此第一境也。"衣带渐宽终不悔，为伊消得人憔悴。"此第二境也。"众里寻他千百度，蓦然回首，那人却在，灯火阑珊处。"此第三境也。

　　细想起来，追寻老北京的过程，又何尝不是经历这三种境界而发现"自己"呢？及至追寻得远了、深了、广了，头脑里逝去了藩篱，我们于灯火阑珊处觅得的，不光是一个本真的"老北京"，还应该有一个本真的"我"。

前门外五牌楼

第一章
老城圈儿的核心是金龙宝座

紫禁城乾清宮

小京纪实
BEIJING JISHI
老北京梦寻

城墙、城门连成一圈儿，北京人叫"城圈（读去声）儿"。

在中国，城墙、城门是一个城市的标志和象征。

老北京是元、明、清三代的皇城帝都，坚固的城墙、高大的城门，标志的是泱泱帝国，象征的是煌煌王朝。说实了，那城墙城门可不是砖砌石筑的摆饰，那简直就是皇上的脸面和性命，岂可等闲视之！所以，说老北京，首先要说城。

刨根问底，古时候"城"这个字，原是指用土夯实的墙，土围子，防御工事。战国时的《墨子》讲：

> 城者，所以自守也。

说明城与墙是一回事，就是用土围成墙，守护自己的家族，防止外来者入侵。后来"城"的意思引申为城市，本来的意思反而淡薄了。

"都"这个字的本意才是指城市，也可以提升为首都。我国的第一部字典、汉代刘向所著的《释名》里讲：

> 国城曰都。都者国君所居，人所都会也。

东汉许慎的《说文解字》就特别强调：

> 有先君之主、宗庙，曰都。

皇帝能够奉天承运，成为主宰一国之君，是仰仗祖宗的荫德，老天爷的照顾，供奉祖先的牌位自然是少不了的。所以，历代开国的明君一旦得了天下，都要极认真地选好地、筑好城、建好都、安厝祖庙，靠国都坚城坐龙椅、安天下、传后世。因此，国都的城圈儿在中国人心中的分量可想而知。英国人沙尔安琢磨了好长时间，才摸清了这个脉。他在所著的《中国建筑》里就总结出：

城墙、围墙，来来去去到处都是墙，并构成了每一个中国城市的框架，标志着中国式社区的基本特色。在中国没有一个真正的城市是没有城墙所围绕的，这就是中国人何以名副其实地将城市叫做"城"。

北京城是元、明、清三代的帝都。至今，明清两代建造的紫禁城格局如初，在明永乐元年（1403）到清宣统三年（1911）的508年间，宫城太和殿的龙椅上坐过明清24位皇帝。北京城是建了又建，修了又修，堪称天下第一。就是天子脚下的平头百姓对这个"城"，也是装在心里、挂在嘴上，情有独钟。

比方，问："府上是哪儿呀？"

必答："北京城！"

北京的后面，捎了一个"城"字，内中就平添了一份叫人眼馋的珍爱和自豪。而居住的方位，比如是在城里还是在城外，是东城还是南城，是离城门、城墙远还是近，又成了显示北京人身份、地位、资历的明显标志。可以说，"城"是罩在北京老百姓头顶上的光环，或许是羁绊步履的险阻。

老北京的老城圈儿，牵挂着北京人剪不断、理还乱的纷乱心绪。

如今的北京城壮丽辉煌，名扬世界，那是明成祖朱棣在元大都的基础上，重新建成的。清朝，顺治帝福临入关后，一方面没有承袭过去开国皇帝毁弃旧朝宫殿的恶习；另一方面也因为忙着打仗统一中国，顾不上装门脸儿、讲排场，就沿用了明建的京城，住进了紫禁城，开启了皇清天下，这叫做"定都京师，宫邑维旧"。此后，清王朝在200多年间，除了不断地修建"三海"（南海、中海、北海）的皇家园林外，就是腾出财力人力，大规模地开发、兴建了西郊的园林景区，为庄严的北京城又增添了一脉江南园林的妩媚。这使古老的北京城更秀丽，也更精粹了。

建筑大师梁思成在20世纪50年代指出：

在中国乃至全世界，北京城的"历史文物建筑比任何一个城都多"。它的整体的城市格式和散布在全城大量的文物建筑群，就是北京的历史艺术价值的体现。

因此，了解北京，不能不了解北京城漫长曲折的变迁史，知其然，还要知其所以然。这样，你就会在漫步闲游中，从砖头瓦块中复活一个有模有样的老北京，从而发自内心地珍爱散布在北京全城各处的文物建筑群，从而认知老北京的历史艺术价值，尊敬这座高贵不屈的英雄古城。

一、从苦海爬上岸的"北京人"

20世纪40年代芝加哥大学地理系的泰勒教授（澳大利亚人），当选为美国地理学会主席，他兴致勃勃地在就职演说中说起了古老的北京城，提出：为什么这么一座历史文化名城，当年一定要选建在北纬40度的冲积平原上？他试图用通常的自然环境因素去解释，却怎么也讲不通，只得推论说：

> 看来在北京城的选址上，显然包含有许多"人"的因素。在古代，巫师们认为这一城址是特别吉利的……由于巫术上和政治上的原因，导致了这个城市的诞生。当时蓟是燕国的首都，以此为起点，似乎再没有其他城市相与抗衡。

泰勒教授以专著《城市地理学》闻名于世，然而，他在"北京城"的选址上却不得要领、陷入了不可知。

其实，北京城的出现，既不是靠天上的仙人指路，也不是听皇帝的金口玉言。正如世间万物一样，北京城从无到有，也是经历了一个孕育、产生、成长的过程。它是社会经济发展的必然结果，是在漫长、激烈的历史演变中自然而然地落户在这块得天独厚的宝地上的。

过去，老北京人总管北京的所在地叫"苦海幽州"，这话不假。因为北京城确实是从茫茫大海里"爬"上岸的。

早在20亿年前，地壳发生大规模变动，北京地区陆沉海底，堆积物淤积。然而，地壳并不老实，一阵子陆地抬升，海水下退；一阵子海升陆沉。这样反反复复，上来下去，变动不定，直到晚石炭纪，海水才彻底退下，陆地抬升，渐渐稳定下来。

7000万年前的中生代时期，地壳发生过一次至关重要的大变动"燕山运动"，从而奠定了今天北京地区西拥太行，北枕燕山，东濒渤海，南向华北大平原，西北高、东南低的优越地势。至今，在北京许多地方还能找到海退陆升的痕迹。而在北京人代代相传的口头传说中，就保留着不少苦海变陆地，以及龙王爷和龙王奶奶的故事。

> 很久很久以前，北京城是一片茫茫苦海。后来海水退了，陆地上建起了北京城。龙王爷和龙王奶奶很新奇，爬上岸一看，挺好！就收拾收拾家什，从海底搬到城里来住，日子过得挺美。不想有一天刮起了黑风黄土。风那个大呀，老树连根拔起；土那个多呀，飞沙走石，房倒屋塌，霎时天昏地暗。龙王爷掐指一算，知道这是有神魔作怪，打算埋葬北京城！这还了得！龙王爷拉起龙王奶奶迎风追赶，到了城根儿，看见一个瘦老婆和一个胖小孩，每人手里拿着

一条口袋，老婆儿往外掏黑风、小孩往出扬黄土呐。龙王爷大喊一声："风婆、云童哪里走！"挥起双龙棒就打。风婆云童见事不好，翻身驾云逃走，龙王爷、龙王奶奶穷追不舍，赶到九天云外，没了踪影。北京这才逃过一劫。为了感激龙王爷、龙王奶奶驱逐黑风、黄土之功，老百姓特意雕了一块两面是龙的铁影壁放在庙门口，早晚一炉香，侍奉龙王爷、龙王奶奶。后来这块铁影壁搬到北海北岸五龙亭的对面，供游人参观，叫后人记着北京城得来不易，别糟蹋它。

海退陆升，地形多样，气候温和，构建了一个适于万物生长、人类生存的摇篮。200万年前，北京地区孕育出人类的远祖。

50～60万年前，北京猿人在京城西南方向的周口店栖息繁衍，留下大量靡足珍贵的文化遗存，期待后人的叩问。

1929年12月2日下午4点，我国考古工作者经过锲而不舍的发掘，终于在龙骨山发现了第一个完整的"北京人"头盖骨。消息传出，当即轰动了世界。古人类学家贾兰坡先生指出："北京人化石和文化的发现及研究，第一次肯定了从猿到人发展过程中这一中间环节和这一环节上人群大致生活的情形。"人类学者在追寻由猿到人的发展过程中，终于找到了令人信服的证据：从中国北京龙骨山上走下来的"北京人"。

我们还在追寻，追寻中华民族祖先的步履。

天地悠悠，岁月悠悠，炎黄子孙的先祖又是从哪里走来的呢？

黄河是母亲河，幽州（北京地区）是远古部落南来北往、西进东出的必争之地，而发生在北京地区的传说又带给我们许多诱人的破解信息。于是，我们惊奇地发现，老祖宗黄帝曾经联合炎帝在京西南的涿鹿，与东夷九黎部落的"蚩尤等浴血大战"，杀得难解难分。后来，黄帝与炎帝又大战于阪泉之野。从此炎黄两个部落融为一体，组成了华夏族，占据了中原一带；而夷、狄、苗、蛮等少数民族被迫退出中原，远居祖国的边疆。

原来中华民族的历史，从一开始，就在北京这块神奇的土地上，留下了浓墨重彩的一笔。

二、军事重要，政治更需要

还是说城。

最早的，也是最老的北京城究竟建于何年、始于何处呢？

打开古文献，发现了两条挺重要的记载：

岁甲辰（1244），帝在潜邸，思大有为于天下，延藩府旧臣及四方文学之士，问以治道。（《元史·世祖本纪》）

　　在刘秉忠、杨惟中、姚枢、郝经等一干饱学之士的谋划下，忽必烈确立了消灭南宋、一统天下的政治目标，接受了"治乱之道，系乎天而由乎人""以马上取之，不可以马上治"的建议，"广招天下英俊，讲论治道"。他权衡父亲窝阔台汗和祖父成吉思汗的得失，认为他们"武功迭行，文治多缺"，不足以开基创业，定国安邦。所以，他一继位就审时度势，毅然决定"仪文制度，尊用汉法"，排除干扰、阻挠，强力推动蒙古社会向封建社会转化，促进国内各民族的联合。

　　1271年，忽必烈依从近臣、谋士刘秉忠等人的建议，取《易经》"大哉乾元"的意思，建国号为元，定都燕京，并让刘秉忠依据《周礼·考工记》"匠人营国，方九里，旁三门，国中九经九纬，经涂九轨，左祖右社，前朝后市"的原则，设计、建造大都城。元世祖忽必烈认为："宫室城邑，非巨丽宏深，无以雄八表。"要不惜人力、物力、财力，打造大都城，极显大汗至高无上的权威。所以这项宏伟的工程从至元四年（1267）正月破土动工，到至元十三年（1276）基本完工，历经九年多。至元二十年（1283），皇室、贵族、衙署、商铺等相继迁入大都新城。从此，大都（北京）取代了长安、洛阳、开封等帝都的地位，成为中国这个统一的多民族国家新的政治中心。

　　负责建都工程总设计的是刘秉忠，还有赵秉温。具体领导营建施工的有汉将军张柔、张弘父子，行工部尚书段天佑，蒙古人野速不花，女真人高觽，色目人也黑迭儿等人。单从这个名单上就可以看出，这是一个不拘一格、唯才是举、各显其能的民族大团结的实干班子，足见忽必烈任人唯贤的广阔胸怀。

　　这里要特别说说对大元建国功勋卓著深受忽必烈信赖的汉臣刘秉忠，他是今天北京城建设最早的奠基人。

　　刘秉忠（1216－1274）初名侃，又名子聪，字仲晦，自号藏春真人。邢州（今河北邢台）人。少时为僧，经海云禅师举荐，他很早就做忽必烈的幕僚。忽必烈很信任他，用事谋略，言听计从，亲自赐名秉忠。这既是对他的评价，也是对他的期望。刘秉忠博学多才，天文、地理、律历无不精通，尤精周易、阴阳。可以说，元代的国是成宪，如，立国号，定国都，主持营造大都宫殿，决定百官爵禄，减免百姓赋税差役，劝农桑，兴学校等大政方针，多是出自他的主张。他与忽必烈君一条口袋，老婆儿往外掏黑风、小孩往出扬黄土呐。龙王爷大喊一声："风婆、云童哪里走！"挥起双龙棒就打。风婆云童见事不好，翻身驾云逃走，龙王爷、龙王奶奶穷追不舍，赶到九天云外，没了踪影。北京这才逃过一劫。为了感激龙王爷、龙王奶奶驱逐黑风、黄土之功，老百姓特意雕了一块两面是龙的铁影壁放在庙门口，早晚一炉香，侍奉龙王爷、龙王奶奶。后来这块铁影壁搬到北海北岸五龙亭的对面，供游人参观，叫后人记着北京城得来不易，别糟蹋它。

海退陆升，地形多样，气候温和，构建了一个适于万物生长、人类生存的摇篮。200万年前，北京地区孕育出人类的远祖。

50~60万年前，北京猿人在京城西南方向的周口店栖息繁衍，留下大量弥足珍贵的文化遗存，期待后人的叩问。

1929年12月2日下午4点，我国考古工作者经过锲而不舍的发掘，终于在龙骨山发现了第一个完整的"北京人"头盖骨。消息传出，当即轰动了世界。古人类学家贾兰坡先生指出："北京人化石和文化的发现及研究，第一次肯定了从猿到人发展过程中这一中间环节和这一环节上人群大致生活的情形。"人类学者在追寻由猿到人的发展过程中，终于找到了令人信服的证据：从中国北京龙骨山上走下来的"北京人"。

我们还在追寻，追寻中华民族祖先的步履。

天地悠悠，岁月悠悠，炎黄子孙的先祖又是从哪里走来的呢？

黄河是母亲河，幽州（北京地区）是远古部落南来北往、西进东出的必争之地，而发生在北京地区的传说又带给我们许多诱人的破解信息。于是，我们惊奇地发现，老祖宗黄帝曾经联合炎帝在京西南的涿鹿，与东夷九黎部落的"蚩尤等浴血大战"，杀得难解难分。后来，黄帝与炎帝又大战于阪泉之野。从此炎黄两个部落融为一体，组成了华夏族，占据了中原一带；而夷、狄、苗、蛮等少数民族被迫退出中原，远居祖国的边疆。

原来中华民族的历史，从一开始，就在北京这块神奇的土地上，留下了浓墨重彩的一笔。

二、军事重要，政治更需要

还是说城。

最早的，也是最老的北京城究竟建于何年、始于何处呢？

打开古文献，发现了两条挺重要的记载：

《史记·燕召公世家》说：

> 周武王之灭纣，封召公于北燕。

《礼记·乐记》称，孔子授徒时说：

> 武王克殷反商，未及下车，而封黄帝后于蓟。

按照历史学家的考订，周武王灭纣、分封蓟和燕两个诸侯国的这一年，应该是公元前1045年。

召公奭是武王的兄弟，官居大保，位列三公，封召公于燕，是因为燕、蓟是中原北上、通往塞外交通枢纽，周朝很重视。同样，武王把蓟封给黄帝的后人，也是显示一种隆盛的待遇。后来蓟微燕盛，燕兼并了蓟，并以蓟为燕的都城。燕与蓟，就成了北京最早的城。

20世纪70年代，北京考古工作者在北京房山区琉璃河董家林村，有个重大发现：发掘出燕城遗址和很多文物。

这个古燕城遗址呈长方形，东西长850米，南北长约600米，城墙厚约4米，用土夯筑而成。城墙分主墙、内附墙和护坡三个部分，城垣外有沟池环绕，由此可以看出距今3000多年前中国城池的规模，十分难得。

遗憾的是蓟城的遗址，至今却没有发现。依据文献记载，蓟城"南北九里，东西七里"，背山面野，农贸兴旺，是"富冠海内"的"天下名都"。蓟的本意原是一种有解毒作用的野草。蓟城就是选在一个长满蓟草的土丘周围建起来的，因而名蓟。

北魏郦道元《水经注》里说：

> 今城西北隅有蓟丘，因丘以名邑也，犹鲁之曲阜、齐之营丘也。

现在可以解释泰勒教授提出北京城选址的疑问了。

原来古人建城选址的原则，一个是近水源，一个是择高地，当然还要考虑交通便利。郦道元说的蓟丘，约在今北京西城区白云观西北。直到20世纪50年代，人们还可以看到这个隆起的土丘。后来，铲平建房了，土丘也就消失了。专家综合其他材料推断，蓟城城址大体在今天西城区广安门内外。

公元前221年，秦始皇统一中国，蓟城是广阳郡的治所。为了防御，秦始皇连结起燕、赵、秦原有的边城，形成著名的万里长城。从此，蓟城就成了中原王朝在北方的军事重镇。同时由于它的农业、手工艺和商业也很发达，加上它北通蒙古大草原，东达辽东，南抵中原的地理优势，《史记·货殖列传》称之为：

> 夫燕，亦勃、碣之间一都会。

汉宣帝刘洵改广阳郡为国，立燕王刘旦之子为广阳王。1974年，北京丰台大葆台发掘出规模巨大的一号汉墓，揭示了汉王朝皇族威福并作、骄奢淫逸的生活。一号汉墓应是广阳王刘建之陵。

从魏晋至隋唐，蓟城一直是幽州的治所。因其地处边塞，一方面这里军情紧急，摩擦不断，时有战火点燃；但另一面，这里又是汉、突厥、奚、靺鞨、室韦、高丽、新罗、回纥、吐浑等各族人们频繁交往和聚集的地方。他们共同生活，共同劳动，共同建设，共同创造了灿烂的北京文化，共同推动了北京历史的发展。这个宽容并蓄、和谐共存的优良传统延续至今。

辽设五京，以幽州为南京，又称燕京，设析津府，实际是辽国的陪都。其他的四京是上京临潢府（今内蒙古巴林左旗东南波罗城），中京大定府(今内蒙古宁城西大明城)、东京辽阳府（今辽宁辽阳市）、西京大同府（今山西大同市）。

金灭辽后，金海陵王派画工到东京汴梁城绘制汴京宫阙、宫室制度，耗费巨资，在蓟城旧址上"广燕京城""一殿之成以亿万计"！金章宗明昌二年（1192）建成了横跨卢沟河的大石桥——广利桥（今卢沟桥）。100年后，意大利旅行家马可·波罗惊呼："此桥之美，举世无双！"

金建中都，使蓟城的规模空前浩大，一派帝王的辉煌气势，"其宫阙壮丽，延亘阡陌，上切霄汉，虽秦阿房，汉建章不过如是"。蓟城威风八面矣！

启于诸侯封邑，继而军事重镇，终于地位显赫，赢得统治者的青睐，做了辽、金两代帝王的陪都（实际是国都）。北京城舒眉展眼，昂首阔步，开始登临世界的大舞台。

三、壮哉，元大都

13世纪，一场蒙古狂飙横扫中亚东欧大陆，所到之处生灵涂炭、城池轰毁，一时给世界留下"黄祸"的可怕梦呓！

蒙古狂飙，当然首祸神州！

一代天骄成吉思汗经过血与火的洗礼，首先统一了争斗不已的蒙古各部落。随即他统率强大的蒙古军团，如狂风扫落叶般灭了辽，亡了金，平了西夏，结束了赵宋王朝三百多年的统治，建立了大一统的蒙古汗国，改写了人类历史，其改变痕迹至今犹存。

1260年，成吉思汗的孙子忽必烈在上都开平（今内蒙古多伦北的石别苏木）即可汗位。他是个有心人，面对皇室夺取汗位的血腥争斗，他运筹帷幄，稳操胜券。首先他在人事上做了充分的准备：

岁甲辰（1244），帝在潜邸，思大有为于天下，延藩府旧臣及四方文学之士，问以治道。（《元史·世祖本纪》）

　　在刘秉忠、杨惟中、姚枢、郝经等一干饱学之士的谋划下，忽必烈确立了消灭南宋、一统天下的政治目标，接受了"治乱之道，系乎天而由乎人""以马上取之，不可以马上治"的建议，"广招天下英俊，讲论治道"。他权衡父亲窝阔台汗和祖父成吉思汗的得失，认为他们"武功迭行，文治多缺"，不足以开基创业，定国安邦。所以，他一继位就审时度势，毅然决定"仪文制度，尊用汉法"，排除干扰、阻挠，强力推动蒙古社会向封建社会转化，促进国内各民族的联合。

　　1271年，忽必烈依从近臣、谋士刘秉忠等人的建议，取《易经》"大哉乾元"的意思，建国号为元，定都燕京，并让刘秉忠依据《周礼·考工记》"匠人营国，方九里，旁三门，国中九经九纬，经涂九轨，左祖右社，前朝后市"的原则，设计、建造大都城。元世祖忽必烈认为："宫室城邑，非巨丽宏深，无以雄八表。"要不惜人力、物力、财力，打造大都城，极显大汗至高无上的权威。所以这项宏伟的工程从至元四年（1267）正月破土动工，到至元十三年（1276）基本完工，历经九年多。至元二十年（1283），皇室、贵族、衙署、商铺等相继迁入大都新城。从此，大都（北京）取代了长安、洛阳、开封等帝都的地位，成为中国这个统一的多民族国家新的政治中心。

　　负责建都工程总设计的是刘秉忠，还有赵秉温。具体领导营建施工的有汉将军张柔、张弘父子，行工部尚书段天佑，蒙古人野速不花，女真人高觽，色目人也黑迭儿等人。单从这个名单上就可以看出，这是一个不拘一格、唯才是举、各显其能的民族大团结的实干班子，足见忽必烈任人唯贤的广阔胸怀。

　　这里要特别说说对大元建国功勋卓著深受忽必烈信赖的汉臣刘秉忠，他是今天北京城建设最早的奠基人。

　　刘秉忠（1216-1274）初名侃，又名子聪，字仲晦，自号藏春真人。邢州（今河北邢台）人。少时为僧，经海云禅师举荐，他很早就做忽必烈的幕僚。忽必烈很信任他，用事谋略，言听计从，亲自赐名秉忠。这既是对他的评价，也是对他的期望。刘秉忠博学多才，天文、地理、律历无不精通，尤精周易、阴阳。可以说，元代的国是成宪，如，立国号，定国都，主持营造大都宫殿，决定百官爵禄，减免百姓赋税差役，劝农桑，兴学校等大政方针，多是出自他的主张。他与忽必烈君臣相伴三十多年，相知相信，披肝沥胆，从无猜忌。他设计、建造了上都开平，又不遗余力地设计大都。为此，1266年，忽必烈派遣刘秉忠来到原金中都燕京相地，他不辞劳苦，实地勘查，全盘谋虑，决定舍弃毁坏严重的燕城旧址，以其东北之金代离宫琼华岛（今北海）为中心兴建新都，并确定了全城的中心点，设立了"中心之台"和中轴线。

建都的另一项重大任务是解决人口众多的大都城的供水问题。刘秉忠让他的弟子、元代杰出的科学家郭守敬，勘查高梁河水系，建设全城的供水系统和积水潭漕运系统。刘秉忠真诚地按照儒家周礼的设想，真实地在神州大地上创建并完成了规模宏大的帝都。这不仅是一次建造理想之城的伟大实践，也从客观上适应了大元帝国的发展，为今天的北京城奠定了基础。

元大都城坐北朝南，"方六十里，十一门"（《元史·地理志》）。但城，不是正方形，南北略长于东西。它的南城墙在今东西长安街的南侧。北城墙在德胜门外五里的小关一线，土垣遗迹昭然可寻，今已建成美丽的元大都土城遗址公园。东西城墙南段大体与后来的明城墙相合。由于筑城时间短促，城垣都是按老法黄土版筑，夯实而成。为了防止雨水冲蚀，"收苇以蓑城"，就是用苇箔把城头苫盖，如同城墙顶端披上蓑衣。但这个措施不能解决根本问题。雨水冲毁城墙时有发生，十年就修了八次。后来，靠海运发财的商人朱清和张瑄（通州的张家湾就是因为张瑄得名）富甲天下，向忽必烈上书献忠心，表示"自备己资，以砖石包裹内外城"，却遭到一些朝臣的反对。他们担心朱、张借此扩大影响，有损皇家体面，结果没办成。忽必烈晚年很想做成这件事，却天不假年，含憾而终。

诗人张昱在《辇下曲》里叹道：

　　大都周遭十一门，草苫土筑哪吒城。
　　谶言若以砖石裹，长似天王衣甲兵。

说到这儿，还有件趣事：1969年北京修地铁、拆除西直门箭楼时，竟意外地发现包裹其中的元大都和义门城门，而且结构完好，这个难得的城包城，当即轰动京城各界。是留，是毁？议论不一。无奈当时受造反有理，扫荡四旧思潮的主宰，这座旷世罕见的"城包城"古迹——北京的历史见证，还是被豪情万丈的革命者扫荡一空了。今天代替元明两代城门的是一座盘来绕去的立交桥。

据考古勘测，元大都北城墙长6730米，东城墙长7590米，西城墙长7600米，南城墙长6680米，城周长为28600米，面积约50余平方里。

城门建好了，总要取个名字，按什么思路取呢？

清代大学者朱彝尊说：

　　元之建国、建元，及宫城之名多取易乾坤之名。

所以，刘秉忠给十一个城门取的名字，分别按方位取意《易经》：正南中间为丽正门（今正阳门），左为文明门（今崇文门），右为顺承门（今宣武门）。北之东为安贞门（今安定门北5里处），其西为健德门（今德胜门北5里处）。正东自南向北为齐化门（今朝阳门）、崇仁门（今东直门）、光熙门（今无）。正西自南向北为平则门（今阜成门）、和义门（今西直门）、肃清门（今无）。

传说刘秉忠精通佛、道、儒三教，他打造大都城时，法像佛教中脚蹬风火轮的哪吒，这位尊神三头六臂、神通广大、法力无边。刘秉忠设计南三门是哪吒的三个头，东西六座城门是哪吒的六臂，北面的两座城门正好是哪吒的两只脚。城门的第一要义是防御，所以这种比喻，一方面表示大都城的牢不可破，另一面也是借助佛法尊神，昭示大都的神护天助。

这事，到了明朝还有一个传说：

> 明初，燕王朱棣定都北京时，他让刘伯温和姚广孝限十天画出北京城的图样。两人到处采样也画不出来。后来，他们分别看到一个身穿红衣裳的小孩在眼前蹦蹦跳跳，就各画一张图纸，朱棣一看都一样，原来画的都是一张"三头六臂哪吒城"。

可见，北京人很喜欢把自己居住的北京城叫做"哪吒城"，当做一座神灵护佑的吉祥宝城。

四面十一门，决定了大都全城东西干道和南北干道各九条的整齐格局。刘秉忠在建城的平面设计中，匠心独运地在城中建设了一个方幅一亩的中心台，作为全城真正的几何中心，以求不失水准。更杰出的一笔是，他把城内核心建筑皇城及皇城内含的宫城，依次安排在一条南北笔直的中轴线上，贯穿全城，成为大都躯体的脊梁骨，中正刚强，不偏不倚。这一神来之笔，给大都注入了无穷的生命力，辉煌日月，光耀古今！

中轴线，又名子午线。大都的中轴线南起丽正门向北，经灵星门、崇天门、宫城内的大明殿、延春阁，出厚载门、御苑至大天寿万宁寺中心阁（约今鼓楼所在地）。请注意，中轴线北端的这个中心阁，是不是刘秉忠原来奠定全城的几何中心———中心台呢？

答曰：不是。一台、一阁虽然都叫中心，却不是一处！两个"中心"相距多远呢？据元抄本《析津志》记载：

> 中心台在中心阁西五十步。

这就怪了，相距五十步，中轴线岂不是跑偏了？

显然，中轴线的北端不以中心台为终点，绝不是刘秉忠一时的疏忽，也不是他设计的偏差。仔细揣摩，循情推理，就不难发现这移东五十步的定向，正是设计者刘秉忠刻意的安排。它包含了一代雄主和它的设计人深藏于心的情感意旨。因为，由中心阁再向北延伸，穿过山野荒漠的那头，正是元世祖忽必烈登临汗位的上都开平！而开平，同样渗透着刘秉忠殚精竭虑、操劳建设的心血。

1274年，刘秉忠殁于他设计建设的上都，终年58岁，遗憾的是刘秉忠没能看到他的鸿篇巨制——大都城的完成。

元代皇帝有驾幸两都的传统：夏驻开平，冬驻大都。后来多在大都。从此也可以看出上都开平在元代君臣心目中的崇高地位。

大都中轴线，实践了"匠人营国"的宏大设想，它历经明清延传至今，已成为北京城最具魂魄、最富想象、最为壮观的一道风景线。

除了城门、城墙，皇帝住的宫城以外，城内的居民区被划分为50个坊，坊名由当时的大学者虞集根据儒家经典选取，比如时雍坊、咸宁坊、同乐坊、析津坊、进贤坊等等，寓意吉庆安和，充满美好的愿望，叫起来声音响亮。

大都建成后，景象十分壮观，连当时的文人学士也时常徜徉街头，赞不绝口。意大利旅行家马可·波罗更是赞叹不已：

> 街道甚直，此间可见彼端，盖其布置，使此门由街道远望彼门也……全城中划地为方形，划线整齐，建筑官舍……方地周围皆是美丽道路，其行人由斯往来。全城地面规模有如棋盘，其美善之极未可言传。

城市的生命在于水：人要吃水，粮要水运。忽必烈又命刘秉忠的学生郭守敬引玉泉水为金水河，开白浮泉，经瓮山泊、积水潭，进入金代闸河，入通州京杭大运河，解决了大都漕运和供水问题。一时间，积水潭浩荡似海，只见"舳舻遮海水，仿佛到方壶"。忽必烈见状大喜，赐名通惠河，大都，名副其实地成了那时的世界大都。

旧燕城（金中都）虽遭毁坏，但有些道观寺庙保存尚好，反倒成了大都臣民学子结伴游乐的好去处。比如始建于大唐开元年间的白云观，城东齐化门外、龙虎山正一天师张留孙创建于元延祐六年（1319）的东岳庙等，都是当时大都人气很旺的游览区。这里要特别说说顺承门里（今西长安街北侧）的大庆寿寺。

这座寺庙是皇家大寺，初建于金宪宗初年，元代重修，寺中藏有珍贵的程钜夫撰大庆寿寺大藏经碑等金元碑刻和太子像等精美壁画，称甲京师。寺西南还有两座僧人灵塔，高耸入云，蔚为壮观。因此人们俗称此庙为双塔寺。一塔九级，为"天光普照佛日圆明海云佑圣国师之塔"，海云是大元朝的国师，就是他向忽必烈举荐了一代英才刘秉忠；另一个塔七级，为"佛日圆照大禅师可庵之灵塔"。海云是皇帝国师，塔享九级的待遇；可庵是大禅师，差一等，所以，塔享七级待遇。那时，寺居林野，幽静肃然。元初的王恽这样描写寺内的景致：

  庆寿精兰丈室之前，松槚盈庭，景色萧爽。尝引流水贯东西梁，今水堙桥废，止存二石，屏上刻"飞渡桥"、"飞虹桥"六字……相传亡金道陵（章宗）笔也。

  传说刘秉忠曾在此寺住过。至元四年（1267）修建大都南城墙时，双塔正处在城墙线上，为了纪念刘秉忠的一腔忠悃，忽必烈下令，城墙外绕，保护了这座金代古寺。因此，大都的南城墙到此鼓了一个包，存了一个寺。后来，辅佐明成祖朱棣的著名僧人姚广孝也曾住在这里，可见古寺肃雅幽深，颇得高深之士的喜爱。解放后，为扩建西长安街拆除了双塔寺，两位高僧的骨灰存入广济寺。今寺之旧址建起了邮电大楼。

  元大都城以其雄伟、富庶和华丽征服了当时的世界，博得了西方人士广泛的艳羡和称颂，习惯叫它"汗八里"。"八里"是突厥语"城市"的意思。"汗八里"，可译为"大皇帝之城"。然而，依靠弓箭、快马征服世界的大皇帝和它的统治集团很快就在汗八里的温柔乡里陶醉了，奢靡了，腐败了。优裕的物质生活，蚀光了斗志；旺盛的精力，泯灭于声色犬马。延春阁里君臣日夜宣淫，大明殿中奸佞肆意擅权。而大元帝国的各族百姓却在敲骨吸髓的压榨下，生不如死！至正十八年（1358），大都城发生大饥疫，死人成堆，遍地狼藉。大都十一个城门外都挖了万人坑，掩埋不尽。诗人张翥目睹：

  沟中人啖尸，道上母抛儿。
  城南官掘穴，日见委尸盈！

  这样的王朝还有什么希望？怒火燃遍神州大地！至正二十八年（1368），朱元璋获取了元末农民大起义的胜利果实，建立了大明王朝，从而结束了仅仅97年的大元帝国统治。元顺帝一行出健德门北奔，逃离大都，隐入茫茫蒙古大草原。大元帝国虽然退出了历史舞台，蒙古骑兵却像邪怪的旋风一样，不时地袭扰北京，屠民掠财，成了大明君臣和京城百姓寝不安席的心腹之患。

  也就是这年八月，明大将徐达率军攻进大都齐化门，攻占大都，改大都路为北平府。同时，命大将华云龙改建大都。至此，北京城的历史又打开了新的一页。

内城角楼下的骆驼运输队

东便门外护城河上的渡船

四、大明造就北京城

今天,当我们徜徉京城内外,寻觅老北京踪迹的时候,碰到最多的往往是清末民初的遗存,算起来也有百来年的历史,很不容易了。然而稍稍盘查,你就会发现,在它的背后还隐匿着大量明朝的物质信息,比如辉煌的紫禁城,苍劲的长城,雄壮的北京内外城,以及散布在城池内外的坛庙、一些胡同里的四合院,等等。原来这些珍宝都是大明王朝的"遗产",只不过它们都被大清王朝无所顾忌地拿来照用,视如己出。这也就凸现了有明一代对今天北京城建设的巨大贡献。

当徐达率军攻进大都的时候,已然定都金陵的朱元璋,想得最多的是,如何把北平当做军事重镇,进击和阻挡跑进草原的元顺帝们的卷土重来,灭掉大元的王气,稳住初建的大明江山!所以,徐达把北平的原居民迁移到开封,把山后(古地名,相当于山西、河北两省内外长城之间的地区)的居民移进北平,让华云龙重新修建城垣。

明建文四年(1402),燕王朱棣以"靖难"之名带兵攻进南京,夺取了他侄子朱允炆的皇帝宝位,是为明成祖,年号"永乐"。帝都由南京迁回他的"龙兴之地"——北京,开启了大明此后的241年统治。

夺位前,朱棣把元皇宫中的隆福宫充作燕王府,可是他住得很不舒坦:一方面要排兵布阵,紧张地策划"靖难之役";另一方面还要时刻提防蒙古骑兵的卷土重来,紧张得透不过气来,宫殿里时时飘移来血腥味。所以,夺权成功后,他毅然拆毁了豪华的元皇宫,用挖掘护城河和太液池的土,垫在元朝帝后纵欲享乐的延春阁旧址上,堆起了一座"镇山",狠狠地镇住蒙古兵的锐气,压断大元的龙脉!于是,花繁果盛的苑囿和华堂丽室的延春阁不见了,代之以一脉自西而东的土山。山的南面,朱棣在拆毁元皇宫的废墟上,建造了紫禁城。

这几乎成了中国改朝换代帝王的一个惯例:攻破前朝帝都,疯狂劫掠,焚毁宫殿,把个旧世界砸个稀巴烂,踏上一万只脚,为的是殄灭前朝的王气,叫它永世不得翻身!然后呢,再以倾国的人力、物力、财力,打造比前朝更加奢华的"人间天堂",供上台的新帝王恣情享乐。亿万民众的膏血,不过是陪伴一代代帝王秉烛淫乐的燃料。

今天,我们再也看不见当年蒙古大帝国、经过近百年修饬的皇宫大内了。不过,有个叫萧洵的工部官员,参加了当年拆毁元皇宫的行动。事后,他写了一本书,叫《故宫遗录》,记述了元大内的布局和建筑,使后人略知元宫的大致面貌。

永乐四年(1406),朱棣下诏以建"行在"之名,开始营建北京城和宫殿、坛庙,到永乐十八年(1420)基本完工。这十五年间,工程浩大,惊天动地,总共使用了十多万工匠，一百多万民工。建材择优精选，征自全国各地。比如木料来自湖广、江西、山西等省；汉白玉石料来自北京房山；五色虎皮石选自蓟县盘山；花岗石采自曲阳；宫殿内墁地的方砖都是在苏州烧制的；砌墙用砖来自山东的临清……

城，建好了，朱棣宣布正式迁都北京：

选十九年（1421）正月朔旦，御奉天殿。

这是紫禁城大功告成后，正式临朝的第一位皇帝。

明建北京城，依然以元大都贯穿南北的中轴线为依据，按《周礼·考工记》的"匠人营国"原则，加以更贴切的布局，比如，元朝的左祖（太庙）、右社（社稷坛）分别在齐化门、平则门附近；明朝把它放在紫禁城正门承天门的左右。天坛和先农坛放在中轴线南端，北端则是钟、鼓楼。这样，一条布置在7.8公里中轴线的建筑群，自南而北，有收有放，层层递进，完整和谐，既突出了皇权至上的鲜明主题，又舒展两翼，烘托出一脉辉煌壮丽的氛围。酿造出疑似天宫落九天的浓烈氛围。

明建北京城，包括紫禁城（即宫城）、皇城、内城和外城四个部分。

明宫城，开始称作紫禁城。为什么起这么个名呢？

历来，中国历代的皇帝都自称是天庭的紫微星，"奉天承运"下凡来拯救水深火热中的黎民百姓。所以，皇上住的地方，如同天上紫微星的禁垣，因而叫做紫禁城。明大内比元大内的面积略微小了点，有些改变：因为拆除延春阁，建了镇山（后名万岁山），所以北垣南移了2500米，南垣南移了近400米。东西垣没有变。

紫禁城周长6里多，南北长960米，东西长760米。城外护城河（也叫筒子河）宽52米。紫禁城四面设四门：南面的午门，是大内的正门，帝、后、文武大臣由此进出，礼法甚多。午门的两侧设观，平面成凹字形，俗称五凤楼。正中辟三个门洞，正门两侧的左、右掖门是大比之年，让参加殿试的进士们进入宫城的。

午门的功能还有皇帝正月十五赐百官宴，立春赐春饼，端午赐凉糕，重阳赐花糕。农历十月初一，颁发次年历书礼仪。另外，这里也是明代举行献俘大典和廷仗朝臣的地方。所以，午门是紫禁城规制最高、荣辱最显的门。北面是玄武门（清时避康熙帝玄烨名讳，改神武门）；东面是东华门；西面是西华门。紫禁城城垣四角有设计独特、建筑精巧的角楼。

午门里有五座金水桥，桥下玉带河婀娜多姿。奉天门北的三大殿为皇极殿、中极殿和建极殿（清改太和殿、中和殿和保和殿），是举行朝仪、奏对的地方，俗称外朝。三座殿位于元大内崇天门到大明门的遗址上。三殿规制崇高，象征至高无上的皇权，是紫禁城最高的宫殿群体。

其后的内廷三宫，包括乾清宫、交泰殿和坤宁宫，是帝后的寝所，奠基在元大明殿的旧址上。

大内的前朝后廷，依然建造在元大都的中轴线上。只是外围皇城的扩建，把通惠河包入皇城，改称玉河。从此，江南的漕船再也不能驶入皇城北面的积水潭了。

皇城包括紫禁城、西苑（三海）和万岁山（清改景山）三个部分，周长约18里，有七个门：最南大明门（今纪念堂位置）、大明门内的正门是承天门（清改天安门），明清两代，它是"龙竿降诏"和"金凤颁诏"的所在。承天门前有T形大广场，名曰"天街"，外建黄瓦红墙。天街东西两端分别建有长安左门（东三座门）和长安右门（西三座门）。天街墙内是千步廊。墙外是中央官署所在地，东西对排：五府（前、后、中、左、右军都督府）、六部（吏、户、礼、兵、刑、工）。皇城的东门为东安门，西为西安门，北为北安门（清改地安门）。

今天，皇城七门只有天安门辉煌无比了，其余六门和大部分皇城墙都以妨碍交通或争地建房而被拆毁了，空留下"皇城根""地安门"这些虚名，令人莫名其妙。不过，人类总在进步。近年，政府从东皇城残存的遗址中清理用地，兴建了"皇城遗址公园"，自南而北，广植树木花草，造出一条绿带，仿佛旧日黄瓦红墙，也算一种补偿了。

内城，是指从四面拱卫皇城的广大居民区，这是老北京城与皇城不同，而又鱼水相连的另一个主体，或曰不是"真龙"的"真命"所在。

徐达攻克大都后，为防蒙古骑兵南侵，随将大都北城空旷荒寂的地方舍弃，把北城垣南缩5里，新建城墙，设德胜、安定二门；此后，东西城垣整修后又给城墙外面包砌了砖，南城墙也向南推了2里，成了今天的格局。

内城城墙周长40里，设有九门：南为顺承门（明正统初改名宣武门）、丽正门（明正统初改名正阳门）、文明门（明正统初改名崇文门）；西为平则门（明正统初改名阜成门）、西直门；北为德胜门、安定门；东为东直门、齐化门（明正统初改名朝阳门）。

明英宗正统元年（1436），"京师因元之旧，永乐中虽略加修葺，然月城楼铺之制多未备，至是使命修之。"负责监工的是太监阮安。工程做了四年，"修造京师楼城濠桥闸完"。九门修了正楼和月楼，门外立了牌楼，加深了护城河，改木桥为石桥，两桥之间还修建了水闸。高梁河的"濠水自城西北隅环城而东，历九桥九闸，外城东南隅流出大通桥而去。"（《明英宗实录》）修后的九门"崇台杰宇，巍巍宏壮。环城之池，既浚既筑，堤坚水深，澄洁如境，焕然一新"（《天府广记》）。正统十年（1445），又把城墙的里面包上了砖。这样，北京城的城墙才实现了当年忽必烈"坚砖包夯土"的愿望。城墙稳固坚实，易守难攻。远远望去，北京城仪表堂堂、有模有样，如同一组天宫彩塑：城、楼、濠、桥、牌楼，功能各异，又浑然一体，"城"的实用功能与建筑审美达到了和谐统一。明朝建造的北京城的基本规模一直保留到新中国建立之初。

凑巧的是1949年，丹麦人S.F.Rasmussen出版了一本叫做《城市与建筑》的书。开宗明义第一章，讲的就是北京城：

> 北京——历史悠久的中国都城，可曾有过一个完整的城市规划的先例比它更庄严、更辉煌的吗？

在全书的序言中，他由衷地赞美：

> 整个北京城，乃是世界的奇观之一，它的平面布局匀称而明朗，是一个卓越的纪念物，一个伟大文明的顶峰。

几乎从北京城出现的那一刻起，它就魅力四射，吸引、感染了来自境外的文人学子。

1924年，瑞典人喜仁龙来中国，师从周谷城先生学习中国文化，他一眼就迷上了北京的城门城墙，攀登游走，实地考察，写了一本此前连中国人都没有写出来的《北京的城墙与城门》。喜仁龙走一段，看一段，想一段，写一段，时有感悟生发，体会悠远。比如：

> 纵观北京城内规模巨大的建筑，无一比得上内城城墙那么雄伟壮观。初看起来，它们也许不像宫殿、寺庙、和店铺牌楼那样赏心悦目。当你渐渐熟悉这座城市以后，就会觉得这座城的墙是最动人心魄的古迹——幅员广阔，沉稳雄劲，有一种高屋建瓴、睥睨四邻的气派。它那分外古朴和绵延不绝的外观，粗看可能使游人感到单调、乏味，但仔细观察后就会发现，这些城墙单调的灰色表面，由于年深日久而剥蚀、毁损，有些地方被树根撑裂，或被雨水一块块地侵蚀，故历经修葺。不过，整个城墙仍保持着统一的风格。城墙每隔一定距离便筑有大小不尽相等的坚固墩台，从而使城墙外表的变化节奏变得鲜明。城墙内表，在各段城墙的衔接处极不平整，多处受到树根和水流的侵害而变得凸凹不平，故其变化显得较为迂缓和不大规则。这种缓慢的节奏在接近城门时突然加快，并在城门处达到顶峰。但见双重城楼昂然耸立于绵延的垛墙之上，其中较大的

城墙像一座筑于高大的城台上的殿阁。城堡般的巨大角楼，成为全部城墙建筑的巍峨壮观的终点——可惜这样的角楼如今只剩下两座。

这真是一段观察城墙的赏析佳作，那么细致，那么专情！今天，对于失去北京城墙城门的我们来说，读它，无疑是一种思绪的漂移、精神的补偿，令人生出许多遐想和遗憾。

说到老北京外城的建造，纯属形势的需要。

因为北京城的北部，自明建造以来，时常受到塞外蒙古部落骑兵的袭扰，属军事重地，故人烟稀少，市井萧条。城南则相反：交通便利，人烟日渐稠密，市井日趋繁荣。嘉靖二十一年（1452）都御使毛伯温等上书：

古者有城必有廓，城以卫民，廓以卫城……凡重地皆然，京师尤重。

嘉靖三十二年（1553）给事中朱伯宸说：

城外居民繁夥，不宜无以围之。

嘉靖皇帝采纳了朝臣的建议，决定修筑京城外城。

原来打算建一座名副其实的外城，把内城严严实实地包裹起来。开工后一算账"工费重大，成功不易"。当朝首辅严嵩决定缩减工程，不修整个的外城了，只把已经开工修建的南半部做完，就是把正南一面的城基东折转北，接内城东南角；西折转北，接内城西南角。这样，北京的内外城总体就成了个"凸"字形，俗称"帽子城"，外城也叫外罗城。

外城，周长28里，有七个城门：南为永定门、左安门、右安门；西为广宁门（后改广安门）、西便门；东为广渠门、东便门。

因此，永定门就成了中轴线的南端起点，经正阳门、大明门（清改大清门）、天安门、午门、皇极门（清改太和门）、皇极殿（清改太和殿）、中极殿（清改中和殿）、建极殿（清改保和殿）、乾清门、乾清宫、交泰殿、坤宁宫、御花园、玄武门（清改神武门）、万岁山（清改景山）、鼓楼、钟楼，全线7.8公里。

由于外城建筑施工仓促草率，资金不足，监督不利，加上西南一带"地势低下，土脉流沙，难于施工"，所以东西城墙长度不一样，城墙也不直，城门、城楼也很简陋，远不能与内城相比。

但是，大明一朝经过276年的建设，北京城依然以它的设计杰出、建造精美而名满世界，这是有目共睹的。嘉靖二十年（1541），一个叫平托的葡萄牙作家游历了北京以后，在他著的《游记》中不住地感叹，北京城富足、文明，是个宏伟的世界大都会，它城高墙厚，楼阁相重，城中街市林立，百货充塞于市。行走于街市之中，如入幻境。

所幸，这个美丽的"幻境"，并没有被后继的爱新觉罗们袭毁，顺治帝福临决定"定都京师，宫邑维旧"，完整地保存了北京城。这真是中华民族的一件幸事！这个明智的决定使后来的人们得以守着这座古城休养生息，外来的人们也才能够对这座古城抒发胸臆，频频品评。曾经自1949年至1970年，20年间担任美国故都费城规划设计的总负责人贝肯（Edmund N.Bacon）教授就有充足的机会和时间频频观察北京。他在《Design of Cities》这本书中讲，他多次来过北京城，并用很好的图片在他的书中展示紫禁城，他很中肯地说：

> 在地球表面上，人类最伟大的个体工程，可能就是北京城。这个中国城市，乃是作为封建帝王的住所设计而成的，集中表示这里是宇宙的中心。整个城市，深深浸润在礼仪规范和宗教仪式之中。现在，这和我们都没关系了。虽然如此，它的平面设计是如此之杰出，这就为今天的城市建设提供了丰富的思想源泉。

这位美国教授的话，道出了外人对北京城的观感，内中见解颇值得我们深思细省。

五、清帝国的添彩与糟践

1644年这一年很特别，北京城前后脚儿换了三个皇帝：三月十九日晨，李自成农民军在明朝太监的接应下，攻进北京内城。崇祯帝朱由检自缢煤山，276的大明王朝到此终结。四月廿九日，败局已定的李自成，仓促地在武英殿即皇帝位，卅日焚宫室，载金银，退出京城。五月初二，睿亲王多尔衮在明山海关降将吴三桂的导引下，率军开进朝阳门，驾临武英殿理政。十月初一日年幼的福临在皇极门即皇帝位，颁诏天下，国号大清，年号顺治，定都北京。

政权初建，民族矛盾与阶级矛盾错综复杂，斗争十分尖锐。摄政王多尔衮出于稳定政权、护卫皇城、确保皇帝安全的需要，在采用"宫邑维旧"的同时，对京城施行了旗、民分住内外城的制度。

具体的做法是，八旗军分驻内城四隅八方，拱卫紫禁城：

正黄旗驻德胜门内，镶黄旗驻安定门内；

正白旗驻东直门内，镶白旗驻朝阳门内；

正红旗驻西直门内，镶红旗驻阜成门内；

正蓝旗驻崇文门内，镶蓝旗驻宣武门内。

清廷下令凡八旗圈占内城的房子，按级别大小分配给旗人住。严令"凡汉官及商民人等，尽徙南城居住，其原房或拆去另盖，或贸卖取价，各从其便。""著户、工二部详查房屋间数，每间给银四两。""限来岁（1649年）终搬尽。"内城管制很严，定时开关城门，"永行禁止开设戏馆，"更别说勾栏妓院了。这些规定，清肃了内城的社会秩序，客观上刺激了前三门（正阳门、宣武门、崇文门）外的商业和文化娱乐业的繁荣和发展，无形中塑造了北京城内外城区的不同品格。

清朝定都北京使居民的民族成分更加多样，汉、满、蒙、回、藏、维吾尔以及其他少数民族的居民都成了北京城的主人，中外各种交流也日趋繁多。多种多样的宗教信仰，不仅加速了北京文化的多元化，也为古城的建筑带来形式奇异的楼、堂、塔、寺、院。如御河桥东的撒满教堂子（今贵宾楼处）、雍和宫、西黄寺、牛街清真寺、天主教南堂（宣武门）、北堂（西什库）、东堂（王府井）、西堂（西直门内）等。街景、民心、事态都在变，精于骑射的八旗勇士，早已蜕化为提笼架鸟、无所事事的纨绔子弟。这变化深刻复杂，无处不在，又猝不及防，它撼动了王朝早已不稳的基础，击破了老北京城表面上固有的平静、矜持，使这座千年古城和它的朝廷一道，面临着"明日复何之？"的艰难选择。

清朝的顺治皇帝为什么决定"宫邑维旧"，保存住包括紫禁城在内的北京城呢？

这除了当时战事未停，无暇旁顾，要集中兵力完成统一大业外，还因为当时皇城虽然遭到李自成败退时的焚毁破坏，但对京城毁坏不大，尚可使用如常。而大清统治者们由于长年驰骋草原，在马背上生活、征战，养成了高于平视、视野宽阔、亲近自然的宽大胸襟，没有过去皇帝老官们那么多狭隘陈旧的讲究、说道。

而另一个马背民族的蒙古大汗忽必烈，之所以毁弃金中都，是因为他要建一个与"汗八里"相匹配的"大汗之都"，并不在乎金王朝的死灰复燃。这与朱棣警惧草原、为殄灭王气而毁弃元皇宫是不可同日而语的。

在大清王朝统治中国的267年间，清朝统治者既守住了明建都城的格局，还为古老的北京城增添了众多的园林锦绣；末了，却前功尽弃，为古老的北京城招来英法联军和八国联军两拨强盗的烧杀劫掠，重创了古都千年积累的灿烂文化，和中华民族的神圣尊严。

或许是来自白山黑水，过惯了纵情自然的生活，到了康雍乾盛世、国泰民安的时候，皇帝们都乐意把建园子当成一件挺重要的事情来办。江南园林的秀美、玲珑、文气，那种福地洞天挥洒情意的韵律，轻轻扣打着他们勤于政事、难得消闲的心。承德避暑山庄是一个创造，它把问政、会盟、秋狩与消暑结合在一起，怡然自得而又得其所哉，创造了一个脱离紫禁城的另一个外朝的模式。

那么平日居京呢？

就地取材，一个是整修皇城范围内的西苑三海，即北海、中海和南海，把这个近在身旁的青山绿水与楼堂殿阁合一的大花园，打扮得更舒心、更自在；再一个就是国库有了积蓄，可以不惜财力、物力地去开发西郊的园林景区，营建规模宏大、华丽无比的离宫建筑群，如圆明园、清漪园（即颐和园）、畅春园、静明园（即玉泉山）、静宜园（即香山）等。出于伴君奏事的方便，为迎合圣上的雅兴，一些王公大臣也纷纷在海淀西北造园建房，争奇斗富，附庸风雅。一时节西直门外冠盖如云，西山脚下惠园似珠，比如淑春园、镜春园、鸣鹤园、蔚秀园、朗润园、承泽园等。

那是一段多么惬意、悠闲的日子！惜呼，美景不常！

1860年10月，英法联军攻进北京，火烧了圆明园，连带烧毁临近大小苑囿，"三山五园"惨遭焚毁洗劫。

1900年夏天，英、美、德、日、法、俄、意、奥八国组成联军，攻占京城，慈禧西逃，一座千年的历史文化古城，任八国虎狼烧杀掠抢，无恶不作，使北京自元明以来之文化积存，上自典章文物、宫殿苑囿、国宝奇珍，下至民间财物，尽遭劫掠焚毁，损毁殆尽，万千官民喋血京城，空留下永世不得平复的悔恨、心痛！

六、顺着城墙的影子找故事

今天，繁忙拥堵的二环路，就相当于当年气势宏大、易守难攻的老城墙，那又高又厚，围着北京城的凸字，包了个严丝合缝儿的老城圈儿。

那时候，北京城固若金汤，靠的就是这一圈城墙。城门不开，谁也进不来，出不去，除非是高来高去的鹰燕；低来低走的蚂蚁。

如今二环路成了有名的拥堵热线，车，只能随着大溜儿断断续续地在路上跑，一圈儿下来，已经没有了城圈儿的感觉。倒是偶尔能看见"内外城"几个孤零零的城门和几段残缺的城墙，无依无靠，却依然高大雄伟，只是列不成阵，围不成"圈儿"了。

那么，今天的北京还剩下哪些城门、城墙呢？

火车轨道贯通朝阳门瓮城

1954年的天安门

紫禁城得天独厚，四门俱全：逛故宫尽可以看到午门、东华门、神武门和西华门。

皇城四门先后失去了东安门、西安门、地安门，也只剩下天安门了。

内城九门只存南面的前门箭楼和正阳门（硕果仅存的内城城楼）和北面侥幸留下的德胜门箭楼。

外城七门呢，只有西便门和内城东南角楼及连带着的一段破残的明城墙。再有就是2005年复建的永定门。大多数城墙、城楼都拆了，不过名还在，写在公交车的站牌上、挂在售票员的嘴边，和留在老北京人磨不掉的脑海里。这，就如同京城里原来无处不在的牌楼一样，实物早没了，却成了挥之不去的地名，如西单、东四……

老北京的城门，夙有"里九外七皇城四"的说法，加在一块儿整二十个门，上上下下500多年，进进出出各色人等，战时血肉横飞，平时锱铢必较，发生在这里的故事该有多少呐？

想去吧，北京人讲话："海了"！

前门楼子，是老北京城最鲜明的标志。当年它守着东、西两个火车站。下车的人，只要描上一眼"大前门"，就一辈子也忘不了，这几乎成了每一个老北京人的共识，只不过内中滋味各自不同罢了。当代作家姜德明这样回忆起他1948年第一次到北京时的印象：

> 火车到了东便门，车窗擦着城墙过。剥蚀的城砖布满岁月的风尘，城头长满了杂草，确是一幅破败的衰城景色。然而它仍然唤起我对这座古城的向往，心头蓦地升起崇敬之意，不是因为看到了什么皇家的威严，而是对于我们的历史、民族和文化的一种骄傲感。
>
> 一出前门车站，箭楼和正阳门那么雄伟高大，我站在底下显得多么渺小。是的，那时我不足二十岁，真的是仰望它。我惊愕望着众多的城楼，长长的宫墙。

建筑大师张开济老先生更有一段别样的记忆：

> 1934年，作为一个大学建筑系的毕业班学生，我第一次来北京参观学习。当火车快要进入东车站时，首先映入眼帘的是在一片蓝天下，耸立在城墙一角的宏伟壮观的东南角楼，在城墙跟前则是一群'任重道远'的骆驼缓缓而行。这先声夺人的北国风光和帝都气派，给我这个来自十里洋场的上海学生留下终生难忘的印象。

前门箭楼是正阳门瓮城的一部分。明朝修的内、外城门楼子都像一个"瓮"，箭楼修得严实，在前迎敌；城楼建得雄伟，在后守卫。二楼之间环以月墙包围，形成一个壁立高深的小城圈儿，两侧设有闸楼，供人出入。但千斤闸一放，进出万难。敌人若是攻进箭楼，就陷入门内的城圈，可以"瓮中捉鳖"，也可以延缓破城时间。过去京师每遇危急，正阳门城楼北侧就悬灯示警，白灯一盏，表示敌军围城，形势危险；二盏白灯，表示短兵相接，战斗激烈；三盏白灯，表示敌众我寡，危在旦夕。明末，闯王李自成兵临城下时，一个大明的刑部侍郎就战死在门下。正阳门高悬三盏白灯，促使崇祯帝逃离大内，最后自缢煤山。

正阳门是国门，门禁极严。只有皇帝去祭祀或狩猎时，才启用终年不开的正门。平时，车马行人都由两侧的闸楼出入，但左右闸楼"向夕即闭"。只有更交五鼓，左右闸楼才暂开一次，以便官员进城上朝，这时赶早的外城市民也可以随之而入，叫"赶夜城"。庚子以后，东交民巷的外国使馆紧临城门，出入不便，洋人要求弛禁。清廷就变通了一下：关门不上锁，有急事就开；宣统时，就实行上半夜开左门，下半夜开右门。到了民国四年（1915），北京政府的内务总长朱启钤取得袁世凯大总统的许可：为便利京城南北交通，拆除了正阳门瓮城及东西两侧的闸楼，在城楼东西两旁各开两个门洞，供民众自由出入。他又请德国建筑师罗克格·凯尔设计了门前道路，植了树；重点是美化箭楼：加了月台，添了窗眉，辟了楼梯，形成今天的模样。修改后的大前门，与时俱进，中西结合，实用美观，获得了中外人士的认可，是古为今用的成功范例。无怪乎卷烟厂也拿"大前门"当了商标，成了名牌。

修改后的大前门保留了原来瓮城里的两个精致的小庙：观音庙和关帝庙。

明末松山战役中洪承畴被清军生俘，崇祯帝错认为他殉国了，就在正阳门东侧建祠祭祀。后来知道洪承畴已经降清，就撤了洪的牌位，改供观音大士。

正阳门西侧建有关帝庙，与观音庙正好东西对称。

关帝庙中的关羽神像身躯矮小，但栩栩如生，格外传神。据说当初塑像二身，一奉宫内，一供此间。明末大内关帝庙被焚毁，此庙神像幸存，倍加珍贵。明清两代皇帝最崇信关羽，处处建关帝庙，过去，北京庙多，其中关帝庙最多。

传说，明成祖朱棣每次出征回来，正阳门关帝庙里的白玉石马总是大汗淋漓，仿佛神马也刚刚护驾出征归来，一身疲惫；朱棣也总是给白玉石马帔红，给关帝上香，以示感恩。既然关帝庙如此灵验，京师和来自全国各地的大小官吏，怎么能不终年朝拜？升官、保官都应在关老爷身上，那些做了亏心事和犯了罪的官员，更是把一线生机系在关帝面前的一炉香里。那时候，关帝庙上空，香烟缭绕，终日不散。

回过头再说正阳门的观音庙，香火也同样旺盛。

清初，朝廷为了内城的肃静，把娱乐和商业赶到前三门以外，谁料到，无心插柳柳成荫。这一招，反而大大促发了外城的繁荣。偏巧前门楼子两边又建成了东西火车站，全国各地乃至外国来的旅客一下火车，就迈进了繁华的前门大街，前门外简直成了无所不有的享乐天堂。不可或缺，前门外多烟花柳巷，凤有"八大胡同"之称。众多不同身世、不同等级的烟花女，都有着一样的苦楚与期盼，那就是早日跳出火坑，找个"好人家"，过上舒心的日子。正阳门观音庙就成了京城烟花女顶礼膜拜的必到之处。她们把梦想，押在观音大士的"有求必应"上。因此，每到春节，烟花女们梳妆打扮齐到前门上香，观者如堵，形成岁末京师的一道风景（两座精致的小庙于1967年被拆除）。

车过北二环积水潭，就能看见德胜门箭楼，由此往北是倍加繁忙的京昌公路，自古德胜门和安定门就是北京城北的重要门户，它北连居庸关、八达岭，延及口外大草原，地理位置十分之得。明清时期，但凡朝廷出征讨敌，或是班师还朝，几乎都从此门出入。德胜门见证过北京城的生死存亡，委实身世不凡：它见过得胜还朝的明成祖朱棣的英勇；见过土木堡被俘的明英宗朱祁镇的狼狈；危难中兵部侍郎于谦身先士卒在此拼死苦战，守住了德胜门，保住了大明江山，最终却被他尽忠的皇帝杀掉。德胜门又是个"幸运儿"。据知情人说，1967年修地铁时，德胜门箭楼本属拆除之列，打算拆后把这里当做地铁的材料场使用，这就涉及拆除、挪高压线、事后建公交车场站等的费用5万元。可这笔钱该由谁出呢？争来争去一直没落实。这时，北京的一些有识之士频频呼吁保留古迹，这样，箭楼得以保留。想不到德胜门最终，真的得胜了。

西便门在西二环复兴门西南转弯处。不留神还真看不见它。它原是北京外城北垣的北门，相当于"凸"字形的左肩膀处，右肩膀处是相对的东便门。长方形的城楼，四面有门，既无窗也无廊。城楼下的城墙，以城台形式略微突出，仅设一条马道。便门，自然比不上正门气派，西便门小而简单，重在通过功能。西便门的存在，丰富了北京城楼的多种样式，也体现了不同时代修建在不同位置的城楼的不同功能，聊备查询。

内城东南角楼在原来东便门的西北侧，紧靠着进出北京站的火车道，所以很多旅客对这个高大的、曲尺型的抱角城门楼子印象挺深。它是北京城唯一幸存的角楼。当年，东便门外有大通桥，是通惠河重要的码头。明初废除了内城水运以后，运粮船的货物都卸在这里，转路运进城。附近的二闸（庆丰闸）水道平阔，绿柳成荫，可荡舟，垂钓，是京城平民消夏避暑的胜地，故有"东便游船"一说。

北京城门的名字、环境和功能都有不少说道，挺有个性。

正阳门是取"圣主当阳，日至中天，万国敬仰"的意思；

崇文门是取"文教宜尊"的意思，当时附近有先圣庙和衡文院；

宣武门是取"武烈宜扬"，过去，宣武门外设有不少校场兵营，如校场口、四川营等地名；

朝阳门指"迎宾出日"；

阜成门指"物阜民安"；

东直门、西直门是取"民兴教化，东至东海，西至西陲"的含义；

安定门取"文臣翊赞太平，交代而后安享"；

德胜门取"武将疆场奏绩，德胜回朝而后凯旋"。

顾名思义，这些名字响亮、好记，表达了统治者的愿望，镌刻门楣教化子民。

老北京的老城门虽然属性相同，却各有各的风景和一番来历。今天追寻旧景，仍可在只言片语的背后，感悟古都文明的博大厚重。

"正阳石马"和"地安石鼠"：当年修地铁，清理箭楼与五牌楼之间的护城河西河道时，挖掘出一个石马，高1米，长2米。前些年，清理后海后门桥（河道）时，又发现一个石鼠。按中国十二干支纪年，鼠为子，牛为午。这两个实物正好标志北京南北的子午线，即中轴线。古人聪明的设计和智慧的安排，令人赞叹。只是这石马石鼠不知今在何处？

"崇文铁龟"：当年在崇文门瓮城西边有个镇海寺，寺内卧着一尊一米多长的大铁龟，据说此物身下压住一个海眼，确保北京城平安，故称镇海寺。

"宣武午炮"：宣武门瓮城有一尊大炮，每日中午鸣放一次，声震京师。宣外菜市口是囚犯的行刑之所。午炮轰鸣或为宣示武威。

"德胜祈雪"：乾隆四十三年（1778）大旱，颗粒无收。年末，乾隆帝去明陵拜谒，行至德胜门天降大雪。乾隆大悦，当即赋诗一首，立《祈雪》诗碑一通，建黄琉璃瓦御碑亭一座于箭楼西南。后来修环城铁路时拆走，不知所终。

"安定真武"：安定门是凯旋门，也是丰收门。因为安定门外有方泽坛（即地坛），皇帝每年要出入安定门到地坛祭祀，祈求来年五谷丰登,所以安定门是"丰裕之门"。还有一宗奇事,就是都城九门中的八门的瓮城里都有一座供奉关帝的小庙,唯有安定门瓮城里却安厝一座真武庙,礼尚的是真武大帝,不知何故?

"朝阳谷穗":朝阳门内有九大粮仓,每逢填仓之日,粮车络绎不绝都从朝阳门进入,所以在瓮城门洞的城墙上刻有谷穗一束。

"阜成梅花":出阜成门往西,一条大道直通产煤的门头沟。过去,北京城烧煤取暖做饭全靠西山门头沟的煤,一把把的骆驼,驮着煤,一步步迈进阜成门,送到千家万户,炊烟袅袅,温暖京城。然而,下窑的矿工过的却是"吃的阳间饭,干的阴间活"。瓮城门洞北墙上刻着梅花,以梅代煤,亦喻"梅花欢喜满天雪"之意。

"西直水纹":京西玉泉山的水,乾隆皇帝封它为"天下第一泉"。每天紫禁城的御水车插着龙旗,经西直门,把玉泉山的水拉回宫里。所以,西直门瓮城墙上嵌有汉白玉水纹石刻一方。

"东直铁塔":东直门外有个塔院,塔院因院中铁塔闻名。据说塔内供奉的神像是大明第二位皇帝——建文帝朱允炆。此塔建于何时,又为什么把个讨嫌添堵的建文帝放在塔里,看守东直门?真不好说。反正现在都没了,没有人再去计较。类似的风景还有"左安架松""右安花畦""东便游船""西便群羊"等说法。松啊,花呀,船啊,羊呀,都是景致。那时候,人们出门看景是挺专一、认真的。

北京历来是文人雅集、文明昌盛的地方。景物无言,自有慧眼识珍,妙思织文,编出花团锦簇的诗文来。想来,城市的生命在于一泓永不势弱的清泉水,长流不息,波接浪涌,如同从不断流的思想、文化、代代传承;而思想文化,不管是高雅深奥的,还是浮浅粗俗的,浑圆一体,升华为城市的魂魄、灵气,主宰着众生灵的作息苦乐。如今,砖砌石筑的北京古城圈儿,大部分逝去了,它的遗迹依稀可寻,人们脑海中的记忆难以抹掉。它很值得一代代北京人去回味思索,从那中间抻出一番道理来,启示北京城的未来。

第二章
胡同是供养老北京的血脉

北海东夹道

小京纪实

BEIJING JISHI

老北京梦寻

老北京是历史的，也是现在的；是大家的，也是每个人的。

每个人有每个人的老北京，既相似，又别样，意味深长。

说起我的老北京，脑海里立即浮现出的不是金碧辉煌的紫禁城，也不是蓝天白云下的天坛祈年殿，而是前门外湿井胡同那个狭长的"三合院"：七十多年前，我就出生在这个小杂院坐东朝西的一间不足10平方米的小屋里，一间屋子半间炕，下地就出门，门外过道的那一边是半人高的西墙，隔墙相望，像住在一个院，互打招呼；夜深人静，时时传过来隔壁街坊的咳嗽声。

就这样，一声啼哭，我理所当然地成了北京人。如今，这条古老的、并不显赫的东西走向的胡同，和那座勉勉强强凑够了南、东、北"三合"的小杂院还在，只是没了我熟悉的面孔和声音，换来的是一院陌生、疑惑的目光和颇不客气的追问。我忘了，今非昔比，北京也拖着沉重的步履，走过了70年，该是传接过两三代人了吧。

不可否认，几乎每一个土生土长的北京人，都是生在胡同、长在胡同里的。胡同里有家，有妈，有生火做饭的炉灶，有吹灯睡觉的土炕，有忘不了的惊恐饥饿和数不清的亲人笑语。一条条大大小小的胡同，承载着一辈辈北京人的苦乐生死，充盈着一座千年不毁古城的劫后余生。

胡同是维系老北京生命的血脉。

胡同里门挨门、户连户的四合院，就是北京城生生不息的细胞。

一、胡同是什么东西

说起胡同的由来，历史挺长，有六百多年，比"北京"的名字还早100年。它是元大都的产物。

早先，胡同不叫"胡同"，居民聚居的地方叫"坊"。直到现在，老北京人还把邻居叫做"街坊"；与邻居搞好关系，叫做"处街坊"。

坊是由东西南北四条街道分隔开的一块长方形的居民住宅区，也叫街区。每个坊的内部有许多小巷，供本坊居民自由通行。坊的四周筑有坊墙和坊门，只准本坊的居民出入，以保护坊内居民人身和财物安全。坊，类似一个小型的城，因此也叫"城坊"。古代的中国，大到城，小到坊，都是封闭式的建筑。它反映了生产力发展的程度，是为一定的政治制度服务的，这自然也影响到人们的思想和生活方式。

坊这种居住形式，来源于古代的"闾里"，历经南北朝、隋、唐、宋、辽、金几个朝代。到了宋代，由于商业的发展、社会的进步，坊的封闭结构逐步被打破，人们不能再憋屈在小小的围墙里，只是为了"自守"而过着循规蹈矩的生活。新的生活要求人们突破围墙，迈入更大的世界。这样，只有拆除了彼此隔绝的坊墙，才能让人们可以自由地行走和交流。

到了辽代，当年南京（燕京）析津府虽然是陪都，可繁盛程度远远超过了其他的四个京城，人口有三十多万人，城区面积不大，但很繁华，城内有26个坊，形式依然是封闭的。

到了金中都的时候，人口已增至40万，城市规模不断扩大，城内有60个坊。金中都在规划设计上，正处于由唐辽时代的封闭式坊制、向宋元时代的开放式街巷过渡的重要时期。金中都城中既有封闭的城坊，也有开放的街巷，不少沿街的建筑改成商铺，出现了热闹的街市，严整密闭的都城渐渐融进了活泼兴旺的商市成分，城被市浸染，渐而浑然一体，面貌一新！这成了金中都城的特色，他为元建大都城起了承前启后的作用。

1276年大都城建好了，规模宏大。忽必烈决定从原金中都的旧城中迁徙部分居民进住大都。他传旨：

诏旧城居民之迁京城者，以赀高（有钱的）及居职者（当官的）为先，乃定制以地八亩为一分，其或地过八亩及力不能作室者，皆不得冒据，听民作室。（《元史·世祖本纪》）

这个旨意很重要，它以有钱者和有权者优先进住，不仅奠定了此后北京内城"东富、西贵、北贫、南贱"的底子，也规定了以房院"八亩一分"为单位构建的胡同、街道的间隔、距离，乃至全城的格局。

元大都是当时世界上最宏伟、最繁华的大都会。城内街道整齐如棋盘，东西、南北各有九条宽阔的大街，大街两旁修有或明或暗的排水沟。沿街开设商店，一派繁荣景象。在南北向大街的东西两侧，有小街和胡同平行地排列着。

元熊梦祥《析津志辑佚》记载：

> 街制：自南以至于北谓之经，自东至西谓之纬。大街二十四步阔，小街十二步阔。三百八十四火巷，二十九衖通。

居民分住50坊，住房坐北朝南，整齐划一。今天长安街以北的街道，除局部地区受自然条件或历史原因制约成斜街外，仍然可以看出元大都"九经九纬"棋盘式的格局。全城共有南北、东西干道各九条，主干道宽37米，小街宽18米，胡同宽9米。考古钻探证明，现在位居北京东城区的东四头条至十二条胡同地区的街道、胡同排列、宽窄都与元时基本一致。几个出土的元宅基院遗址的面积也恰恰是八亩。这证明了北京的内城街巷，基本保存了元大都街区的格局。

明清以后，随着北京城市的发展，人口日益增多，元大都整齐宽阔的棋盘式街道格局渐次改变。特别是前三门外，本来属于外城，规划不周，加之地势河道的影响，尤其是人口激增，流量大，而繁盛的商业、娱乐业吸引了内外城各色人等，迫使大街小巷胡同里弄都发生了巨大的变化，就连正阳门瓮城东西两侧、前门大街东西两侧也被摊贩占领：先支摊，后搭篷，再建房，生生地各自挤出一条胡同来。在宽阔的前门瓮城两侧挤出了东西荷包巷；大街东侧挤出肉市、布巷子、果子市、草市；西侧挤出粮食店、纸巷子、铺陈市等胡同。

这里倒要说说正阳门瓮城两侧东西荷包巷的故事，它很能反映出城与市发展的一般规律。

明正统年间，正阳门重建城楼，增建了瓮城、箭楼和闸楼。在京师九门中，因为正阳门位居中轴线国门的重要地位，所以一切规制都比其他八门高大、雄伟。

瓮城的东西闸楼是内外城各色人等进出的要道，因设有沉重坚固的铁闸，故曰："闸楼"。此楼，晨启夕闭，人流终日不断。也正因为闸楼是南来北往的人们必经之地，所以商机无限，吸引商贩麇集。

早在明朝时，正阳门内、大明门前的棋盘天街，就已形成热闹的集市。《长安客话》记载：

> 天下士民工贾各以牒至，云集于斯，摩肩毂击，竟日喧嚣。

《宸垣识略》说：

棋盘街四周列肆，长廊百货云集。

可见明清两代，棋盘街四周早已成为京师繁华的商贸市场了，很多商户搭盖棚房，居之为肆，其来久矣。

据《鸿一亭笔记》记载，明崇祯七年（1634），成国公朱纯臣家过元宵节时，遭遇火灾。由于棚房拥塞衢路，妨碍灭火，官衙就打算拆毁前门周围的民居，疏通路面。有的大臣上疏皇帝，认为居民以此糊口，不可拆迁。崇祯帝同意了，传旨乃停。棋盘街依旧繁华。

到了清代前期，"正阳门前棚房比栉，百货云集，较前代（明代）尤盛。"年深日久，不仅正阳门前棋盘街商市火热，闸门两侧"顾绣荷包诸肆，鳞萃比栉，潮流士女日往游观，巷外车马甚盛。"（《旧京琐记》）因而这里"绕正阳门瓮城左右为弓，或云形似荷包，故名荷包巷。"

1900年，义和团火烧大栅栏老德记洋药房，殃及正阳门及周边市场一起被焚毁。

1904年正阳门重修完工。"有商人某，议修荷包巷，使复旧观。至庚戌（1910）四月完工，列肆一仍其旧，而洋货为多，改名'正阳商场'，而都人仍以荷包巷呼之。"（《燕游异闻随录》）。1906年东西火车站建成后，正阳门前人流陡增，商市越加繁荣，门前摊贩更多，整日熙熙攘攘。当时有首竹枝词写得很生动：

五色迷茫眼欲盲，万方货物列纵横；举头天不分晴晦，路窄人皆接踵行。

这一空前繁华的景象，凸显了正阳门瓮城的妨碍交通，严重影响了京城的市民生活与城市的发展。

民国初始，万象图新。1913年，有了规划全城电车线路的动议。修改正阳门、拆除瓮城迫在眉睫。

1915年6月16日，时任内务总长兼管北京市政的朱启钤手持袁世凯大总统颁发的特制银镐，率先刨下了第一块城砖，开启了修改正阳门的工程。这项修改，设计周密，处理得当，安排合理。拆除荷包巷的商户不仅得到补偿，而且还用拆下的旧料，在天桥建立新的商场，搬迁商户，获得了社会公众的认可与支持。

一条街的兴衰，漾满不同人群需求欲望的转换，折射出理性的光芒。

随着城市的发展，解决了旧的矛盾，新的矛盾又随之产生。

清末民初，北京的胡同虽然多了，但受住房大小不一、方位不齐的影响，胡同的长短、宽窄、方向也没了规矩，出现了九道弯、大转圈、窄得过不去俩人、不通气的死胡同等奇形怪状的胡同。

那么，北京到底有多少胡同哪？

老话说，"有名的胡同三千六，无名的胡同赛牛毛"。这里的"名"是指著名的意思。

据有关资料记录：

元朝时，北京有街巷胡同413条，其中有29条直接叫胡同，当时人口40—50万；

明朝时，北京有街巷胡同1170条，其中有459条直接叫胡同，当时人口近40万；

清朝时，北京有街巷胡同2077条，其中有978条直接叫胡同，当时人口76万；

民国时，北京有街巷胡同2623条，其中有959条直接叫胡同，当时人口400万。

1949年末，北京的街巷胡同有3074条。其中胡同1330条，街274条，巷111条，道85条，里71条，路37条。若再细分，叫"院"的115条，叫"庙"的85条，叫"园"的57条，叫"营"的55条，叫"门"的55条，叫"厂"的54条，叫"寺"的53条。其他叫"井""桥""湾""沿""坑"的，都在30条以上。由此，可以看出北京城市面貌的历史发展。

解放后，北京城的建筑面积扩大了5倍以上，街巷胡同从3200多条增加到6104条，直接叫胡同的有1316条。目前，人口已达2300多万，还不包括300万的流动人口。人居车行的条件虽然都有了巨大的变化，但也面临着不容回避的挑战。

近10年间，北京城变大了，长高了，它却走到了歧路口：是依旧故我，保留元明清以来的城市格局；还是焕然一新，比附西方的玻璃幕大厦，与国际"接轨"？形势逼人，却很难把握住自己的命运。旧有的街巷胡同早已无法担负庞大飞涨的人口重荷，正被成片地拆除，代之以高楼林立的现代化小区和大马路、立交桥。北京城大片大片的胡同正在消失远去，成了老年人难以忘怀的心结；而附庸时尚，蓄意赢利，新建的"胡同""四合院"鲜亮如画，单薄如纸，既不实惠，也无情调，只能冲淡历史的醇香，模糊情浓的记忆。

不是历史，是浅薄，淘汰了北京城的胡同。

二、胡同俩字怎么讲

"胡同"两个字本来不挨边儿，拼成一个词该怎么讲呢？

第二章　胡同是供养老北京的血脉

《现代汉语词典》和《辞海》的注释都是："巷，小的街道。"

词义了然，这还有什么可说的吗？

北京人说惯了胡同，像喝惯了茉莉花茶，从不琢磨这个词儿有什么不妥，就像平时说的卡车、面的、冰激凌一样，早就成了北京人司空见惯之物。过去说胡同还总爱带个"儿"，"小井儿胡同儿""狗尾巴胡同儿"之类。现在人杂了，说话规范了，儿化音正日益减少。

不过，要是单抠字眼，"胡"和"同"两个字连在一起，还挺不好讲。

明代万历年间，顺天府宛平县知县沈榜，在为官之余，留心观察，写了本《宛署杂记》。他记述了明代北京的社会、经济、政治制度和风俗掌故，是研究老北京不可或缺的参考书。只是他费了很大的劲，却解释说：

胡同本元人语，盖取胡人大同之意。

真有点政治化之嫌。这种望文生义的牵强解释，不能服众。

更多的解释是，"胡同"是蒙古语"水井"（hottog）的借字表音。蒙古人是游牧民族，拉着勒勒车赶着羊群，逐水草而居。占领中原后，依水而居的习俗照旧，很注重水源。因此见着有水井的地方就呼之为hottog。汉人不明就里，记做"胡同"，如此这般就传开了，成了气候。

蒙古人把有水井的地方叫"胡同"，很有道理。我出生的地方不是就叫湿井胡同吗？只是湿井这个名字起得很怪，水井哪有不湿的，难道还有干井吗？这里有个缘故。原来与湿井胡同相邻的另一条胡同就叫"甘井胡同"。北京历来缺水，有口井不易，有口甜水井就更不易，取名甘井足以炫耀其美味难得，而我住的胡同是眼苦水井，这多少令人有点沮丧。叫什么呢？先是含混不清地叫"井儿胡同"吧，不行，北京有好几个井儿胡同呢。谁知道你这个井儿在哪儿？后经高人指点，取名"湿井胡同"，既"湿"意盎然，又与"甘井胡同"分庭抗礼，岂不快哉！据不完全统计，北京叫水井的胡同就有87个。

因为是记字表音，类似hottog的写法还有胡洞、湖洞、胡通、火弄、火疃、火巷等。如此问题又来了，说水井怎么记成火弄、火疃、火巷哪？水火不容吗？有学者考证，元之初不叫胡同，叫火弄、火巷。建造大都时，依据古来做法，在建筑物之间留出一定的间隔距离，平时当做人来人往的通道，发生火灾时就成了防火隔离带，所以叫火弄、火巷。蒙古人说火弄、火巷，音不准就成了"胡同"。此乃专家的推测，或为另一说。

还有的专家以为hottog是蒙语的"浩特"，指居民聚落之意。原来的聚落很小，只几个毡包，渐而增多成村镇，成城市，比如今天的乌兰浩特、呼和浩特、锡林浩特，等等。当初的浩特即胡同，此又是一说。

日本人多田贞一客居北京多年，1914年他出版了《北京地名志》一书。他认为，胡同是从蒙古语来的，指的是小路、小街、小巷。在蒙古，比村稍大的部落就叫胡同。胡同的意思更近于指村、镇。他指出胡同不光北京有，蒙古、哈尔滨、吉林、河北、天津、河南也有，而且数量还不少。社会语言学家张清常教授根据1989年中国邮电部邮电总局主编的《中国邮政编码大全》统计，全国约有胡同5211条，天津竟占1728条，比北京当时实有的胡同数还多400多条。它说明胡同不只是北京专有的土特产。

但在北京，胡同文化所展示的丰富内涵和京城特色却是别的地方没有的。从胡同一词的介入、延展，到拿来我用，得心应手，化他为我，体现了多元的北京文化的襟怀宽广，"肚大能容"，消化吸收的能力很强。北京古往今来就是个移民城市，天南地北，五湖四海，汉满蒙回藏，最后通通化为"京味"，既有接纳四方的宽容，又有改良创新的锐气，这就是北京。

三、胡同里藏着故事

老北京的文化，离不开紫禁城里的皇家，就像老北京的城墙，一圈一圈包了四层，最终的目的，还不是为了保住北京城的核心，紫禁城太和殿正当中坐在那把龙椅上的真龙天子！老北京人心里特明白，住在天子脚下，叫"日下"，所有的一切都要围着皇上转，唯命是听，俯首帖耳，这是千古不变、万世不改的真理。

皇上虽然日理万机，对起名字这件事却格外重视。子曰："必也正名乎？名不正则言不顺。"从国号、年号、谥号到皇城里的殿堂居所、亭台楼阁等建筑的起名，都要反复掂量，一再琢磨，生怕一朝失误，追悔莫及。

可是也有例外，皇上对胡同的起名，却不大在乎，给了老百姓一个尽情发挥的空间。在一定程度上，老北京胡同的名字很能看出北京人的坦诚、诙谐、务实、睿智、憨厚、亲和、爱美、献丑、媚上、追俗的种种心态。细剥就里，你会发现，别看大国子民平时像绵羊般温顺，在意想不到的时候，也会猛不丁地露出点降龙伏虎的威势。

琢磨老北京老胡同的名字，可以明事理、知变故、识人情、长学问。

老北京的老胡同富有深邃广博的历史文化内涵。

如果说，老北京的老城圈儿刻录着老北京的年轮的话，那么老北京的老胡同就袒露着老北京坎坷变化的瘢痕。

宣武门外地区曾是战国燕都蓟城的所在地，辽燕京、金中都的故地，元明清三代帝都的一部分。历史的机缘点滴入土，渗入街巷胡同的老屋土路。南北线阁街可以追踪到辽代南京的燕角楼遗址；法源寺前街已标志出1300年前大唐悯忠寺的宏伟规模；三庙街，据说就是唐代的檀州街，千余年来街道的方位没变，遗存了北京最古老的街道。三座庙的三座庙都是关帝庙，老北京最多的庙就是关帝庙。信步古街，老街坊指指点点，会告诉你一庙、二庙和三庙都在哪儿，不过一、二庙早已不存，只余下三庙尴尬地坐着，提心吊胆地等待不日的拆迁。

老北京胡同的名字也有官府起的，更多的是常年住在这儿的平头百姓自己起的。起名的标准是好记、好找、独一无二，倒不大在乎雅不雅、吉不吉的。起名的依据是找最能显示本胡同特点的建筑、人物、故事和造型，加以提炼、概括，而后命名。比如有个庙，就叫高庙胡同；住过大官，就叫武定侯胡同；有个皇上存东西的仓库，就叫西什库胡同；胡同曲里拐弯，就叫八道弯胡同，等等。名字是人起的，时代背景、心理用意、价值取向，一一显露，是研究老北京时代变迁、政治制度、经济发展、民生民俗的生动材料。

老北京的历史是宏观整体，街巷胡同的历史是微观分支，二者有分有合，浑然一体。有如涓涓细流，浅吟低唱，不舍昼夜，汇成滔滔东流的河水，风光独具，气势恢宏。北京史不等同于街巷胡同史的总合，却离不开活生生史料的喂养与充实。而北京的变迁，常常在市井中留下痕迹。不少北京的胡同往往有好几个名字，应时而变，刻录下时过境迁的变化；胡同的历史更惊人！一条胡同或几家，或几十家，或百家以上，"家家有本难念的经"，若把每家的故事凑在一块儿，那岂不就是一部活灵活现的北京史？

四、胡同怎么起名字

从胡同的起名和改名，既可以看出北京街巷胡同的变化，又能反映北京人不同时期的心理变化。

1. 按地形、河道命名

前门大街路东，有条东西向的短街叫鲜鱼口，是条繁荣的商业街，吃喝玩乐样样齐全，据说"先有鲜鱼口，后有大栅栏"。顺着鲜鱼口往东走，折向南的桥湾儿、三里河、水道子、龙潭湖，这一串相关的地名，隐现出一条古河道。元大都时，通惠河自积水潭由北向东，再向南，而后向东南，流入通州张家湾的京杭大运河。明建皇宫时，中间一段纳入宫墙内，水运中止，但河道仍存，直到清朝后期河水才枯竭。《日下旧闻考》记载："正阳门外东偏有古三里河一道"，河水拐弯处有汉白玉"三里河桥"（1953年珠市口东大街修马路时出土）。鲜鱼口是河边鱼市，桥湾儿正好是河道由南向东处，路北有古刹铁山寺，很大，时常做法事。再经三里河、水道子东入龙潭湖。当年我上小学时，每日必走此路。很喜欢安步当车漫步这条"河道"，浏览"两岸"住户，或齐整，或破旧，颇有情趣，有如读一本书。

再如，鼓楼东大街的锣鼓巷是一条南北向长街，被鼓楼东大街切断，分南北两个锣鼓巷。街近鼓楼，原以为街上有卖锣鼓的，故名。一查，不对。原来本名是罗锅巷，因地势中间高、两头低，像个罗锅，后来叫白了成了锣鼓巷。今天南锣鼓巷已经整修成文化一条街了，游人如织，颇具胡同的新老风采。

2.按建筑、设施命名

西四丁字街路西，有个砖塔胡同，很有名，名在大街路西的元代万松老人塔。砖塔为九级、八角，实心。万松老人名万松行秀，是金元时期佛教曹洞派大师，名重一时。当年，曾经辅佐成吉思汗、窝阔台两代君主的宰相耶律楚材心向往之，拜他为师，参学三年，向他请教牧民之术。万松老人说："以儒治国，以佛治心。"此后，元明清三代帝王都很崇敬他，屡次修缮塔院。乾隆时，把七级改为至高的九级，说明帝王们都很赞同他的主张。

砖塔胡同有名，还因为它最早出现在元杂剧《沙门岛张羽煮海》里。

张羽问梅香："你家住哪里？"

梅香说："我家住砖塔儿胡同。"

这说明砖塔胡同已有七百多年的历史了。幸运的是，这座砖塔比西长安街的双塔"命好"，经过修葺后，还道貌岸然地坐在闹市街边，惹得路人投来诧异的目光。

前门大街路西的大栅栏，名扬中外，是京城聚集"老字号"最多的商业街。如今在街东口支起了一个高大的铁栅栏，上书"大栅栏"三个字，这是复古。它说明，原来坊墙拆除后，坊门仍作为坊的出入口和标志（牌坊）保留。栅栏有木质和铁质的，每天定时开启和关闭，大栅栏里商店多，为了确保坊内安全，装的铁栅栏门，高而大。结果原来"廊坊四条"的街名被百姓废除，反而看中了街口的大栅栏，顺嘴一溜，成了"dashila'r"。什么道理？说不清楚。

3.按集市、商店、商品、作坊命名

这一类最多，可以说包罗万象。比如，米市大街、菜市口、骡马市、钱粮胡同、鹁鸽市、花市、缸瓦市、闹市口、大市、小市、油坊胡同、糖坊胡同、豆腐巷、剃头棚胡同，等等。

鼓楼大街西侧有条烟袋斜街，向西直通什刹海的银锭桥，不长，却古老而著名。新近街东口还建了座牌坊，日标更大了。过去斜街里有几家经营烟袋烟具的店铺，门外挂着一支支乌木杆儿、白铜锅的大烟袋，特别醒目。有人生事儿，硬说当年慈禧太后的烟袋就经常拿到这里的"同泰盛"和"双盛泰"的两家商号来通洗，让胡同沾上皇气，贴金出名，信不信由你。这条街因受湖岸制约，自东向西的走向是斜的，故称烟袋斜街。街虽窄却是闹市，商铺密集小型。过去街中多古玩店、茶馆、酒肆、西服店、浴池，有小"大栅栏"之称。路北鑫园浴池，相传是大太监李连英的后人李福庆所开。街中旧有龙王庙（已毁）和保存较好的道教宫观广福观。

北京最长、最宽的大街是东西长安街；北京最长的胡同当然是与长安街并行的东、西交民巷。原来东交民巷使馆多；西交民巷银行多，两巷洋式高楼鳞次栉比，仿佛古城界外的洋胡同。中西合璧，洋人众多，起名交民，很是切题。其实它原名江米巷，后来由江米改名交民，有一段国家衰落的心酸史。

早在元代，这里地近大都城南垣，又是通惠河卸下从江南运来漕米的码头，所以叫江米巷。明建北京城，南垣南移紧邻江米巷，这条昔日的漕运码头就成了黄金地段：朝廷的五府六部、翰林院、鸿胪寺、四译馆、太医院等机构，都设在这里。清代，一些王公大臣也选中了这条上朝近便、宁静宜人、秀水潺潺的地方，建府修宅。如，肃亲王府、梁公府、庆公府、大学士徐桐官邸等，朝廷把宗人府也设在这里。

1860年清政府与英美法俄等国签订《天津条约》，各国强行选定了在紫禁城边的东江米巷建使馆。弱国无外交，清廷只好忍辱允诺。江米巷改名交民巷。徐桐自撰楹联"与鬼为邻，望洋兴叹"贴于门上，以泄不满。1900年义和团攻打交民巷，损伤惨重。肃亲王雅好收藏，奇珍异宝付之一炬。时人纪之：

巍巍肃邸富收藏，劫火销为瓦砾场。
骨董图书尽抛却，窖金千万腾空坑。（《都门纪变百咏》）

事变后，东交民巷一带按辛丑条约划归洋人地界，不许华人在附近居住，各国大兴土木，建使馆、兵营，筑围墙、修碉堡、炮台，路口装大铁门，枪口外向，气势哓哓。洋人还拆毁我国衙署、祠堂、民房、仓库，就近扒开城墙，以图进出方便。洋人横行京城，为所欲为，无人敢问，成了堵在国门跟前的都中之都，国中之国。

4.按官府、衙署命名

北京内城多元明清三朝以及民国时的官府、衙署，且占地较大，目标显著，蕴藏丰厚的历史文化内涵。比如东城区安定门内的成贤街，就是一条保存较好、历经六百多年的古街。街不长，680米，建有元代的国子监、孔庙，遵循"左庙右学"的原则，比肩相连，足足占了半条街。难得的是，一条街陆续排着四座木牌坊，上书"成贤街"和"国子监"，古色古香，独一无二；更难得的是，在这条古老的街道上，曾走出元明清三朝支撑时政、倒挽狂澜的五万余名进士；响彻过三代君主驾幸学宫劝学建功的圣谕。

明代迁都北京后，在内城设立了东西南北中五城的兵马司，负责捕盗拿贼，维护治安。清代在京师设立过五个巡捕营，由九门巡捕五营步兵提督统领，维护京师治安。至今，北京有几个兵马司胡同和巡捕厅胡同。类似驻军、守卫的还有营房胡同、校尉营胡同、四川营、校场口、蓝旗营等。政府机构如顺天府街等。

位于东城的外交部街，在明朝时叫石大人胡同，武清侯石亨勾结太监帮助明英宗朱祁镇复辟成功，自恃功高，下令大肆营建所赐宅第，占了胡同路北的四分之一。平日飞扬跋扈，不可一世，引起英宗不满。据说，一日，英宗登翔凤楼眺望，看到这片宏大的府邸，问询左右，才知道是石亨摆谱建的府宅。英宗乃以图谋不轨罪，处死石亨，籍没豪宅。到了嘉靖年间，这座豪宅赐给了咸年侯仇鸾。后来仇鸾革职，忧郁而死。豪宅入籍，后赐予成国公朱庚。明万历年间，明神宗的女儿寿宁公主下嫁冉兴让，豪宅又作为陪嫁，赐予驸马。冉驸马为府第起名"宜园"。清代，宜园作为工部宝源局的办公地，在园内开炉铸钱。宣统时，外务部将废败的宜园改建为迎宾馆，特聘美国人承包西式洋楼的改建。1911年，孙中山应邀北上与袁世凯商谈国事，曾下榻石大人胡同行馆。现改名外交部街。一座府宅的沧桑变化，注解了历史，标榜了胡同，述说了宅主的命运，死生有命，富贵在天。这是只有北京才有的故事。

5.按寺庙、道观命名

北京多庙宇，自古而然。历代帝王"奉天承运"自然少不了神佛降福，菩萨保佑。拜佛烧香更可以使众百姓迷醉神经，熄灭不满，寄托来世，积德行善，听天由命。所以京城内外，到处有庙，虽然大小不一，名目不同，却可以抬头见庙，随时祷告，无形中，寺庙帮了统治者一个大忙。

那么，古往今来老北京城前前后后，里里外外到底建了多少座寺庙呢？说不清楚了。

朝代变化，不可胜数。据1949年8月统计，北平寺庙共计592座，道观74座，尼姑庙91座，民庙95座。僧道1143人，其中和尚698人，道士139人，尼姑306人。（1949年10月《北京市综合统计》）这已经是久经战乱北京寺庙处于低潮时的数字。

寺庙道观多，以寺庙道观起名的胡同街道就多。有趣的是，寺庙被毁，街名仍在，为后来人留下一个念想，一个历史遗迹的空间。

比如京城有东西两座皇家寺院，东城的隆福寺和西城的护国寺，当年都显赫非常，后来成了京城东西两个最热闹的庙市（庙会），如今宏大的皇寺早已不存，只留下街名。

护国寺在西四牌楼北大街路东，始建于元代中期，初名崇国寺。当时大都城有南北两个崇国寺。南崇国寺在今天的中山公园，是辽代古刹，年深日久，现存习礼亭前的8株古柏，悠悠近千年，京城珍宝！护国寺是北崇国寺，原来是元代丞相脱脱的宅院，后来脱脱舍宅为寺，称"崇国寺"。明宣德四年（1429）更名"大隆善寺"。明成化八年（1472）改名为"大隆善护国寺"，加"护国"二字，点破衷悃，成为隆盛的皇家巨刹。

今天西城的护国寺大街，不长，东头路北有梅兰芳故居（原清代庆亲王的马号）；路南有以演京剧为主的人民剧场，有点京剧一条街的意思。清代，蒙古王公贝勒出资修建庙院，护国寺成了喇嘛庙。护国寺自元至清，累代加恩修缮，香火旺盛，规模宏大，寺分前后两部分，九进院落。特别是每逢每月的初七、初八两日庙会时，商贾云集，百技献艺，万头攒动，人声鼎沸，是老北京一特有节目。

护国寺内曾供奉帮助朱棣起兵当皇上的军师姚广孝的画像。

为什么呢？原来朱元璋当过和尚，所以他为儿子"将封十王，每王择一僧辅之，姚广孝自请于文庙（朱棣）曰：'殿下若能用臣，臣当奉一白帽子与大王戴也。（白加王，为皇字）'文庙默然会其意，竟请得之。"明成祖夺得帝位后，叫姚广孝还俗，姚坚辞不受。明成祖欲为建第，姚亦固辞。又赐宫人，姚亦不受。（《长安客话》）

姚广孝功勋卓著，深得朱棣恩宠，可为什么他功成身退，不求进取呢？他在自己画像上题诗：

　　　　这个秃厮，特无仁闻；名垂千古，不值半文。

　　一条街，一个皇寺，一个和尚，八百多年，留给我们深长的思考，和现在残存的一间金刚殿与几曲廊庑……

6. 按人名、职业命名

　　老北京名人多。那么，名人何以成名呢？有皇上封的，有政府任命的，有自己闯的，也有老百姓叫起来的。以名人命名的胡同，虽然名字高高在上，挂在胡同口，却也算是留得英名万古传，载入了史册，尤其是植入了民众的口碑，这恐怕比印在书本里还响亮、知道的人还多。有趣的是，许许多多不入流的工匠、手艺人，甚至一文不名的穷汉、残疾人也有幸入名人胡同籍，留在胡同的门牌上。它仿佛喻示后人：功名不只在庙堂的点头允诺上，功名还在人心，在不经意的留意处，这里的标准很难把握。

　　比如，纪念南宋丞相文天祥的文丞相胡同不用说了。"人生自古谁无死，留取丹心照汗青"，至理名言，此公可敬；为纪念抗日牺牲的爱国将领，命名张自忠路、赵登禹路、佟麟阁路，警示后人勿忘国耻，"拼将热血洒疆场，赢得马革裹尸还"，国之英豪，理当如此。而西城的祖家街就有点蹊跷了。祖大寿是明末抗清名将，后来归顺了清朝，成了逆子贰臣。却何以以其府第命名祖家街呢？是彰显，还是批判？莫名其妙。在北京城大批以名人命名的街巷胡同，多是因王公府邸、权臣豪宅，占地巨大，而目标显著，适于起名。如端王府夹道、恭王府后身、遂安伯胡同、石驸马大街、张皇亲胡同、史家胡同、赵家楼、裘家街、朗家园等。

　　另类以人名、职业起名的街巷胡同就有意思了，如，豆腐陈（池）胡同、赵锥子胡同、棚匠刘胡同、傻子王胡同、李纱帽胡同、石老娘胡同（接生婆）、马姑娘胡同（妓女）等；此外还有王寡妇斜街、张秃子胡同、吴老儿胡同、瞎子胡同、哑巴胡同等，无奇不有，总是起名人抓住了一些特点，取得了公认。细究起来，一定有不少有趣的故事可讲。

7. 按动物、物品命名

　　以动物起名的，有金鱼胡同、金鱼池、鲤鱼胡同、双鱼胡同、干鱼胡同（甘雨胡同）、骆驼胡同、驴驹胡同、鸦儿胡同、鹞儿胡同、大鹁鸽胡同、黄雀胡同、屎壳螂胡同、青蚨胡同等；

还有以动物部位起名的：狗尾巴胡同（高义伯胡同）、猪尾巴胡同（寿逾百胡同）、猴尾巴胡同（侯位胡同）、豹子胡同（报子胡同）、牛蹄胡同（留题胡同）等；

以食品起名的：羊肉胡同、熟肉胡同、烂面胡同、干面胡同、黄米胡同、豆芽胡同、豆角胡同、茄子胡同、烧酒胡同、茶叶胡同、灌肠胡同（官场胡同）、牛血胡同（留学路）、鸡爪胡同（因为住过北洋军阀段祺瑞，改名吉兆胡同）等；

有的胡同一头进，中间分了叉，两头出，像裤子，就有：裤子胡同、皮裤胡同、裤腿胡同、裤裆胡同、裤脚胡同等，很有趣。问："您府上在哪儿呀？"答："裤裆胡同。"一笑。其他物件起名的还有：袜子胡同、帽儿胡同、靴子胡同、手帕胡同、蓑衣胡同、棉花胡同、针线胡同、取灯胡同、火镰胡同、烟筒胡同、铁炉胡同、煤渣胡同、盆儿胡同、罐儿胡同、砂锅胡同、风箱胡同、马勺胡同、瓢儿胡同、案板胡同、灯笼胡同、椅子胡同、钥匙胡同、笤帚胡同、坛子胡同、油篓胡同、铃铛胡同、柳罐胡同、喇叭胡同、褡裢胡同、耳挖勺胡同、旧帘子胡同、胭脂巷、剪子巷、胰子巷等。

日用品反映时代，当年不可缺少的取灯（火柴）、胭脂、胰子（肥皂）、褡裢（扛在肩上，两头装钱物的口袋，又叫"捎码子"）、马勺、柳罐、水瓢等物件，到今天，几乎都成了文物。胡同却还记得，提醒人们记住走过来的路，记住含辛茹苦的父兄、前辈。

当然，北京也有一些很美、很雅、很吉利的胡同名字，如福长街、平安里、安乐林、芳草地、杏花天、百花深处、什锦花园，等等。自然的铺垫，加上人事的耕耘，被好事的文人点了个正着，就有了这几个不似胡同的胡同。近年来，有些不雅、过俗，或不吉利的地名都改了或准备改，对此意见不一。其实，街巷胡同既是历史的遗存，也是现实的通道，要发展就必然推陈出新。出新要出在根基上，不可丢弃的是老北京老胡同的神髓，是存活在一代代老北京人心头的那份人境和谐的情，天人合一的契。

第三章
中规中矩的四合院

北京四合院

小京纪实
BEIJING JISHI
老北京梦寻

　　说完胡同，必然要说四合院。那是北京人居家过日子、日夜厮守的地方。一年四季，二十四节气，三百六十五天，四合院包藏着北京人所有的喜怒哀乐，生离死别。要知道，四合院里的上房下室，是万岁爷给天下臣民定下的规矩：长幼有序、男女有别；四合院一砖一瓦有讲究，一梁一木有说道。北京城的四合院，见证了几代王朝的更迭和老百姓出生入死的命运。

　　就为这，北京人和四合院结下了不了情、不解缘，房子再破、院墙再烂，那也是养育过一家几辈人的热窝窝。人死了，家败了，只要那对石门礅、那扇破木门还在，亲情记忆就浸透在砖头瓦块里；少小离家老大回的游子，只要一步迈进这梦中的四合院，那颗破裂的心，就可以神奇地愈合……这就是包裹着北京历代人生活、怎么也舍不得离开的热窝窝——四合院。

一、四合院里说"四合"

　　四合院怎么讲？
　　《现代汉语词典》解释：
　　　　一种四面是屋子，中间是院子的住房建筑。也叫四合房。
　　《辞海》换了个说法：

第三章 中规中矩的四合院

　　住宅建筑式样之一，即上房之左右为厢房，对面为客房或下房，四面相对，形如口字，而中央空地，即天井也。其无对房者谓之三合式。

《中国古代建筑词典》补充说：

　　四合院式的平面布局，至迟在西周就已形成，一直沿袭到清代。

　　可见，四合院古已有之，它也不是北京独有的"特产"，天南地北，四合院处处是中国人的"家"。

　　1976年，陕西周原考古队在陕西省岐山县凤雏村发掘出三千多年前的西周建筑遗址，展示出完整的四合院建筑布局：遗址坐北朝南，两进院落，前堂后室都以木结构为主，影壁、大门、前堂、穿堂、后室依次排列在中轴线上。庭院两侧为对称的厢房，四周有游廊环绕，这与《论语》《礼记》《周礼·考工记》《说文》《尔雅》等史籍的记载完全相符。时至今日，这一传统布局在我国各地虽有些许增减，总体还是传承未变的。

　　如今北京内城的胡同、四合院，大体上还留着元大都的格局。按照元世祖忽必烈"定制以八亩为一分"赏给富户、官吏建造宅第；以皇城为中心，在九经九纬干线两侧排列民坊；民坊由一座座坐北朝南的四合院组成，坊坊相邻又相隔，纵横交错，形成街巷胡同，整齐有序，如同棋盘。这样，棋盘式格局和开阔的空间，就成了忽必烈时代大都城的特色。

　　当年的情景是怎样的呢？曾经目睹大都城盛景、并为之倾倒的意大利人马可波罗赞不绝口：

　　街道如此笔直宽阔，以至于可以一眼望到头，从这个门望到另一个门。城里遍布美丽的殿堂，有许多精美的馆舍和精心营造的房子。城市所有房屋建设用地都是方形，并用直线布置。所有的用地都被宽敞宏大的宫殿，及与其规模相称的庭院花园所占用。这些建筑用地被分配给不同的家族首脑。每块方形用地都环绕着美丽的街道，便于交通。这样整个城市就布满了方形，像一个大棋盘，用如此严整高妙的方式加以布置，竟然使人们无法对之加以描述。

　　见识昔日大都城的另一个办法是从地下考古发掘。

　　1965年，在西直门内发掘出一处元代四合院，不仅房基、柱础、台阶、石兽完好，还发掘出房屋的隔扇。这座四合院有正宅，还有跨院和小花园，主人的正房坐北朝南，东西厢房相向，整座四合院占地面积恰在八亩左右。它印证了史书的记载。

二、四合院的文化理念

并非每个北京人,都能住上四合院,更何况达到一分八亩标准的四合院。

北京城是为皇上盖的。城也好,坊也好,围的是太和殿当间儿的那把金龙宝座。故而,天子脚下,帝王都城,人分三六九等,四合院也就规格不一、等级森严。天字第一号的超大四合院,当然是皇上一家住的紫禁城,位居城中央,占地72万平方米。

紫禁城是北京城的定盘星。北京城的一切都要听命于皇家大院的编排。因此,理清皇家大院的路数,才会从建城、排坊、设街、围院几个方面,明白四合院的来龙去脉。

紫禁城(皇家大院),兼家居与办公两大功能,真是家国一人,天地一家。从布局看,紫禁城大院以中轴线为龙骨,挑起一片辉煌建筑。它竖(南北)分中、东、西三路;横(东西)分前朝后廷。前朝的中路设太和、中和、保和三大殿;东路佐以文华殿,西路佐以武英殿。这是皇帝的办公区。后廷是帝后的生活区,设乾清宫、交泰殿和坤宁宫。养心殿在后三宫的西面,自清雍正后,这里成了皇帝与近臣处理核心政务的"小朝廷"。前殿办公,后殿居住,陈设华丽,出入便利,远比三大殿的空旷,温馨惬意。原来帝后也欢喜紧凑、实用、舒适的格局。大排场,装样子,是给人看的,并不实用。后廷还有安排皇后妃嫔们生活的东西十二宫,以及安排皇子、太后、太上皇的宫殿及御花园等。这样,位居北京城中心的皇家大院,不仅最大,而且也从建筑格局为京城臣民等而次之的大小四合院,立下了种种清规戒律。

比紫禁城次一等的自然是王府,首先是亲王府。别的不说,仅一个恭王府的花园,就分东中西三路建筑,有厅、堂、楼、阁、院、轩、亭、榭、庙、台,还有个雕梁画栋的大戏楼,占地2.8万平方米。这还没算上恭亲王奕訢一家平时生活的正院和东院配房。由此类推,等而下之,达官贵人,富商豪绅,他们的四合院或重重递进,有个三四重,层层递进;佐以跨院花园,舒适宽敞,怡然自得,虽不是世外桃源,也属闹中取静,别有洞天,是京城福地所在了。

轮到普通百姓的住房就另当别论了。能住进独门独院的四合房,算是家道殷实的体面人;而整日奔波劳碌的芸芸众生,只有住大杂院的份儿,再不就是挤会馆、占破庙,城墙上挖个"窑洞",好歹有个栖身之处。多少年来,偌大的北京城并不是人人都有睡觉的地方。如今有人说北京人惦记四合院,那得有本儿,够身份,贫贱之人不敢奢求。

别小瞧一座小小的四合院,它融合了中国传统文化的多个侧面,传承时间久,涉及门类多,其中包含建筑的、堪舆的、气象的、美术的、工艺的、园艺的、伦理的、礼仪的、心理的、宗教的,等等。四合院文化理念的核心是处处遵循封建礼法,循规蹈矩,体现封闭一统,安适有序。这里既贯注了天人合一的传统理念,又严格判定了不可逾越的封建礼数。比如,中轴线的布局、内外院的区分、北屋正房的安排、大门的规格,等等。

这里只说说四合院的门。四合院的门,真的是五花八门,各具千秋,不光是门的间量大小不同,而且门面的装饰摆设各异,两扇门上下左右、里里外外都有安排。怪了,只是两扇平平常常进出院落的门,却挖空了心思,做足了文章,凸现封建文化的等级观念和门第思想,这在世界文明史中也是罕见的。从"门"的讲究,可以泄露中国人"好脸儿"、爱面子的秘密。

过去,门,被视为"脸面",叫"门脸",是向社会公众显示家族"门第"身份的形象标志,又是升堂入室的"第一印象",怎可小觑?皇家宫城的四面大门,巍巍高耸,各司其职。正门午门不仅有明三暗五、职责分明的五个大门,而且门上建高楼、两阙环卫,凸显皇家至高无上、君临天下的无比威严。加之,午门前还建有端门、天安门、大清门、正阳门四重高大楼门,气势凌厉,重重闭合,给人巨大的心理重压。一个紫禁城的"禁"字,就应在重重围墙紧锁的"门"上。

平常四合院的大门,分屋宇式和墙垣式两种。屋宇式大门占四合院倒座房的半间或更多;墙垣式大门就是在四合院的围墙上开门。

最高档次的屋宇式大门当然首推王府的大门。如同皇宫,府院坐北朝南,正门开在中轴线上,清初,顺治帝有严格的规定:亲王府正门,广五间、启门三,上覆绿琉璃瓦,每扇门准排鎏金铜铸门钉 $9\times7=63$ 颗(皇宫每扇大门排鎏金铜铸门钉 $9\times9=81$ 颗);郡王府正门,广三间、启门一,每扇门准鎏金铜铸门钉 $9\times5=45$ 颗;公府正门,为金色门钉 $7\times7=49$ 颗;侯府以下的正门为,铁制门钉 $5\times5=25$ 颗。外官一律不许装门钉。门上钉钉,金光耀目,还不是显摆身份、壮壮威风。

通常的屋宇式大门有如意门,广亮大门,金柱大门,蛮子门等。这样的门,大的占一间,中的占多半间,小的占半间,开这样门的住户都是权贵官宦富庶人家。

寻常百姓的住家,房少人多,自然采用墙垣式大门了,门也不能开在当中。如果是坐北朝南,按照风水"坎宅巽门"的说法,四合院的门就要开在南墙的东南角,因为"坎"为正北,主水;"巽"为东南,主风,东南开门风行水转,人财两旺，最吉利。比不得天子"择中"立国、立宫，唯我独尊。百姓家的门，只能因地制宜，图个吉祥如意。那样式也很简单，好的，做个小门楼，一般的连门楼也没有，但门礅、门联是不可少的。

门礅，又叫门当、门枕等，它是固定四合院大门框架的雕石构件，一石两用，门外的抱鼓石玲珑锦绣，门内的石枕稳定框架，中间的门纂确保门轴华润，两扇大门可以顺畅地开启闭合。所以，当人们欣赏敦实、隽美的门礅时，别忘了它稳住门户的功能和设计人藏拙挺秀的智慧。

早先逛胡同看门饰，端详各色各样的门礅是不可少的。门礅也如府门前的石狮，是功名身价的显示。武将世家常采用圆形抱鼓样式，有的还在上面安卧一尊石狮；文官世家则采用书箱式造型，方方正正，文气十足，喻示腹笥丰满。门礅两面常雕有种种纹饰，如万字不到头纹、云头纹、回纹、八卦、太极、竹报平安、喜鹊登枝、双狮、暗八仙等图案，但门礅的大小、造型、雕饰一定要与大门的样式，乃至院里的影壁、垂花门等协调一致。门礅延续了中华民族几千年的石雕技艺和文化理念。

门联是春联的接续和延伸。早年先民每逢春节，就在桃木板上书写吞吃恶鬼的神灵"神荼""郁垒"挂在两扇门上，阻挡灾祸进门。后来干脆就在门面上直书"新年纳余庆，嘉节号长春"一类的吉祥用语，既美观又有深意，且不拘春节一时。门联嵌于门面，对内是警示，对外是展示，表达了主人的志向和情操，可谓一举两得。

过去，我家门上红底黑字的门联是一笔圆润正楷的"忠厚传家久，诗书继世长"。1966年夏天，来了一堆扎小辫穿军衣的"红卫兵"，气势汹汹地抄完家财后，用菜刀斧头猛砍门联，大骂门联宣传"反动、封建、复辟、翻天"思想。至此，忠厚不在，诗书不存，"造反有理"的因子毒黑了几代人的心田。如今还看得到一街两巷门上用正楷书写的"芝兰君子性，松柏古人心""物华天宝，人杰地灵"一类饰于外、铭于心的格言吗？

在传统文化中，"合"的本义是合拢、关闭，与"开"相对应；它与另一个表示谐调的"和"联系在一起，就衍生出人们理想中追求的祥和的意义。为此，佛教中还塑造出寒山、拾得两位憨态可掬的"和合二仙"，供人礼拜。它启示人们，唯有先求得精神上"和"的境界，才能做到形式上的"合"。而实现"和合"的前提就是要具有循规蹈矩、包容宽忍、求同存异的博大胸怀，这也正是中国传统提倡的"修身、齐家"的一个基本点。四合院创造了"和合"的形式，也期待着阖家的"一团和气"。

实际上，四合院被注入"和合"的文化理念，是从两个方面体现的：一方面讲平面方位，四合，表达东西南北四面建房、中间是院子，这样一个概念；另一方面讲空间理念，天合、地合、人合、己合，"四谐共和"这样一层深意。

　　北京依山临海，冬季刮西北风，夏季刮东南风，四季分明，坐北朝南，周房中院，既避风取暖，又亲近自然，正符合天时地利，此为"天合、地合"。从北京人常说的话语里也不乏经验之谈："天棚、鱼缸、石榴树"是指院子应景闲适的陈设，增添和美的生气。

　　"有钱不住东南房，冬不暖来夏不凉"是居住四面房屋后，实实在在的生活体验，指出了四合院并非样样完美，存在不小的弊病。

　　"宁住庙前，不住庙后；宁住庙左，不住庙右"，是老实的北京人求安稳怕离乱、远离神鬼邪恶，远离是是非非，躲个清净自在、苟且偷安的心理反映。

　　"大门不出，二门不迈"是防止院里长大的姑娘红杏出墙招惹是非，而采取的最消极的规避措施，是"门禁"。

　　"远亲不如近邻好"说明处好街坊很重要，不能只顾自己，还要接纳"低头不见抬头见"的邻居，营造和谐稳定的居住环境，求得友邻的了解与帮助。类似的四合院谚语还很多，这些都是缔造"人和、己和"的内容。北京人久居日下，识多见广，一般的百姓只想躲在小院里当顺民，保持知足常乐，能忍自安的心态。

　　四合院给了北京人恬适安稳的生活，也在一定程度上围拘了他们的思想和心魄。

三、我住四合院的苦辣酸甜

　　回顾我旧日居住的胡同院落，温馨中常伴有苦涩，仿佛凉拌的苦瓜，脱尽厚腻。

　　记得我出生的那个狭长的三合院，住着七户人家，其中住北房的段家，在煤市街路西开了个一间门脸儿的修理自行车铺，收入比较稳定，算是全院的首户，但他孩子多，平日喝粥的时候比吃窝头的时候多。其他六家都没有准事由儿，过着饥一顿饱一顿的日子，算是城市贫民吧。别看每家的日子捉摸不定，大家却相处得很融洽。一家找着事由了，大家都高兴；一家的孩子病了，大家都着急。隔壁的文大爷当年是黄带子，断了钱粮后，衣食无着，全院像敬重自己的老家儿似的照看他。段家过生日，给文大爷端去一碗两样面切条，驮着仅有的几片肉；秋风下来了，妈妈找来旧布、旧棉花，洗净铺平，拼拼凑凑给文大爷做上一条棉套裤，御寒挡风。那年五月节，文大爷托着一个荷叶包进院，兴冲冲地叫我打开。啊！新鲜的荷叶里包满了红红的樱桃和白白的桑葚，一院子的人都惊住了。文大爷乐呵呵地给每家都分了一小把。"尝尝，五月鲜，鲜呐！"大家不忍拒绝，点着头，眼里噙着泪……事后，爸爸告诉我，文大爷把皇上赏的翡翠帽正，卖了。

抗战胜利后，父亲有了工作，我们搬到东珠市口大街西湖营里的吊打胡同（后改孝达胡同）居住，虽说是独门独院，六间房，可受地界限制，也是只有一条窄院、逼促的三合房，没了街坊，虽清静，却单调。

1950年，我考进灯市口的育英中学，住进了据说是大明首辅严嵩的府第，享用了古老庞大的四合院。

育英的初中部和高中部几乎占了灯市口北边的半条街。学生宿舍既有平房，也有楼房，但都很老旧。我好奇，追着老校工打听相府的故事。他指指点点，几乎每个院落都藏着严氏父子许多秘事。每当红日西沉，我常循着校内曲折的游廊，漫步相府一层层大小不拘的院落，或倚栏遐想，或弄影花丛，总有一种说不出的惆怅，间或文思奔涌淌出几行诗来。这种情绪是我在狭小的三合院里无论如何也寻不到的。

1956年秋天，我考进北京大学东语系。骑着车驶进燕园，迎头相遇的除了微笑的师友，还有燕园迷人的美色。然而，我们却与美色和师友失之交臂。煤矿、山村备下了我们洗心革面、脱胎换骨的课堂；老教授和我们学生一道接受矿工和贫下中农的再教育。住工棚、宿农家，又是一番别样的感受。1962年夏天，离开北大那天下午，依然是骑着车，有些不舍，"以后吧，我会来的"。此后九年，我成了一名空军战士，住的是营房，睡的是大通铺。再回到胡同是1971年我奉命复员，一家五口挤进了宣外校场五条的一间半西房里。

这是一座坐西朝东还算齐整的四合院，只是百年的苦撑，北房和南房早已坍塌了，剩下的东、西房也是有雨便漏，刮风便透，且随时有坍塌的危险。院里没有上下水，更没有厕所。日常用水要提着水桶到胡同对面高台阶的温州会馆里去打，提回来倒进屋角的水缸。而用过的脏水，也是先倒进屋檐下的泔水桶里，等满了，再提到门外倒进路边的下水沟。因此，洗澡、洗衣服，那是要下很大的决心，准备充足才做的事。

然而，最头疼的是早起跑厕所。人生在世，有进必有出。民以食为天，那么食之后呢？便是出恭。离家最近的公共厕所，只有五个蹲坑，且个挨个地紧密相连。早起高峰时，门外排队，一坑难求，等者抓耳挠腮，急不可耐。偏有先入为主者，一旦蹲下便抽烟看报，怡然自得地慢慢享用，哪管你火急上房？内急难忍，只好一路小跑，到相邻胡同的厕所找出路。"一日之计在于晨"，怎奈晨时出恭不顺，竟挫败了一天的好心情，你道亏也不亏？

再说同院的五家街坊，在"阶级斗争为纲"的指引下，平添了一双双"千万不要忘记"的目光，早泯灭了湿井胡同时休戚相关的情分。别看平日碰面嘻嘻哈哈皮笑肉不笑，转脸就跑去向革委会小汇报，揭发别人"不忠"的罪行。还有铁杆的"造反派"，乘机偷街坊的蜂窝煤、冬储大白菜，骨子里拿"有便宜不占是王八蛋"做终生信条；从了良的窑姐，自诩"苦大仇深"，痛恨万恶的旧社会，却专爱在邻里间说三道四挑拨离间，还说这是老人家的最高指示："与人斗，其乐无穷。"另有副食店领导，雅好偷鸡摸狗，拈花惹草，闹得满城风雨的……大杂院彻底"砸"了"四合院"的牌子，丧失了应有的情意。我渐生厌倦，巴不得早早离开。

1986年秋天，我终于分到了一套两室无厅的单元房。虽说新房只有50平方米，但有厨房、厕所、屋里有暖气，屋外有阳台，一家一户，无干扰无是非，总算甩脱了大杂院的诸多麻烦，全家人都很知足，至今我还住着。此后，当有人直斥城市改造，乱拆胡同四合院时，我总是先问一句："您住过大杂院吗？您早晨上厕所排过队吗？"否则免谈。

眼下，今非昔比，北京的人口超过2000多万，还不包括几百万流动人口。早年包住活力、缺少上下水设施的四合院，陈旧了，颓败了，早已容不了潮水般涌入北京城追梦的人流。北京城走到了歧路口：是依然故我，守住明清以来的旧格局；还是比附西方的玻璃幕大厦，与国际大都会争锋斗奇？真难！

北京城必须变，而且刻不容缓！大片大片的胡同、四合院比着赛地被铲除一光，代之而起的是以斗室天价百万以上的塔楼小区和腰缠亿万的暴发户。而附庸风雅，蓄意赢利，新建的"胡同""四合院"，却鲜亮如画，单薄如纸，既冲散了历史的醇香，又模糊了情浓的记忆，全然抛弃了前人苦心的文化积累，令后人无所适从。

但是，议论归议论，事实是今天北京人的居住条件确实有了巨大的改善，由人均的几平方米上升到十几平方米，追求的也早已不是一席之地，而是面积、位置、朝向、装修。

每当我推窗眺望京城的晨光时，我在想，我们守望家园，家园必须美好；我们珍存文化，文化必须纯真。昔日的风景早已远去，沉湎不舍，或者只是一种情调；而住不成旧日的四合院，倒兴许是件值得庆幸的好事。

第四章

铸就金街

离不开天时地利人和

前门外北布巷子

小京纪实 老北京梦寻

小时候爱玩儿，整天"疯长"在马路上，从早到晚不着家。家在珠市口，马路叫前门大街，学校就在路西十字路把口的基督教堂。

那是当时北京城顶热闹的地方：吃喝玩乐，声色犬马，要嘛有嘛，怎么不吸引人？细一想，城市里的人，平时除了在家吃住，大部分时间都是在外面奔波劳碌，街市生涯是万万不能少的。街市，为都城充填了活力和色彩，一方面满足了社会各阶层的物质、文化需求；另一方面也塑造了城市和居民的品格。因此，在老北京丰厚的历史文化中，城以街通，街以市兴。街市文化是沉甸甸的一块。

朝代更迭，时尚流移，街市的兴衰也在或急或缓地转变更迭。街有大小，市有兴衰，每个朝代有每个朝代的闹市金街，以及它特有的街市文化。

一、想当初，鼓楼大街热闹非凡

元代，大都城按照"前朝后市"的原则，把市场建在大内延春阁（今景山）的后面，鼓楼的前面。这一带有广场，有宽街，有接连通惠河的万宁桥，还有一条烟袋斜街通抵烟波浩渺的海子积水潭，真个是一身兼具风光绮丽，水陆杂陈的山水市场。

这一带的市面很繁盛，商品按品种、分地区相对集中。有米市、面市、鹅鸭市、缎子市、皮帽市、珠子市、沙剌市（珊瑚、贝类市场）、铁器市、穷汉市（人力市场）……

鼓楼与钟楼之间的广场，常有曲艺杂技撂地演出，整日车马不断，游人如织，成了大都城"乐以销忧，流而忘返"的逍遥地。推算起来，它早于外城的天桥，该是中国曲艺、杂技萌生较早的发祥地。有趣的是，北京历史上的平民乐园从一开始就沾了"皇气"，一前一后，位居中轴线北南两端。元人黄仲文《大都赋》称赞这一带是：

华区锦市，聚万国之珍异；歌棚舞榭，选九州之秾芬。

直到今天，北京还流传着"东四、西单、鼓楼前"的说法。

明以后，通惠河河道中阻，积水潭上流水源减少，这里虽然失去了往日的繁华，却因什刹海的湖水风光，另有依就，成了一处寺庙林立、名园密集的"都下第一胜区"（明蒋一葵《长安客话》）。北京干旱缺水，唯独这里，到了夏天，红荷接天，绿柳委地，是京城难得的避暑胜地。当时的诗人赞道：

柳塘莲蒲路迢迢，小憩浑然潦暑消。

十里藕花香不断，晚风吹过步粮桥。

那感觉，真是一身清爽，四野生凉，惬意极了。

水多，桥也多。西望，是一脉婀娜多姿的山影：春青、夏绿、秋红、冬白，怎不撩拨文人诗兴大发？遂有"燕京八景"中的"银锭观山"问世。

清末民初，什刹海演变成集纳消夏、休闲、购物和游逛为一体的"荷花市场"，盛极一时。传说，这件事还惊动了在北海静心斋吃饭的慈禧皇太后。

光绪十一年（1885），蒙太后老佛爷恩准，李鸿章挪用海军军费，在西苑三海修建紫光阁铁路，还花巨款从德国购进特制的小火车头。1888年12月铁路建成通车。这条小铁路南起中海瀛秀园（怀仁堂宝光门外），沿中、北两海岸，至"西天梵境"拐弯向东，最后到达路北的静清斋（静心斋）。慈禧由大内移居中海仪鸾殿（怀仁堂）后，每天中午都要坐小火车到静清斋吃饭、吃芙蓉膏（吸鸦片）。玩够了，歇够了，再原车返回。慈禧喜欢洋玩意儿，又害怕这里面有鬼。小火车稳当舒服，可火车头像个大炸弹，在她前面引路，她绝不放心。所以，她坐车不用火车头，让车厢拴上绒绳，由太监们拉着走。这是中国的一大发明。一天，慈禧在静心斋西北新盖的叠翠楼吃饭，突然，一股浓香从北面的荷花市场飘来。她连忙叫小太监去市场打听打听，什么吃食这么香？小太监挺机灵，到了荷花市场，挑着捡着，买了几样好吃又好看的小点心，拿荷叶一包，端到了慈禧面前。老佛爷一尝，这个香啊！大不同于宫里"中看不中吃"的御膳，立刻传旨叫御膳房里管事的，到荷花市场把这几样吃食的手艺都学来。从此，御膳里就添了肉末烧饼、小窝头、豌豆黄、芸豆卷……

如今，荷花市场更红火了。各色各样的餐饮、酒吧布满了海子四周，连附近的胡同也拆改成形形色色的酒吧。灯红酒绿，轻歌曼曲，映衬在什刹海波光潋滟的秀色中，招引得海内外游客纷至沓来。人们坐着三轮车游完胡同、四合院后，再到水边一坐，喝着咖啡、品着花茶，细细地去咂摸老北京的悠悠长韵，那叫一美。

二、到后来，前门大街包罗万象

老话，"十年河东，十年河西"。或者改个词儿："百年朝后，百年朝前。"这话怎么讲呢？

明清以来，位于朝后的鼓楼大街虽然风韵犹存，却因没了海子、通惠河，失去了早年的繁盛，气数大降。而位于朝前的前门大街，却由林野茫茫，走出荒寂，陡然"蹿红"，成了京城鼎盛的闹市。

一条中轴线由原来的北热南冷，风水一转，掉过头来，成了北冷南热，甚至有人来了个事后诸葛亮，说"东四、西单、鼓楼前"的那个"前"，不是前后的意思，而是特指前门大街。这虽有点曲解，却是铁定的事实。

前门大街的"蹿红"，得利于天时、地利，还有人和。三者相较，地利尤其重要。

永乐皇帝修北京，把天坛、先农坛建在中轴线南头的两边。一条黄土垫道、净水泼街的宽平大马路，从国门正阳门向南笔直地延伸，经过高耸的白玉石罗锅天桥，稳稳地送达东西两坛。

清初，以写《桃花扇》传奇，名动朝野的孔尚任描写这条路是"前门辇路黄沙平"，后人也说到过路旁的"绿柳树，马缨花"。可见，专门为皇上祭坛、出巡预备的这条"天街"，是何等宽敞洁净，悦目赏心！但是，庄严的背后也隐藏着巨大的忧患。有明一代，因为不时地受到漠北蒙古军队和满洲的后金部队的袭扰，城外的战事不断，所以，民不聊生，正阳门外一度清冷寥落。

然而，天街的寂静也还存着另一番美意：那就是出前门，过护城河，就能目睹早年辽金时代莲花池水系的遗存水道，呈现出一派绿柳红荷，桨声吱呀的江南景色。再者，由此向西便可以抵达原金中都残留的古寺园林，如法源寺、天宁寺、白云观等处。因而，自元以来，前门大街就吸引着城里的文人墨客、官宦士绅到这里探春访柳，吟诗寄畅，成了北京郊游的胜地。

明以后，通惠河中断，客货运集结点转到城南，加上卢沟桥每日南来北往的旅客，前门外渐渐由冷而热，人聚市兴，天街的神秘色彩淡薄蜕化了，代之而起的是一条商贸兴隆的买卖街。朝廷因势利导，在街西空地修建了安厝店铺的廊房，招商引资。廊房共建了一条至四条。唯有廊房四条最红火，后以"大栅栏"名噪天下。一些经营有方的商店开始在大街两旁建店，因其物美价廉，诚信无欺，深得顾客青睐，渐成品牌，名列"老字号"。为保外城百姓安全，嘉靖年间加修了外城墙和城门，中轴线南端造起了永定门，至此，完善了北京7.8公里的中轴线。前门大街愈加光彩熠熠。

前门大街的走红，至关重要的一笔是，北京不光通了火车，而且把东西两个火车站硬安在皇太后的鼻子底下，搅得紫禁城里的男女老少，天天听着火车长长的汽笛声过日子！

光绪二十七年（1901）和光绪三十二年（1906），前门瓮城东西两侧先后建成了京汉、京奉两个火车站，废弃了原来设在卢沟桥、马家堡两个城外的火车站。这一来，正阳门不再是皇帝一个人的专利了，前门真的成了北京迎来送往的前大门。南来的，北往的，东进的，西出的，都打前门楼子底下经过，这下子把前门大街及其连带的街巷胡同，如大栅栏、鲜鱼口、西河沿、打磨厂、珠市口、天桥都被搅动得热闹非常，无街能比。

细解前门大街的兴衰，有益也有趣。

首先，聚拢人气的地利和便捷的交通，是构建闹市金街的主因，古今中外，概莫能外。前门大街位于北京中轴线的南半段，皇上出巡和回銮都要由此经过。全国各地进京的官员和应试的举子，为了解决住宿问题，纷纷投奔同乡士绅建在大街附近的会馆，带动了街市的繁荣。清初，朝廷实行旗、民分住，把戏园、茶园、青楼等娱乐行业迁到外城，促使前门大街成了全北京的戏园子中心，活跃了全城各阶层居民的文娱生活。1924年，北京第一条有轨电车通车了。起点首选天桥，经前门大街，北行司法部街、西单牌楼、西四牌楼、新街口，西抵西直门。街由人兴，市遂人愿。这些，应是前门大街持续几百年聚拢人气的地利。

20世纪初叶，铁道交通的应用，极大地改变了人们的物质和文化生活。前门的两个火车站便利了海内外人士自由地进入古都，他们带来了国内外的各种信息、先进的科学技术和丰富多彩的文化，强烈地冲击了妄自尊大的帝都文明，为京都子民吹来了现代文明的清风，前门大街首先受惠。比如临近西站的西河沿开办了几家银行、钱庄、旅馆、货栈，还创建了新式百货商场——劝业场。街边商店的门脸和店堂也一改"老例儿",开了洋荤,换了模样。西药店、番菜馆、西服店、照相馆等卖洋货的买卖,相继在街里街外开张。

开在大栅栏的大观楼等几家电影院循环上映好莱坞大片,几乎与美国的头轮电影院同步。大栅栏、观音寺西头有个石头胡同,1905年有个叫任庆泰的掌柜的,喜好洋玩意儿,去过东洋日本国,会摄影,就率先开了家"照小人儿"的丰泰照相馆,招惹得一街两巷的人,整天围在橱窗前看京剧名角儿和胡同里大姑娘的照片。任掌柜思想新,脑子快,除了照相,又托人买来外国新发明的拍电影的机器和胶片,礼请京剧老生泰斗谭鑫培演出《定军山》,选拍了"请缨""舞刀""交锋"三折,第一个吃了"电影"这个螃蟹,开创了中国第一部电影。他还在大栅栏西口开了京城第一个电影院:大观楼。这个人、这个事,新鲜得出奇!可这"奇"离不开前门大街。

入夜,前门大街灯火通明。大街上空,霓虹灯闪烁变幻,大喇叭里流行歌曲飞扬。传统的"老字号"与时髦的百货公司和谐地迎来送往,兼容并蓄,相得益彰。

说起前门大街的夜市,我的印象很深。

白天大街两侧的便道供人行走,到了晚上便道的外侧,很快支起一列长龙般相连的货摊,上吊明灯,下摆货品,吃的、穿的、用的、听的、看的,花花绿绿,应有尽有,而且物美价廉,看着爽眼,买着舒心,很受一般市民欢迎。长街夜市每晚都有,一直开到午夜。这一举措既繁荣了市民的夜生活,又解决了一部分贫苦人的就业,补充了市场的供应,真可谓一举两得。

前门大街也带活了附近街巷胡同,形成主次分明、分工明细、各具特色又相互补充的大片商业区,它的浸润力之强,信誉之高,在京城无街可比、独此一家。

比如,街西的大栅栏,是条东西长270米、宽9米的步行商业街,街口铁栅栏高耸,京城名店、老字号鳞次栉比,像同仁堂药店、瑞蚨祥绸缎庄、六必居酱园、天蕙斋鼻烟铺、张一元茶叶店、祥聚公糕点铺、二妙堂西餐馆、内联升鞋店等,挤满南北街面。大栅栏街的西头,穿过南北的煤市街,连通观音寺短街,接近红粉卖笑的"八大胡同"之一的石头胡同。再向西走,就是宣外的文玩古街琉璃厂了。

大栅栏还是个京城独有的梨园世界。

京剧二百年的源头,从这里潺潺流出。在这条270米的街上,就有庆乐、三庆、庆和、广德、同乐轩五个戏园子，临近还有中和、广和、华乐、文明茶园、开明、第一舞台六家戏园。如此密集相邻，锣鼓相闻，大唱对台戏，自然使演员、戏码的竞争十分激烈。"成不成？台上见！"白热化的竞争，砸不砸饭碗的交手，造就了一批名角好佬和剧场的优秀经营者。

京剧二百年离得开前门大街吗？

与大栅栏毗邻的珠宝市、廊房头条、二条、三条，街面整齐干净，店铺门脸齐整，或古雅，或华贵，与众不同。往来者高马靓车，不是权贵要人就是名门闺秀，常有外国游客光顾。这里没有大栅栏的熙熙攘攘，清静中带着一分城南少有的矜持、高贵。因为街中的珠宝店、古玩店、首饰楼一直是引领京城高层消费的"旗舰"。所以，平时止步前门外的政要巨富，却时常光顾此处，撷取珍宝。

大栅栏的街东，是同样热闹的鲜鱼口。顾名思义，它本是一条为排泄护城河洪水而流向东南的一条小河。青草萋萋，小桥微微，时有渔夫打鱼，岸边叫卖鲜鱼的场景，俗人雅号，故名"鲜鱼口"。其实它的开发比大栅栏还早。民间流传有"先有鲜鱼口，后有大栅栏"的说法。

前门大街的繁荣，使这条干涸了的河道和附近的一片空地，建起了长巷民居、剧场饭馆、浴池商店。街不长，却名店比肩而立。如：天成斋鞋店、马聚源帽店、田老泉帽店（俗名"黑猴儿"）、焖炉烤鸭老店便宜坊、天兴居炒肝店、会仙居炒肝店、华乐戏院、兴华园浴池等。不长的街，穿鞋、戴帽、小吃、大餐、洗澡、听大戏，闹了个从头到脚的舒坦，问君消闲何处？巷口点缀鲜鱼。

前门大街中段，与东西珠市口相交，成十字街。无形中街北、街南划出了一条区分高低档次的线：街北属富贵及家道殷实的中层以上的人士游逛；街南则是贫贱人的领地。街南头的沸点，当然是天桥，那是北京城除了紫禁城以外的另一块风水宝地。过去，街北的艺人就不能到街南的戏园子演出，反之亦然。妓院也是以此区分高低档次，就连大街两边的店铺也灰头土脸丢了身份，既无名店、老字号可言，也无高档货物可卖，及至到了天桥，那则是另一类人群的另一个世界。

一条皇上眼皮子底下的"天街"，演绎出如此这般的花花世界、五彩人间，这种前门大街现象，包含了多么丰富的人情事理，商海鏖战的精髓。

解读前门大街的百年兴衰，不乏回应今日"全球一体化"的锦囊妙计。

欲知道老北京的文化内涵吗？前门大街是把开门的钥匙。

三、看现在，王府井金光闪亮

今天，有人好事把王府井冠以"金街"的美誉，却获得世人的称许。王府井果然流光溢彩，气度非凡，百年来成了来京旅游购物必到之地。

街自有名，何必冠以"金"字呢？

目前，在京城纵横交错的街道中，王府井大街以鳞次栉比的名店，质高货全的商品，比比皆是的商机，俯拾可得的财源，在京城所有的街市中，独占鳌头，确实是条金不换的名街。岂不知，除了财源滚滚，商机无限，王府井早年的出身还很高贵。这高贵，缘自它西临万岁爷指点江山、一统天下、独坐龙廷的紫禁城。

辽金时代，这里是中都城的东北郊，比较荒寂。1285年，元大都全部建成，王府井地区位于城内的东南角，名为丁字街，中央王朝的三大衙署，就有两个建在王府井地区。一个是"掌天下兵甲机密之务"的枢密院；另一个是"掌纠察百官善恶、政治得失"的御史台。足见当年此地近卫皇城，参知军政要务，是朝廷外围办事机关的机要重地，平民百姓哪敢靠近半步。

明建北京，虽然摒弃了元代的宫城，但原址没变，建起了紫禁城，把皇太子生活、读书的宫室，安排在宫城东南面，而在东安门外则建起了十王邸。十王邸就是十王府，它是给已封王而未就藩地的亲王建造的一个共居大宅院。以十为众，并不是十座王府的意思。后来"十王府""十王府街"就替代了"丁字街"的街名。到了明末清初，干脆就叫"王府街"了。

光绪三十一年（1905）京师推行警政，整理地面，正式厘定街段，改王府大街为王府井大街。这是一条傍临紫禁城东墙的南北长街，北起灯市口西口，南抵东长安街，全长780米。过去，这条街也曾北起东四西大街，南至台基厂，比现在长多了。不过大家认可的还是中间这一段。民国初年，英国泰晤士报驻北京的记者、袁世凯的政治顾问、澳大利亚人乔治·莫里逊曾住在王府井大街中段路西（今亨得利表行附近），因此洋人习惯把这条街叫莫里逊大街。此人联系广泛，知名度很高，海外来人一下火车就向赶马车的打听："找莫里逊怎么走？"马夫尽知，于是王府井就成了莫里逊大街了。

北京缺水，虽然民以食为天，但水是活命的根本，须臾不可少。所以北京叫"井"的胡同特别多。而改"王府大街"为"王府井大街"的重点是突出了那口井，说明民众头脑里最鲜明的识别记号，是密切相关的井水，并非气势宏大的王府。根据历史记载和《乾隆京城全图》中标明的位置，这口井位于王府井大街中段路西、一组突出的街心建筑物的旁边。

　　奇怪的是这口井为什么非要建在官街大道的中心呢?

　　原来,这口井在明人笔记中就有"甘洌可用"的记载,当时很出名。过去,人们出行,或骑马,或驾车都离不开大牲畜,如马、骡、驴、骆驼。因此在大道要冲有条件的地方,常设有"井窝子",供行旅客商打尖歇脚,让大牲口饮饮水、喘喘气。"井窝子"是指井口周围有一窝空间,供人畜回旋休息。它类似今天加油站的服务区,是道路交通的中继站。

　　这口井,西临东安门大街,是进出皇宫东华门的必经正路;井的东面,是金鱼胡同西口,穿过这条短街,就是繁华的东四牌楼南大街。井的北端,路不长,名曰"八面槽"。八面槽者,供四方八面牲畜盛放草料、用水之石槽也。可见此井社会效用之大,人们印象之深。

　　老辈人还记得,在民国初年,这口官井有两个井口,井台是用青四丁砖砌的,井台上竖着一丈多高的井架。架子上的横木悬挂着一个滑车,滑车上缠绕着又粗又长的大麻绳,麻绳两头各系着一个大柳罐。两个打水的工人站在井台上,用手拉着大麻绳,一上一下交替着从井里往上打水。打上来的水,专门用来泼洒王府井、东华门、八面槽和金鱼胡同的路面,清洁降尘。当然,位居闹市通衢的水井,更少不了消防救火的功能。

　　王府井的这口"井",可谓劳苦功高、一身多职了。今天,这口井被封住了,金属井盖儿,围以链柱,算是金街的一个纪念物。人们排着队地在这儿照相留影,见证到此一游。

　　昔日的王府井大街,成为今天的商业金街不是偶然的,它有机遇,有过程,曲曲折折,内中不乏王府井人应天时、用地利、求人和的拼搏精神和超人智慧,积淀下宝贵的营市经商的经验教训,这是一笔用之不竭的无形资产!

　　想当年,大臣们待漏五更寒,起早贪黑,每天上朝都要经过东安门大街,进东华门。这样,街边有了地摊,有了饭馆、古玩店、衣帽绸缎店等,专门迎候下了朝歇一阵、聊一阵、喝一阵、吃一阵、逛一阵的达官贵人们。

　　最热闹的时候是每年正月十五的上元灯节。宫里在午门大摆花灯,君臣同乐;宫外灯市辉煌,万民同欢。明代极盛的灯市就设在十王府北面的灯市口。从正月初八开市到十七日结束,每天从早到晚来自四面八方的商贩,赶到这里支摊搭棚、销售各式各样的商品。高档的有古玩珍宝、绫罗绸缎、西洋的自鸣钟;低档的有锅碗瓢勺、粗布衣靴、日常用品,可谓百货俱全,各取所需。入夜,商市转为通宵达旦的观灯、放烟火,同时百戏、杂技开锣登台,星辉月明,火树银花,鼎沸京城。

087

当时有首诗既写出了灯市的盛况，又描绘了游人的心理：

东掖门东灯市开，千官万姓拥尘灰。
悔不多钱买身贵，鞍笼喝道下驴来！

封建特权不光在官场，逛灯市也是"官老爷"优先！

灯市过后，余韵未了，官宦士绅认准了这个地近皇城、纸醉金迷的如意场所，饮宴宾朋、权钱交易，极为方便。因此，这里的饭庄酒楼争相开业，装饰一新，高档商铺顾客盈门。金街金市，就连紫禁城里的皇帝也动了"下海"的心。

据太监刘若愚著《酌中志》记载，明嘉靖、万历年间，皇帝搭帮太监在十王府北的戎政府街边，合伙开办了专门采购宫内用品的宝和、和远、顺宁、福德、福吉、宝延六家大店铺，自采、自供、自赚、自搂，每家年利白银数万两！然后是皇上、太监按股分钱。

清军入关进京，顺治皇帝整肃内城，强令汉人迁到外城，皇城周围清理尤其严厉，商市立挫。

但红火的灯市仍按明例在东安门外举行。节后，受利益驱动，摊商赖着不走，街市依然繁荣。康熙朝后期，灯市虽然迁到了前门外的天桥、琉璃厂、花市，王府大街南段的生意却鬼使神差地渐渐兴盛起来，出现了古玩玉器、京广杂货、米面油盐、医药酒饭等店铺。比如开在菜厂胡同路北的聚丰堂，因其"中厅极敞，院落尤宽，演戏最相宜"，很多官宦阔佬常到此举办喜庆堂会，被誉为"内城第一饭庄"。

可见，王府井大街的商机萌发于明代，发展的契合点依次是灯市口、东安门大街、丁字街、王府井南大街。而催动王府井大街兴旺、点石成金的关键点，是后来离那口井不远的东安市场。

清初，有人说东安市场这块地方是平西王吴三桂的王府，把叛明降将一家安排在皇上眼皮底下是亲近还是监视，只有皇上知道。康熙扫平三藩后，王府化做捍卫皇城八旗军神机营的练兵场，整日操练不辍。清代中期以后，政局昏暗，军队耽于享乐，谁还肯吃苦操练？练兵场荒废不用，成了一片无人管理的空地。

光绪二十八年（1902），清政府在国内外改良思潮的重压下，不得不做点"新政"。做什么呢？第一档的面子工程，就是由肃王领导的内城工巡局，以改良交通的名义，整修东安门至王府井一带的马路。这就要铲平东西向的几百米御道，清除街边的鱼摊菜贩。

这一来，可引起了很大的混乱。原来早自明代，这些路边摊贩，就向提督衙门按租占地块大小,搭棚营业,每月交付租金。每遇皇帝从东华门"出跸"时,一律停市,拆除棚障,挪走鱼桶,暂避一时。等"大差"过后,即蜂拥复来。租地搭棚父子相传、师徒相继,历经多年,已经形成产业,一旦拆除,生计无着,自然抗命不从。

再一层,大街附近的饭馆及贵戚官宦,失去了每日就近采购鱼肉蛋菜的方便条件,也大呼不满。掌管京师地面治安的步兵统领那桐,就住在丁字街东的金鱼胡同西口,他深知其情,乃以照顾摊商的生计为名,奏请慈禧老佛爷恩准,把摊贩迁入近在咫尺的练兵场空地,划出范围,集中经营。慈禧也怕再惹麻烦,只好点头应准了。

这一招果然好,既得民心,又合事理。摊贩有了新的落脚点,生意照常火爆;马路顺利开工,官面脸上也有光彩;练兵场有门有围墙,又有空旷的大操场,军改民,废改用,一举三得,岂不是皆大欢喜?看来治民有术,设身处地给民众出路,是很重要的一条。

练兵场因地近东安门,所以取名"东安市场"。过去北京人买东西、找乐子习惯"赶庙会"。东安市场由于地点适中,货品齐全,天天营业,大大方便了四九城的百姓。由于场地宽阔,许多民间艺人也赶来搭场子:打拳的、摔跤的、耍狗熊的、耍猴力子的(傀儡戏)、唱大鼓的、说相声的、变戏法的、算命看相的……很快,东安市场就成了内城的游乐中心,吸引了大批中外游客。当时有一首竹枝词唱得好:

新开各处市场宽,买物随心不费难。
若论繁华首一指,请君城内赴东安。
(兰陵忧患生《京华百二竹枝词》1909)

东安市场的兴起,引起京城各界的关注,纷纷筹资打主意,谋求立足创业,就连当初"内城逼近宫阙,例禁喧嚣",不许开戏园、会馆的老例儿也破了。

为了满足内城戏迷在家门口看戏的渴求,内廷大公主府(宽街,今北京中医医院所在地)总管事刘燮之出资,在东安市场北靠近金鱼胡同盖了吉祥戏院。刘大总管交游广泛,他能够约来当时名家余叔岩、杨小楼、梅兰芳等好角来吉祥演出。20世纪20年代,一次余叔岩在此演出《搜孤救孤》,晚间大雨倾盆,观众携伞而来,剧场依然客满,一时"吉祥"名重京城。"吉祥"突破了东安市场"庙会"的低档次,带进来大批高层次顾客,相应地,古玩店、绸缎庄、西服店、皮鞋店、台球社、乒乓球社、舞厅、西餐馆、南味食品店、中西旧书店等相继开业成街。一个"万宝全"式的、讲究质量品牌和周到服务,又兼顾各个层次的综合商场出现了。它带动了王府井大街、东四南大街和东华门大街,与东四北大街的隆福寺街相呼应，形成一个高于东四、西单、鼓楼前，集购物、餐饮、游逛、娱乐于一身的新商业区。

　　新区聚集了京城名店，而许多街店又靠优质的产品和周到的服务赢得顾客的信任，成为名扬中外的"老字号"一条街。如，东来顺、森隆餐馆、稻香春南味店，以及街面的国货售品所、利生体育用品店、中原公司、王府百货公司、陈振吕西服店、盛锡福帽店、同陞和鞋帽店、亨得利钟表行、大明眼镜店、永仁堂国药店、东兴楼饭庄、萃华楼饭庄等。街抬店，店抬街，原来金街之金在于高悬金字招牌、比比皆是的名店。1912年、1920年两次人为的大火，使东安市场损失惨重。然而，火烧旺铺，劫后重建的市场，反而更加规整兴隆。因为市场成熟了，它拥有丰厚的再生资源。

　　事物总是关联的，常有一触即发的连锁反应。事实上，王府井的兴盛、定型，与街南东交民巷的变迁，休戚与共，息息相通。

　　1900年，东交民巷毁于战火。1901年，《辛丑条约》生效，一条王府官衙林立的老街，炮轰火焚，竟成了列强堵在紫禁城大门口的一个变相的租界地。洋人当家，慈禧也得听使唤。洋人占领中国地还不是为了榨取中国人的血汗钱。这样，长安街北面的王府井就成了洋人赚钱花钱、维持他们优裕生活的买卖街。标志就是1903年从东单，乔迁到王府井南口路西的"北京饭店"。百年来，这座百年老店为金街的兴盛扬名出力，贡献非常，也是金街百年、京城百年的见证。

　　今天的王府井流光溢彩、老字号云集，新建的东方广场气派大、布局新、设施先进，远远超过了当年的东安市场，堪与现代国际大都市的大商场媲美。而类似的现代化大商场，在京城内外都可寻见。这回，国人司空见惯的事，轮到洋人惊奇了。八百年的古都北京闹市，早已跳过了"东四西单鼓楼前"的局限，遍地开花了。新街靓丽现代，旧街风韵依然，就连街头逝去的牌楼，也比着赛地"还阳"了。其实，与国际接轨的最好办法是，既吻合国际间通行规则，又不失掉自我，珍存丰厚的历史文化底蕴和民族的自尊、自信。

　　比如，牌楼。

四、繁华今古说牌楼

　　说老北京的街，绕不过去街口的牌楼，纯而又纯的中国特色，各国唐人街的必备标志。

过去老北京的街头路口矗立着许多结构近似、规模不等的牌楼。五颜六色、飞檐叠楼，伴着一街的丽日、绿荫，分外地抢眼，过目不忘。鲜明的标志，甚至成了街名：比如东单牌楼、西四牌楼、五牌楼……那时，只要一说，人人皆知，绝不会错。后来，时代变了，城市发展了，人多了，牌楼的时气也就没了，因为"挡道""阻碍交通""易发交通事故"等原因，一个个被当做"废物"，拆除了，毁弃了。这样，路面没有障碍了，一览无余了，通行无阻了，街道也就平淡无奇了。人们这才发现，街空了，心头也空了，再也找不到昔日那绰约的倩影了。然而，牌楼没了，名字还在，"西单""东四"，叫得挺响。不明就里的人更是一头雾水，不知道北京人怎么那么会"省事"，起街名也像密码："西单""东四"，那么抽象难猜。

老北京街头的牌楼，可以说是世界上最华丽、最壮观、最富文化内涵的街头建筑物之一。它形成的历史很长，建筑结构由简而繁，文化含义不断衍生，得到全民族的公认。出国一看，几乎各国中国城、华人街的路口、门前，都有座壮丽辉煌的牌楼。

然而今天的人们多少有点不解了：修街筑路，图的是宽宽绰绰，无阻无碍。为什么非要在街头巷尾树这么个"废物"呢？是单纯的装饰，还是别有所用呢？

对历史遗存，切忌漫不经心，简单从事，或者一时血涌，非褒即贬。

查查史书，原来在司马迁《史记·高祖功臣侯者年表》中，牌楼最早的名字叫"阀阅"。功臣立功，为了标榜他的功绩，朝廷就在他的家门口竖起两根粗壮的木柱，一左一右，刻上他的功绩，叫过路人看，多气派！两根木柱，左边的叫"阀"，右边的叫"阅"。后来为了结实好看，与大门匹配，两柱上端又横加一块黑木连板写点什么。于是"阀阅""乌头门"就成了高官权贵、名门望族的标志和代称了。此物一出，颇受青睐，纷纷仿用，且推而广之，由府门而宗祠、而庙宇、而宫殿、而街市……到了盛唐，此事尤盛，除了"阀阅"，还有"绰楔"的叫法，似乎有绰然装饰的意思。

风闻下旌诏，光彩生乡间。

煌煌树绰楔，巍巍建灵宇。

瞧瞧，这首唐诗传递的旌表树牌坊，有多么隆盛！

其实，牌楼早先更应该叫牌坊，"坊"是上古时"城"内的居民区。坊门设立的牌坊结构比较简单，大多是两竖一横的架势，没有"楼"。材质有木头的、石头的、砖木的、琉璃的，等等。元建大都，把居民区划分为50坊，出于治安管理需要，循例每坊设围墙或围栏，辟坊门，标坊名，如金台、居仁、里仁、太平、福田……那时的牌坊什么样？今天见不到了，或者从"大栅栏"的铁栅栏门可见一斑。

　　1406年，明永乐帝开始建造北京，在宫苑、庙宇、官廨、街口建了不少牌楼，留存下来。有人统计，1948年时，北平即有东单、东四、西单、西四、东长安街、西长安街、正阳门前、东交民巷、西交民巷、金鳌玉蝀桥、大高玄殿东、大高玄殿西及大高玄殿对面、历代帝王庙、国子监街、东岳庙等街面路口的牌楼，以及原来在东单总布胡同口外、后来移到中山公园内的"公理战胜"牌楼，共35座。这还不算在北海、雍和宫、颐和园、国子监、香山等园林、庙宇内的牌楼。

　　牌楼由门、柱、楼三部分组成。这里的"楼"是指出檐的门楼，一种雕梁画栋的装饰。北京的牌楼中，以前门大街的五牌楼最大，"五门、六柱、十一层楼"。一度拆除，一度复原，安了个无柱悬空的过街牌楼，众人不满，瞧着既不顺眼，又不搭调，趁重建"前门大街"之际，按照原图纸建了个新五牌楼，气势不俗，成了大街上最亮丽的一景。

　　按说京城的牌楼，成贤街的牌楼最小，"一门、两柱、三楼"。但它一溜儿四座，且幸存至今，连接着国子监、孔庙，十分难得地珍存了一条近八百年的古街，留下了元明清三代帝王和五万名进士布履屐痕的历史记忆。

前门外观音寺街

第五章
老字号不"老"的奥秘

前门外大栅栏街

煌煌京城，居，大不易。

来到京城，没有哪个"移民"自外于人、踟蹰不前，以为自己"身在异乡总是客"；更没有谁不打算在京城一显身手、建功立业。野心大的，称王称帝；野心小的，成官成商；没野心的，力图作个顺民，就是当了乞丐也舍不得离开京城。天子脚下，虽然居大不易，却生机处处，处处活人。只要用心、用智、用力，总能靠着自己或大或小的本事，在乡亲、朋友的帮衬下，捧得一碗活命的饭。

细数滚滚人流，进京赶考，做升官发财梦的是一大流；进店学买卖，做发家致富梦的是另一大流。这两大主流涌出"仕"和"商"两个台面。英才咸集，各显神通，拿才智和生命织出了层层锦绣，为京城蓄积下厚厚的文明财富。

就商道而言，买卖家中练就的"老字号"是一份丰富厚重的历史文化遗产，一笔亟待发掘、整理、利用的资源。

一、"六必居"到底有多老

人有人名，店有店号。这既是标榜自我、区别其他的符号，也是寄托希望、昭示主张的宣传。所以，做买卖的很重视给自己的商店起个响亮、吉祥、能带来好运的"字号"。

第五章 老字号不"老"的奥秘

过去在京城谋生的商家，特别珍惜买卖的字号，因为它是脸面，是信誉，是吸引顾客的招牌。商家立足社会，获得红利的一切行动都要注进"字号"这几个墨写的大字里，更何况这个"字号"，还要请书法纯熟、有社会影响的名家，郑重其事地题写匾名，高悬店门正中呢！

"字号"高悬：出，以示买者；入，以警卖者，用以追求"字号"的诚信传世，账房的日进斗金。牌匾越陈越亮，"老字号"就是踏破时间长河，冲破商海狂涛的不沉的"巡洋舰"。

北京的"老字号"不是今天才有的，它的历史同北京城一样悠悠久远。"老字号"是伴随着政治稳定、经济发展、市场繁荣、老百姓丰衣足食而产生的。五味调和，缺一不可。但一个商号能做到长命百岁却很不容易，这就要靠自身坚持不懈的努力和客观环境的许可了。天遂人愿，宏愿方成；人违天意，无力回天。

打开《析津志辑佚》，我们可以追查到当年元大都的老字号有：

> 崇义楼、县角楼、揽雾楼、遇仙楼，以上具在南城，酒楼也。今多废。

不过，这些酒楼所在的"南城"是指正阳门以里的棋盘街一带，不是今日的前三门以南。考察今天北京的老字号，元明两代的，几乎很难寻到。有人说了，那前门外粮食店的六必居酱园，不就是明朝的老买卖吗？它那块有名的黑底金字大匾还是明嘉靖首辅严嵩写的呢！

已故民俗专家叶祖孚老人曾著文《揭开六必居之谜》。

他说，1965年的一天下午，原人民日报社社长、北京市委书记邓拓曾到六必居支店六珍号，通过原六必居酱园经理山西人贺永昌，借走了六必居陈年老账和大量房契，进行考证。史料证明，六必居不是创业于明嘉靖九年（1530），而是创建于清康熙十九年（1680）到五十九年（1720）这40年间。雍正六年（1728）账上记载这家最早的店名是源升号。直到乾隆六年（1741），账本上才第一次出现六必居的字号。既然它创业于清初，就不可能请明代首辅严嵩题字了。

但是关于权相严嵩给六必居写匾的传说，却由来已久，或许，这是早年店家的一种攀古借名、自我哄抬的炒作。说法挺多。不过，把这些传说罗列起来，一一拆析，却颇有意思。

说法一：

> 严嵩进京未做官时，常到前门外粮食店的一家小酒店喝酒，店主知他文章好、书法好，就请他给小店起个名字，并题写匾额。严嵩知道小店只有东伙六人，就敛神挥毫写下了"六心居"三个大字。东家眼明，赶忙提出"六个人六个心眼，还能把买卖做好？"严嵩一笑，随即大笔一挥，把"心"字改成了"必"字。六心居成了六必居。因为那时严嵩还没有身份，也就没有

提名落款。

说法二：

严嵩当朝，气焰万丈。他的字好，只给嘉靖皇帝写青词。朝臣都求不来，更何况小买卖铺了。六必居掌柜的有主意。严府的管家常到六必居喝酒，日子长了也就熟了。掌柜的为了脸上贴金，提升小铺子的身价，就托管家求严嵩给小店题字，高帽戴了一大摞，严府管家洋洋得意，借着酒劲儿允了。回到府里，管家只好央求女仆恳求严夫人。夫人脸热，应也不是，回也不是，就装着练字，只写"六必居"三个字。晚饭后，严嵩看夫人写字很高兴，边纠正，边示范，也照写了"六必居"三个字，自然没有提名落款。第二天，管家把字送到六必居，掌柜的如获至宝，重金答谢，又请匠人刻了一块墨底金匾，高悬店内，到处宣扬，惹得门庭若市。可来的人若不是专门求见的，概不外示。这么一来，反倒激起了人们争看金匾的好奇。

解放前我在珠市口上小学，老师讲了这个故事。出于好奇，我跑到六必居看金匾。掌柜的挺和气，叫我进到柜台后面，抬头往上看，他顺手拉开房顶上的电灯。只见在微明的灯光中，一块硕大的黑漆大匾上嵌着金里透红的"六必居"三个大字。雄劲刚正，气势磅礴。无大气魄、大腕力断难成此大字。不管此匾是不是严嵩写的，它都是京城古匾的珍品。据说民国初年六必居邻居失火殃及本店，东伙抢搬财物，唯有一个店伙舍命抢出金匾，受到店主的表彰："高其俸"，并聘为"终身伙友"。此匾愈加珍贵。

说法三：

据说六必居开业时，本来是个酒馆，酿造的酒香醇可口，远近闻名。一问，才知道老板酿酒有规矩："黍稻必齐，麴蘖必实，湛之必洁，陶瓷必良，火候必得，水泉必香"。这"六必"从用料、配方、洗涤、器皿、火候、取水六个方面，明确了在酿造过程中每个环节的质量要求，这样酿出的酒自然好。于是起名"六必居"，向社会公示本店的酒货真价实，赢得顾客的信任。

说法四：

原来，六必居是山西临汾西杜村赵存仁、赵存义、赵存礼三兄弟合开的小油盐店。北京有句俗话："开门七件事：柴、米、油、盐、酱、醋、茶。"这七宗物品是每天开门过日子离不开的东西。

六必居除了不卖茶叶，其他六样都有，所以起名六必居。起初六必居也卖酒，卖青菜。不过店里不做酒，卖的酒是从崇文门外花市以南的天顺等酒馆趸进来的。只是六必居趸入后进行了再加工。他们先把趸来的酒放在老缸里封藏，经过三伏天，过半年再卖，酒味去掉了暴气，自然醇厚清香，大不同于入缸前的酒味，此名"伏酒"。还有一种"蒸酒"，味道也很醇香，很受顾客欢迎。这两种酒高达69度，比一般市面卖的酒，酒精含量高，劲头足，吸引了很多住在内城的顾客纷纷提着酒壶到六必居去打酒。

有的人看六必居的酒卖得好，就造假，欺骗顾客。为防假冒，六必居有主意，它给买酒的顾客准备了一张小票，注明何时售出，维护了店家声誉。后来，六必居开始做酱菜，照旧地精采细做，讲究酱菜的色、香、味、形。每样小菜都做得色泽鲜亮，酱味浓郁，脆嫩清香，咸甜适度，解腻助食。确保产品的质量，当然离不开它严密有序的经营管理。值得一提的是它用人，旨在选用精明强干的山西人、河北人，而不用"三爷"，即少爷、姑爷和舅爷。因为这类人，成事不足败事有余，往往成为企业破败的内患。六必居以精美可口的各色酱菜和它宝贵的经验，名满京城、蜚声海外。

二、从"东来顺"粥摊儿，到赫赫清真馆

遍观今天北京保存下来的老字号，大多创建于两个高潮时期：一个是清初康雍乾时期，一个是清末民初时期，这两个时期都是动荡之后，百业待兴，市场活跃，社会需求旺盛，各界民众急于改变现状的时候。手头有一本侯式亨先生编著的《北京老字号》。书中罗列了饭馆、商店、食品店、文物、书店、剧场、药店等142家老字号，其中清初、中期创业的有65家，占45.77%；民国初期以后创业的有52家，占36.61%；另有25家开业时间不明。当然这不是一个完整的记录，"老字号"的确定也没有严格的标准。它是群众体验后的认可，而不是皇封御赐、官面批准的。

打开乾隆年间潘荣陛所著的《帝京岁时纪胜》，书里提到的"老字号"就有同仁堂药店、聚兰斋糕点铺、花汉冲香料店、王麻子钢针店等几十个。到了清末民初，关于"老字号"的记载就更多了，其中有同仁堂、六必居、东来顺、瑞蚨祥、全聚德、同陞和、内联升、通三益、烤肉季、沙锅居、鸿宾楼、天兴居、月盛斋、天福号、荣宝斋、一得阁、青山居、宝文堂、商务印书馆、广和楼、广德楼、中和园、同乐轩等。老字号的行业包括衣食住行、吃喝玩乐、读书看病。生活种种，种种出名。许多名店传袭至今，依然得到广大顾客的信赖。

百年沧桑，世态多变，何以这些老字号经久不衰、越老越亮，它到底包含着多少成功的奥秘呢？

"花儿离不开水，瓜儿离不开秧"，北京的"老字号"自然离不开养育它成名立业的老北京和各个阶层的北京人。

说一个"东来顺"的故事，或可从中"品"出一些老字号发迹成功的道理。

"东来顺粥摊"是丁德山左思右想，费了很多心思给自己的那个小粥摊取的字号。他先承报官面，得到许可，这才把"字号"牌子，挂到东安市场北门里靠东的小粥棚子上。

丁德山是回族人，号子青，排行老大，二弟德富，三弟德贵，老家是离北京不远的河北省沧县。老爷子早先跑到北京城摆小摊、做小买卖，什么都干，全家住在东直门外二里庄，破瓦寒窑。三个儿子除了有把子力气，什么都没有，靠挖黄土拉到城里卖给盖房、和煤的人家，挣俩小钱为生。日子过得艰难。

丁德山不认命，他好琢磨，整天卖力气拉黄土能挣多少钱？别说成家娶媳妇，就连养家糊口都难。他进城走街串巷处处观察，瞄上了王府井。

光绪二十九年（1903），丁德山向亲友借了一辆手推车、一条大板凳和一张案板，又向本家丁记鸭店借了几块钱，来到刚刚摆摊开业的东安市场。靠着他好交际，靠着管这块地方的太监魏延的帮助，他在离北门不远的东边摆了个小饭摊。

那时候东安市场是蔬菜鱼肉杂货市场，露天地儿，顾客都是平头百姓，要不就是给大宅门做饭的厨子。丁德山本钱少，卖的吃食既物美价廉，又投其所好。他卖的熟杂面和荞麦面扒糕，口味好、分量足，加上饭摊拾掇得干净利落，叫人看着顺眼，吃着放心，很受顾客欢迎。

本小利就小，再受欢迎的小饭摊又能挣多少钱？丁德山不怕苦，他除了在东安市场摆摊外，还守时守刻地到四九城各处赶庙会。春节前后，厂甸最热闹，他提前赶到，为的是抢占个好的地界，晚上就在北风大雪中睡在摊上，保住厂甸这半个来月的好收入。

他留神顾客的需求，摊上增添了卖力气人爱吃的棒子面贴饼子和热腾腾的粳米粥。"摊"也要改善。他用积蓄下来的钱，在原摊位盖了个棚子，1906年挂上了"东来顺粥摊"的招牌。起这个字号，他可没少费心思。他想，东安市场在东华门外，属内城的东城；他住在东直门外二里庄，也是东。这一连串的"东"，搭上"旭日东升""紫气东来"的大吉大利，他认为这是他顺利立业的根源。他很看重为人处世、开张做买卖的"顺"字。顺时、顺心、顺地界、顺市场、顺顾客、顺官面、顺家人、顺亲友……一切都顺，"买卖"就顺，就必然"财源茂盛达三江"。这是丁德山一辈子信奉和追求的目标，一个字，顺。所以他起名"东来顺"。

俗话："人生不顺，十之八九。"丁德山一心求顺，时势却偏偏不顺。1912年1月29日晚，曹锟的军队大抢大烧王府井的东安市场，丁德山的小粥棚灰飞烟灭。为了求顺，他心不灰、意不冷，照样不认命，求亲告友，终于在好友广兴木厂张掌柜的帮助下，赊垫材料和工钱，在焚毁的废墟上，盖了几间灰瓦房，比原来的小棚子阔绰多了。

东来顺经过粥摊、粥棚，进场又进座，这才建成了清真饭馆。1914年，新开张的东来顺增添了当时北京城最时兴的"爆、烤、涮羊肉"，正式更名"东来顺羊肉馆"。

木炭铜火锅的涮羊肉，是北京城冬季非常流行的食品。它融酒、肉、菜、面、汤于一锅，既合于冬日进补、暖胃、发汗、健身的养生原理，又合于聚亲友师生嘘寒问暖、共叙亲情、交流念想的生活方式，深受上自宫廷帝后、王公大臣、下至士农工商、平头百姓的欢迎，是一种简繁适当，调和余地宽广的餐饮方式。丁德山把家家能做的涮羊肉，完善成为东来顺的当家品牌菜，自有其一番超人的见识和做法。

首先，涮用的羊肉质量必上好，一涮即熟，鲜嫩可口，有入口不嚼即化的口感。丁德山每到秋季即出德胜门，到马甸的羊店选购内蒙古集宁地区西坞旗的大尾巴绵羊，只选二至三年阉过的公羊，或仅产过一胎的母羊。然后把羊赶到东直门外他买的几百亩地，交经租地的佃农饲养。他只供饲料，以羊粪代工钱。赶到冬季羊肥了，火锅该上桌了，正好屠宰上市。

涮用羊肉只有羊身上的"上脑""三岔""黄瓜条"等几个部位的肉鲜嫩可用，自然定的价格高。剩下的羊肉供应本店的"大板凳"，用不了的卖给一般的羊肉床子。这样一专多用，售价不同，不仅保证了涮肉的质量上乘，超过市面上的同类商品，赢得美名，而且利润丰厚，可谓名利双收。

早年北京人吃涮羊肉总是到前门外五牌楼把口的正阳楼饭庄。那里大师傅的刀功特好，剔肉干净利索，切肉薄如纱巾。一盘精薄的羊肉片铺在青花盘上，透过红白相间的羊肉片可以分明地看见盘底的花纹背景。丁德山想方设法结识了这位厨师，用重金聘到了东来顺。

肉好，刀工好，更要涮肉的佐料好。从某种意义上说，吃涮羊肉吃的是佐料。早先东来顺用的油盐酱醋和涮肉佐料，都是从对门百年老店天义成酱园进的货。这家老字号酱园的小菜早在清咸丰年间就被宫内的御膳房选用，传说慈禧就特别爱吃天义成做的桂花甜熟疙瘩。它与六必居、天源齐名，被誉为京城三大酱园。

惺惺惜惺惺。丁德山早就敬佩天义成的精工细做，把小菜做得丝丝入扣，质高味永。两家合作得很好。后来因天义成资金周转不灵，丁德山就势把买卖盘了过来，自任经理，改名"天义顺"与东来顺成了一"顺"到底的联手店。这一来，东来顺更有利了：副食调料不用外购，既省了中间商盘剥，又保证了质量；门对门相互照应，管理方便；地处繁华，商机无限，利润源源而来。

丁德山接手酱园后制作要求更加精细。比如特制的铺淋酱油，要在黄酱汁中调入适量的甘草、桂皮、冰糖。腌制的韭菜花，要加入适量的酸梨，使味道酸甜可口。腌制的桂花糖蒜，产地、个头、瓣数、起蒜时间都有严格要求，经过去皮、盐卤水泡、装坛倒坛、放气等工序，前后要三个月，检验合格才能出售。东来顺的涮肉佐料，样样考究，口味鲜美，无人能比。这是他创品牌、立基业赢得市场声誉的原因之一。

此后，他又开办了永昌顺酱园和一家打造铜铁炊具的长兴铁铺，用以随时改进涮羊肉的铜火锅，加大火力，肉片入锅即熟。丁德山是把东来顺当作"联合舰队"来经营的。他把平平常常的涮羊肉分时分段地化解，逐一剖析，追求全系统过程中每个环节的高质量，坚持不懈，十分难能可贵。这足见丁德山的智慧、魄力和能力。

1923年，他把瓦房改建成楼房；1928年，他又购置了临近一家太平洋烟行的铺面房，扩建成三层楼房，不久又买过邻近的一小块店基，扩建了东楼南部。营业仍是以涮羊肉为主，同时增添了山珍海味，并可包办清真教席的大型宴会。这样上下三层楼房能同时接待四五百人，成为北京城内的大饭庄之一。

夏天是涮羊肉的淡季。东来顺根据逛东安市场众多游客的需要，增添了杏仁豆腐、豌豆黄、冰激凌等小吃。端午节上江米粽子，春节前后是江米年糕、元宵。应时当令，常换常新，总有吸引顾客的食品，生意常年兴隆。

东来顺的"大板凳"令人难忘。至今，许多老人在赞美它的涮羊肉同时，更衷情它的物美价廉，一心为贫苦人着想的"大板凳"食品。

丁德山发了，但他没忘起家时粥摊的老朋友、老顾客。

一条大板凳，一张大案子，没身份，没等级，坐下来就吃，吃完结账，专门供应大众经济饭菜：斤饼斤面分量足，口味香；饺子馅饼肉多油大；大碗实惠的杂面条；小盘的醋熘白菜、炒疙瘩丝、炒豆酱、羊杂碎……管保花钱不多吃饱吃好。"大板凳"不但吸引了拉车的、盖房的、扛大个儿的、做小买卖的劳动大众，也吸引了家在外地、人在附近念书的大、中学生。后来新楼建成后，丁德山仍然在楼下的东厅，刻意保留了可容百人同时就餐的"大板凳"，这在北京有名的大饭庄中是绝无仅有的。

1931年老作家张中行先生考进沙滩北京大学国文系。讲到吃，他回忆说，那时候：

> 总是往东安市场，因为离得近，还可以买其他用品。东安市场饭馆不少，高档次的有森隆、五芳斋，低档次的有春元楼、俊山馆等，中等偏上有润明楼和东来顺（回教）……最常走进的是东来顺。它生意做得活，比如也可以不改善，吃羊肉饺子20个，8分，加小米粥一碗，1分，共1角就解决了问题。稍提高，可以吃羊肉馅饼或牛肉肉饼，都味道很好。再提高，三四个人，登楼，还想喝几两，下酒之菜，经常是酥鱼、酱腱子各一盘，价都是一角六分。料上等，工细致，所以味道绝美，现在是价提高百倍的也做不到那样了。还有绝种的是几分钱一碗的酸辣汤（内有鸡血条和豆腐条）和不要钱的高汤（上好的是鸡鸭汤上撒豆苗），有时真想喝几口，就不禁有广陵散之叹。（张中行《流年碎影》）

中行老人的陈年回忆，清晰亲切，情意缱绻。感叹今日美味不永，愈显往昔"东来顺人"孜孜以求的可贵。细细想来，东安市场的动人光彩，不也正是像东来顺这样一些"老字号"，以它们自强不息的点点星光、汇聚而成的吗？

丁德山东来顺的美梦成真了，而且越来越美，梦也越做越大。一直到今天，由正阳楼、东来顺等名店带起来的"涮羊肉"，不仅是京城冬令必备的美食佳肴，而且全年风行，全国风行，乃至流传国外。

问题来了，用铜锅烧水煮肉、煮菜，在我国有一千四五百年的历史，何以涮羊肉存古翻新，把它变成今天上自国宴、下自家宴的一份珍馐美味呢？丁德山们功不可没。他们精耕细作，开发了我国饮食文化的一隅园地，四季常青。细想，一个穷得卖黄土的受苦人，不甘受苦，用智慧和毅力，在纷纷扰扰的市场中，竟能找到自己的最佳位置，而后锲而不舍地打造产品，精益求精，触类旁通，开发体系，在不断提高饭馆档次的同时，竟能够还想着中层、底层的消费者，珍惜饭店字号的声誉，在那个时代，丁德山也算心中有人了。

三、打开"老字号"的奥秘

宽泛地说，北京是个移民城市。老字号的创业者都是外地人，也都是双手空空来到北京城追寻"美梦成真"的。别看他们带不来多少资金，却一定带来了本土的风俗习惯、文化理念、性格特征、特长技艺，这无形中丰富了京城的经济和文化生活，为北京注入了多元文化，铸就了北京的城市品格。

老字号是从商业角度，显现北京多元文化的一个硕果。它关联着千家万户和川流不息的本地的和外地来京的民众；它真实、具体，叫人感得到、看得见、记得住北京多元文化的富有、珍奇与绚丽。所以，在关注老北京历史文化的时候，打开老字号这个"宝葫芦"，揭示百年老店威风不倒的经营秘密，不仅可以从中悟出不少为人处世、涉世经商的道理，而且能结识北京人平实、爽快、客气、幽默以外的精明、狡黠、坚忍不拔的复杂品格。

归纳老字号或者说是老字号创始人成功的"奥秘"，有这么几条：

1.瑞蚨祥志存高远

山东省章丘县旧军镇的孟家，是孟子的后人，早在清嘉庆年间就在具有"山东第一村"的周村开了"万蚨祥"商号，经营铁锅、棉布、绸缎，还开了金店、钱庄，买卖越做越大。到了光绪年间，继承人孟洛川在北京开了"鸿记布店"，主要经营一种叫"寨子布"的土布，他不问时势，墨守成规，买卖没多大起色。

副经理孟觐侯是他的本家兄弟，精明强干，有眼光，有志气。他看到变法维新带来的崇尚洋务之风，强势持久，人心所向，波及各行各业。开工厂、修铁路、办商店，一时风起云涌，民族工商业获得了前所未有的发展时机。他感到有机可乘，机不可失，时不再来。孟觐侯看准了这个时机，说动了孟洛川，放弃老一套的"寨子布"的经营，改营绸缎、洋货、皮货。并投资八万两银子，买下了大栅栏路北的风水宝地，请人精细设计，建造既美观又实用的店房，于光绪十九年（1893）挂出了"瑞蚨祥绸布洋货店"字号。

1903年至1918年间，孟家在大栅栏一条街上又开设了"鸿记洋货店""鸿记皮货店""东鸿记茶叶店"及"西鸿记皮货店"四大商号。孟家还在大栅栏买了一处带花园的房子，当作总经理的办公室，一方面借此坐镇指挥五大商号；另一方面作为接待贵客、商谈机密的社交场地。

他们按当时京城顾客的需求，详加分析，把客户定位在皇亲国戚、达官贵人、富商大贾和来华洋人等高层次的顾客。一时冠盖如云，贵客不断，年纯利由1912年的不足20万两白银，蹿升到1925年的60万两白银！

孟洛川、孟觐侯看准了时机变化，选准了风水宝地，加上经营有方，管理到位，十几年的功夫，瑞蚨祥就位居京城"八大祥"之首，几乎垄断了北京的绸布业。

1902年正月十二日，袁世凯接任大总统，他畏惧南迁，就怂恿曹锟部下哗变，让散兵游勇烧抢京城的闹市名店，王府井、大栅栏自然在劫难逃。前门的瑞林祥遭哄抢，瑞蚨祥的邻居义兴厚钱庄也被砸破铁门，抢劫一空。唯独瑞蚨祥墙高门厚，幸免于难。事变平息后，立即开业。原来1900年"庚子事变"时，瑞蚨祥曾被烧毁，但他们不气馁，总结教训，一面坚持摆摊售货，一面花巨资，请能工巧匠打造一个富丽堂皇的营业大楼，用精美厚重的铁栅栏密封大楼，如同钢铸的堡垒一般，因此抗住了一年后曹锟的兵变。

瑞蚨祥掌柜们的志存高远，有眼光，有抱负，有韬略，心到意到，孜孜不倦，这才有了瑞蚨祥的今天。

生意人做的是今天，心里不能不想着明天、后天……

2.东兴楼成事在人

早年，北京的高档饭馆有"八大楼"之说，它们是东兴楼、会元楼、万德楼、鸿兴楼、富源楼、庆云楼、安福楼、悦宾楼。其中东兴楼以它的位置极佳、环境高雅、菜肴鲜美和服务到位，居"八大楼"之首。

东兴楼原来在东城东安门大街路北，它的西头是王公大臣上下朝的东华门，东面紧邻着王府井的东安市场，来往皆权贵，挥手掷万金。本来东安门大街就是宫里的太监，朝里的大臣，和住在附近大宅门阔佬就便消遣、购物的所在地，东兴楼适其所需，正好提供了一处朝罢小憩、吃点心用餐、议事密谈的所在。

光绪二十八年（1902），庚子乱后，人心思安。宫里有个管图书的小官，人称"书刘"，他出资两万两白银，和一个姓何的出资一万两白银，合股开了这座山东风味的饭庄，起名"东兴楼"。本打算盖楼，可周围的街坊都是权贵，不同意，楼就没盖成，空留下楼的名声，直到后来才在街对面盖起1500平方米的楼房："东兴楼礼堂"。街北老店的店址原本是个占地1000平方米、四面出廊子的大四合院，宽敞、高雅、气派、合用。

条件好，不等于买卖好，成事在人；资金多，也不等于买卖好，还要靠明白人去经营调理。东兴楼的东家用对了人，从一开业就礼聘邵英臣、安树塘两位当经理。邵英臣年迈，实际是安树塘掌管东兴楼内外一切。

那时候，京城的餐饮业是鲁菜当家。鲁菜又分济南、福山两派。东兴楼的店伙都是福山人，烹制出的菜肴讲究清、鲜、爽、嫩、滑，且油而不腻，很适合一般人的口味。安树塘首先抓菜肴的特色和质量，一丝不苟，环环相扣。他要求采购人员必须识货懂货，选料正宗，品质要好。贵重的原料，如燕窝、鱼翅等，要先取小样给经理看，然后再决定进货；他把掌灶的厨师按技术水平分成"头火""二火""三火""四火"四个档次。高档菜必由"头火"当灶主厨；就是做汤菜的"四火"，也要有十几年的经验。这样做出的菜，怎么能不盘盘精彩？

安树塘知道，菜肴的质量还要靠店堂的服务质量去保证。过去"勤行"（饭馆业）留下一句经验之谈，叫"买卖好不好，全看堂、柜、厨"。堂倌，跑堂的；钱柜，账房先生；厨房，当灶的大师傅。这三个岗位从前到后，从里到外支撑起饭馆的大楼，哪个环脱了节都断链子！有一回顾客要了盘烧茄子，菜上晚了，安树塘一看，颜色"老了"，立刻叫厨房重做，并向顾客道歉。看起来这只是一客低价的家常菜，晚点儿上没什么关系。可安树塘不这么看，一盘菜值不了多少钱，可它的背后是东兴楼的信誉，是顾客吃到嘴里，留到心里的印象。是非公道，自在人心，一点儿也不能马虎。

东兴楼的店规挺严。店员上班时间不准擅离岗位，不准会友，不准说笑打闹。该严的地方，要严；该宽的地方，也要宽。这叫"宽严并济"。什么叫"宽"呢？东兴楼的骨干员工都享有人力股的优厚待遇，年底按股分红。一般员工年终也有一份回赠，总有一百五六十两银子的收入。店员高兴地说："吃了东兴楼，娶个媳妇不发愁。"

安树塘以身作则，待人接物十分谨慎。他很注意处理各方面的关系，碰见堂口和厨房的师傅，总是率先打招呼、道辛苦。逢年过节，他不让下边人给他拜年。却亲自到老师傅家拜年祝福。在店内他是说话算话的掌柜的，却从不摆架子、搞特殊。出门办自己的事自付车钱。他总共管着东兴楼饭庄、福兴楼饭馆、东兴裕银局三处买卖，责任重大，却只拿东兴楼一份工资。平时吃饭也和店员在一起，从不吃独食，从不叫别人侍候他。东兴楼三个买卖两百多员工，提起安树塘，没有不挑大拇哥的。他服众，众才服他，上下才一体。有这样的掌柜的，带出的员工，错得了吗？买卖能不兴隆吗？

1926年北京《晨报》载文：

> 东兴楼地居东城，规模极大，且座位整理极清洁，故外人之欲尝中土风味者，率趋之。菜以糟蒸鸭肝、乌鱼蛋、酱制中段、锅贴鱼、芙蓉鸡片、奶子山药为著名。而整席之菜虽十数桌，亦不草率，均巨客咸乐用之。

1932年安树塘病逝，他儿子安耀东接班当了掌柜的。他虽然在东兴楼当过学徒，可出了师，仗着老子是掌柜的，就游手好闲不学好，全不像他老爹。接班后，他让好多人侍候他一个人：有拉车的、养花的、养鸟的、养鸽子的、养蝈蝈的。他抽大烟，很晚吃饭，让厨房单给他做菜，一不如意就大骂厨师，把菜倒到痰桶里。老员工看不过去，他就指桑骂槐，把老骨干都挤兑走，然后把小老婆的俩哥哥安排在东兴楼和福兴楼。被气走的二掌柜吕洪涛和堂头马寿山，1935年靠老顾客集资在八面槽开创了萃华楼饭庄，接续东兴楼的老传统。一时人人自危的东兴楼员工，纷纷加入萃华楼，无形中东兴楼人去楼空。

"庙还是那座庙，可神不是那个神了。"一座有模有样的东兴楼，被浪荡子安耀东彻底败了家。1944年9月，辉煌四十多年的东兴楼歇业。所幸萃华楼接了班，东兴再起。到今天，人们还能在回味糟香、鱼鲜胶东菜的同时，腾出工夫，细细咂摸东兴楼"成事在人"并非奥秘的真谛。

3. 亨得利智慧取胜

老话说："千里之行，始于足下。"老字号百年不衰、延续至今，自有宝贵的经验可谈。但它当年的"足下"是怎么迈出的？他的创始人又是怎么在纷繁的市场竞争中，选定行当、开创基业的呢？这一点至关重要。所谓"良好的开端，等于成功的一半"，遍读老字号的创业史，不能不钦佩当年这些名店创业人白手起家敏锐的眼力、超群的智慧和坚忍不拔的毅力。

说一段"亨得利钟表店"的故事。

王光祖原本是个裁缝，在老家镇江开了个小裁缝铺，裁裁剪剪，一年到头辛辛苦苦，拼拼凑凑，也挣不了多少钱。他不甘心，就利用镇江四通八达的优势，夹着剪子、皮尺、粉饼包儿，顺着长江、大运河到处跑码头，做裁缝。跑码头不稳定，钱没挣多少，可开了眼界，活络了脑筋。

有一回，他在上海给一家洋行做衣裳。洋行让他给进口的瑞士表做广告，有笔报酬。他接了。可广告怎么做呢？干什么说什么，他找来两块白布，画上瑞士"大罗马"表的图形，缝在上衣的前后心上，十分抢眼。走在路上不少人好奇打量，问价钱，问买处。王光祖心里一动：与其给别人做广告，何不自己也试一把呢？

开业要资金，钱不够朋友凑。恰巧王光祖的朋友应美康和庄涵皋也想找个地方做买卖。三个人一拍即合，1915年在镇江创办了"亨得利钟表商店"，王光祖任经理。镇江位居苏南宁沪黄金线上，又是长江、大运河两大水系交汇的通商口岸、大码头，地势优越，中外、南北客商云集。亨得利卖的洋货很时兴，对接了市场的需求。因此，买卖一开，生意兴隆，年年盈利。

　　王光祖明白，镇江再繁华也比不过"十里洋场"的上海滩。做洋货，就要扎根沪上，以上海为大本营，向全国发展。1919年王光祖在上海广东路开办了上海亨得利，根据时尚需求，又增添了眼镜业务，生意照旧地好。王光祖不满足"好"的现象，他仔细分析了亨得利态势良好的原因。废除帝制，外强入侵，改变了中国封建锁国、固步自封政治格局，民众的生活宽松自在了，对涌入市场的洋货既感新奇，又有需求，钟表、眼镜最合心意。王光祖决定采用西方洋行招商入股的办法，扩充资本，扩大营业，更名"亨得利钟表眼镜股份有限公司"。从1923年到1948年的25年间，先后在天津、重庆、北京、南京、广州、杭州等几十个大、中城市开设60多个亨得利分店，统一由上海总店进货。王光祖担任总经理。

　　亨得利在全国迅速走红，让一向以经营洋货自居的洋人急"红"了眼。这位法国人叫霍普。1864年他在上海延安东路开办了霍普兄弟公司，专门经营欧美侨民所需日用品。后来迁到南京路，改名"亨达利"，改营钟表眼镜。亨得利的生意兴隆，使这个法国人很嫉妒，他以侵犯"亨达利"店名权为由，把亨得利告到上海民国法院。经过几次公堂对簿，最后由于王光祖辩护律师的据理力争和不畏洋人、主持正义法官的公正判决，宣布亨得利的王光祖胜诉！不久，亨得利在国家农商部正式注册，亨得利的字号获得政府的承认。一场官司反而扩大了亨得利的声誉，等于做了一次大广告。

　　回过头，再说说"亨得利"的字号是怎么起的。

　　当初买卖开张的时候，起名字是件大事。王光祖想，卖的是洋货，名字用中国传统的意思，发音靠近洋文最好，这叫两全其美。"亨"是顺利、通畅的意思。《易经·坤卦》有"品物咸亨"的吉祥话。货款两畅，自然财源茂盛。所以"亨得利"起得有根有据，很有点哲理。然而，这个字号不似老旧的说法，因此，至今许多人都以为亨得利是洋文，洋人开的洋买卖。王光祖别出心裁，起了个叫外国人和中国人都莫名其妙又都能接受的好字号。

　　1927年王光祖在北京前门外观音寺路北开办了北京的第一家分店，

由他的三子王惠椿任经理。后来又在王府井、西单两处繁华闹市开设了分店。业务除钟表、眼镜外，又增加了当时很时髦的留声机。

亨得利经营的是时尚产品，品种样式时时更新。因此，他们很注重新潮流行，及时引进。以货物全、档次高、品种新、技术好，在京城独占鳌头，良好信誉延传至今。王光祖的智慧，来自他不苟安，眼睛向外看的开放思想和拿来主义。他仿学洋行的管理和经营谋略，看准市场需求，把握扩张时机，更严格地确保进货、选款、展销、服务、维修和拓展业务全过程的质量检验，讲究国外名表的高档次和新款式，始终把一般消费提升到豪华时尚的追求上，迎合了部分高消费的需求，保证了商店的持续营销成功。王光祖把企业的"得利"，定位在"亨"字上，应了通顺的意思。中国人爱讲"万事亨通"。要通顺就要讲谋略、讲秩序、讲拓展，讲市场占位和形象推出。

走进亨得利，窗明几净，富丽堂皇，晶莹的橱柜里陈放着一枚枚新款手表，木楼座钟叮咚鸣响，店员西服革履，彬彬有礼。后台的精修钟表手艺超群，往往使难修的手表起死回生。货全而新，技高而精，业熟而勤是亨得利成为全国钟表业魁首的三大法宝。

王光祖是个不知足的有心人。他聪明地放弃裁缝，改营全不熟悉的进口钟表贸易，并采用股份有限公司的方式吸纳资金，扩大业务，一度成为遍及全国经营此业的龙头。以王光祖的一人之力，创建如此庞大新潮的企业，他的智慧和魄力着实令人钦佩。

一个人的智慧，焕发了众人，照亮了一个品牌。

4.同仁堂货真价实

老字号凭什么赢得顾客信赖？

四个大字：货真价实。

其他什么售后服务啊，态度和蔼呀，文明用语呀，等等，都不过是锦上添花。

老字号出名，是因为它有独到的名牌产品，俗称"招牌货"。比如，全聚德的烤鸭，东来顺的涮羊肉，月盛斋的烧羊肉，内联升的千层底布鞋，盛锡福的帽子，同仁堂的丸散膏丹，鹤年堂的汤剂饮片……同样的商品，做法、卖法各有千秋。只要它货真价实，童叟无欺，博得顾客长久的信赖，它才叫"老字号"。

都知道北京有个同仁堂，都看见大堂里挂着的一副对子：

炮制虽繁必不敢省人工；

品味虽贵必不敢减物力。

黑地金字，明明白白。细一想又不明白：这是柜上，对后厂选料做药的要求，为什么掌柜的非要把它挂在前庭，亮给顾客观看呢？

为什么？

为了货真，让员工牢记，请顾客放心。

康熙八年（1669），浙江宁波人乐尊育，在北京前门外大栅栏路南创办了同仁堂，俗称"乐家老铺"，后来正名"同仁堂"：同修仁德，济世活人。

原来，乐家祖籍宁波，移居到北京后，几代人都是以走街串巷行医售药为生。别以为这个串胡同的行当简单，它要求行医不仅能当即准确断病，而且要熟悉药理，辨证施治，药到病除。当然，骗人的游医除外。真正的祖传行医，送医上门，很受一般民众欢迎。到了乐尊育这一代，靠医道有了些积蓄，他就在繁华的崇文门外开了一家药店："万金堂"。他本人又在太医院谋了个吏目的差使，从此接通了与皇宫大内的关系，有机会从太医院收集到大量验证过的古方和民间验方。开设同仁堂后，按方制药，皆有奇效。

乐尊育懂药性，知药理。他知道虽为药材，内里却庞杂难辨。唯真材实料，配伍对症才能除疾治病。同时，他更懂得世理，深知世道浇薄多变，唯顺应时势，趋利远祸，方能家业两全。商道、世道并行不悖，相辅相成。果然，他的后世攀上了皇差，雍正元年（1723）钦定同仁堂为御药房供奉御用药，并独办官药。这等于说，宫里用的生熟药材和配制的丸散膏丹中成药，统统由同仁堂一家包办，它成了天字第一号的大药铺，而且，这一办就是历经八代清帝，188年！

为皇上办药虽是一件美差，却关乎皇家一族老老少少、男男女女的生老病死，稍有差池，不是砍头，就是灭门。这养成了同仁堂用药处方不敢懈怠的严细作风，凝结出"炮制虽繁，必不敢省人力；品味虽贵，必不敢减物力"这两句话。而高处不胜寒的处境，又迫使同仁堂不得不高悬"同修仁德"的宗旨，赢利之外，多做些扶危济贫的善事，回报社会，赚取社会的好评和支持。

同仁堂得天独厚，获得了我国中药宝库的丰厚资源和无人能比的崇高声誉。同时它也获得了精通药理药性、精于配伍制药的人才和经验。卖药，到底不同于卖鞋。它是性命攸关的"买卖"，老字号同仁堂的"货真价实"，更凸现了人道大于商道的至理。在商业利益与公众道德发生冲突时，同仁堂坚守了医德仁术，从长远看，实际也保护了自己的商业利益，增添了老字号的光辉。

5.新记西服行诚而有信

现在的商家，很喜欢打出"诚信"的旗号，高声呐喊，一片"忠诚"，用以招徕顾客上门；而民众却因屡屡受骗，难得碰见"货真价实"，躲过"无商不奸"的"暗害"，总是小心谨慎，无所适从，闹得买卖双方无诚无信，愁苦难当，很少见到市场应有的公平交易，和悦成交。

我读小学时，因家室狭小，弟妹较多，住在父亲代理经营的裕隆布庄，日夜与店伙厮守，目睹一笔笔买卖的成交。

布庄，在前门外路东的北布巷子，南边隔一条胡同是果子市，一年四季都有京郊的果农把山乡自产的干鲜果品拉来批发，然后到布巷子、大栅栏、鲜鱼口买些布匹等日常用品，返回山乡。布庄很珍重这批一身土、两脚泥的山里人。大车甫停，就有了瞭望的伙计迎出店门，让进让坐，斟茶送水递烟，而后低声询问："用点什么？"接着把成批的布一件一件搬到顾客面前，介绍质量、产地、销售情况和价格，还提过算盘帮助顾客算计用途、数量……直到顾客满意，把购买的布匹用牛皮纸打好包，送上大车为止。每年秋季，山货丰收，来店买布的"山里人"一拨接一拨，店伙们忙中有序，不敢慢怠任何人。中秋节前果子大宗上市时，不到晚上10点以后，柜上不上板打烊，为的是等候最后一位顾客登门。

旧社会，世间流行以衣帽取人，商店亦不能免俗。父亲的裕隆布庄何以对这些一身泥土的"山里人"如此客气呢？我问账房的乔先生。他反问我什么叫顾客？我说，就是买东西的人吧。他点头说，对了一小半，一大半没说出来。顾，是光顾；客，是客人。如果不诚心诚意地把每一个进店的人当做照顾布庄生意的客人，怎么能留住人家的脚步，又怎么做成送上门的买卖，养活这一店的人呢？商人，首先应该是能商量做事的人，不是一言堂，瞪着眼睛唬人。商家，不应以衣帽取人，谁进来都欢迎，都要以诚相待，童叟无欺。我明白了，这或许就是"和气生财"的道理吧。买卖是双方的行为。卖者和和气气，才能换来买者的信任和乐于交谈。交易起于诚，而终于和，买卖做成了，自然财源茂盛。

穿，是衣食住行之首，看得见，摸得着，最打眼。"衣帽取人"也有它的一定道理。我有个中学同学，家里是开西服店的。那可是当时最时髦的侍候上等人的买卖。他给我讲了一桩怎么以诚待客、把诚心贯彻到每一个环节里，满足顾客需求的故事。

民国初年，上海迁京的新记西服行，在北京饭店后身的霞公府开业了。据说，当时这是京城第一家西服店。父亲手艺高超，出活快而好，不输于国外名牌；儿子李秉德会一口流利的英语，交谈便利，服务周到。那时候，穿西服的不是洋人，就是和洋人、洋务有关系的"上等人"，比如，各国使馆人员、传教士、教授、协和医院、法国医院的医生以及官吏富商、阔少、小姐。他们服务用英语。楼上设有豪华舒适的接待厅。职工穿着整洁、站立侍客、礼貌服务，与顾客的身份相称。

西服的取材用料、量身定做、裁剪制作每个环节都十分讲究细致。他们从国外订阅服装杂志，关注行情，掌握信息，十分注意服装的质量和款式。缝制中实行每个环节的流程检验，一丝不苟，确保质量。一位外国牧师定做了三件麻布西服上衣，活儿紧，要求三天交活，验收组长同意承做师傅提出的面料不下水的意见。跟牧师说了，他也点头同意可以不下水。交货时被经理发现，虽然这位牧师试穿后很满意，要当时取走。经理一再向他道歉，说明今后会影响上衣质量，恳请牧师再宽限两天，重做三件。当日经理亲自到车间，将衣料下水烫干、熨平，连夜赶制，次日经理亲自把三件上衣送到顾客住地，后来，这位牧师从美国寄来致谢信，表扬"新记"对顾客完全负责的精神。

一次，燕京大学司徒雷登校长要来店里定做两套西服。约好下午3点钟到。经理提前一小时在店堂恭候，员工不解。他说，做生意必须讲信用，只准顾客到时不来，不许我们不按时等候。3点整，司徒雷登准时进门。

6.合盛永颜料铺以和为贵

搜寻老字号的创业、继承和发展史，虽然店店不同，行业各异，但成功的奥秘大体相近。中国文化讲究天时、地利、人和，又有天时不如地利，地利不如人和的经验之谈，最后归结到一个"人和"上。

这是中庸思想，求协调不走极端，创造安稳平和的发展局面。"合盛永颜料铺"的故事，令人十分感动。

山西省，地少人多，离北京又近，加上经商的传统，总把"学买卖"当成谋生发迹的正路。困苦之人把上京投亲靠友学买卖，当做一条求生之路、圆梦之路。因此，在北京，山西人经商的多，做什么生意的都有，其中有不少做得很成功，成了名声远播的"老字号"。

有个姓孟的太谷人，十四五岁时家里荒旱，无以为生，徒步走到北京，到老乡开的颜料店学买卖。他勤快聪明，为人随和、眼里又有活，很招人喜欢。出师后，他先站柜台售货，后"跑外"联系业务，干什么什么行。没两年他就内外通熟，结识了很多朋友，成了店里难得的业务能手。

可是他的老板却十分苛刻，不单抠工钱，就连一日三餐都抠得见盘见底，伙计们敢怒而不敢言。太谷孟辞职了。开始那阵儿，他靠着熟稔的人际关系和忠厚的性格，赢得颜料商们的信任，让他赊销商品，赚点辛苦钱。恰巧这时前门大街北段路西有一家三间门脸的店铺关张，经人说合，他盘了过来，凭着他这些年精打细算、省吃俭用积攒下的本钱，开起了合盛永颜料铺。字号是他早就起好了的："合则盛，合盛则永。"来北京这些年的苦打苦拼，眼见一街大小买卖店铺的兴兴衰衰，他悟出了不少道理。掂来掂去，终于掂出来"合"字儿的分量。他想，做买卖自然靠本钱，可最大的本钱是什么呢？不是白花花的银子，而是人，是全店上下的"一团和气"，是众人一心的"相互配合"。合盛永这个字号，说出了孟掌柜人生历练的感悟，也道出了他经营买卖的不断追求。这一招很快就经受了一次极其严酷的考验。

1900年6月13日夜，杀进京城的义和团，冲进大栅栏，火烧卖洋药的老德记大药房，夜黑风高，火势暴烈蔓延，转瞬大栅栏、珠宝市、廊房头、二条、三条、前门大街全都卷入一片火海，就连前门楼子也被烧成一片瓦砾堆。据不完全统计，这场大火共烧毁店铺两千余家，无辜百姓死伤无数。令人惊诧的是位于火海中心的合盛永颜料铺却得以保存，逃过毁灭大劫！原来火起之时，人们纷纷逃命，而合盛永的伙计、学徒们，一个没逃，全在孟掌柜的带领下奋力救火，终于保住了这份产业。合盛永火中不灭，奋然新生的故事令人赞叹且发人深省！

古语说："学如积薪，后来居上。"现代一位哲人也说过，把别人的本事拿过来，你的本事就大了。"老字号"曾经弄潮商海，凭着超人的勇力和智慧，在前人开拓的道路上创造了业绩，宏大了民族精神。

今人打出"老字号"的招牌，首先要把老字号的招牌产品做好，接续下老一辈人的功德，让民众去评定够不够"老字号"的资格。我们有责任继承好、发扬好这笔丰厚的遗产，后来居上！

第六章
老茶馆是另一个家

老舍《茶馆》剧照

小京纪实 BEIJING JISHI

老北京梦寻

老北京的老茶馆早就没了，没得无踪无影，连个地名也看不出来了。多亏老舍先生和北京人民艺术剧院的艺术家们又把《茶馆》搬了回来，搬得那么真实贴切、活灵活现。从此，一代代中国的、外国的观众知道了"茶馆"这个词儿，还可以坐在剧场里，观赏北京早年间的大茶馆和大茶馆里发生的事儿。

说起茶馆，老北京人太熟悉了，就像胡同拐角的井窝子，街道边的油盐店，老的、少的、穷的、富的、忙的、闲的都短不了去趟茶馆，或者沏一壶花茶闲坐耗时候，或者找人合计事寻个事由儿，要不就在落灯晚的时候，选个地儿，安安稳稳地闷壶茶，听王杰魁说《包公案》："话说南侠展雄飞……"

茶馆，就这样子成了老北京人家外的另一个"家"。

一、北京人的茶缘

北京人有人缘，更有茶缘，一天也离不开茶。

俗话说，开门七件事："柴、米、油、盐、酱、醋、茶。"这当中，茶排第七，讨了个末位。可在实际生活中，茶却排第一：那时候，清晨起，北京人最要紧的一件事是忙着用水汆儿杵到火眼儿里做开水，沏茶，让茉莉花香充盈卧室，而后滚进喉咙，清除口鼻间、脏腑内的秽气，精神为之一振，获得一日之计在于晨的美妙感觉。茶罢，才接着洗漱，进餐。自此，花茶终日相伴，不离左右，直到晚上卧床安眠，也还要在炕头儿摆上一小壶茶，以应夜半口干不时之需。

北京人为什么这么贪恋茉莉花茶呢？

首先是秉承了老祖宗留下的嗜好。

古书上说，中国人喝茶有四千多年的历史。遥想当年，咱们的老祖宗神农氏，为了给他的子民找吃的，栉风沐雨，"尝百草，日遇七十二毒，得茶而解之"。如果那时候不是茶叶救了神农氏的命，咱们这个民族的历史还真不知道怎么写了。

追寻根源，茶这个字在东汉许慎的《说文解字》中，写做"荼"比"茶"多一笔。唐代时，饮茶之风从宫廷蔓及民间，成为生活必不可少之事。饮茶不单是为了解渴，而且功能大增，茶可以辅之于礼、于乐、于艺，乃至于道，就连儒释道三家也从饮茶中悟出本义，加以阐发成道。四千年来，中华民族以茶为"国饮"，不断地蓄入聪明才智，使之内涵日益广厚，形成独具风采的"国饮"——茶文化。

大唐鼎盛时期，有个奇人叫陆羽，出过家，演过戏，还擅长文物鉴定，他结合自己长期的考察实践，写了一部三卷的《茶经》。书中从十个方面精辟地论述了茶的质地、采集、用水、烹制、器皿、饮法、逸事等内容，见解独到，是世界上第一部论茶的专著。《茶经》还为茶字正了名，从此茶、荼分家，荼只用作一种野菜的名字。

陆羽是湖北天门人，他考察的茶山、清泉都是在南方。因此，他说："茶者，南方之佳木也。"北京在北方，可以想见，作为幽燕地区的北京百姓，要尝得一盅地道的南方香茗，是何等困难，更不要说品尝到优质的明前珍品茶了。直到今天，南茶北运依然是南北经济贸易的主项之一，北京人要想喝到好茶，还要靠江浙、福建、云南等地的适时珍品。

北京地区处在南与北、胡与汉、农耕与畜牧文化的交汇点，民俗民风多样。自古以来这里虽然时有战事纷争，但更多的时候各民族为保生存，尚能和平共处，互相尊重，各自的茶事就显得纷繁多样，体现了北京文化兼容并蓄的特点。

比如，北京曾是辽金元明清五朝的帝都，其中辽金元清四朝的统治者，都是来自荒漠草原的游牧民族，平日以肉食为主，很少吃到菜，他们每日必食酥油茶或奶茶，奶子中掺入大量砖茶，烹煮而饮。这样既能充饥解渴又能克食助消化。他们采用的茶砖、茶饼、沱茶等发酵性茶叶都是固体状，便于保存，方便携带，适合他们逐水草而居的生活习惯。而久居或流入北京地区的汉人，仍保留着饮用清茶的习惯,尽管时过境迁,南方的绿茶又不易到手,他们便就地取材,用鲜嫩的枣树、榆树等可食的树叶,手炒烘干,而后掺入茉莉花瓣,熏之。那味道虽不及纯正的茉莉花茶,却多了一股村野之香,令人引发思乡深情。由于茉莉花茶香郁持久,芬芳可人,不求叶片鲜嫩,只求长熏味永,易于保存。使用时,只需滚水冲泡,就可充室飘香,很适合京城各色人等的共同要求,渐渐成了北京人习惯的茶品。当然,花茶也有三六九等,适应不同档次的人选用,但少不了的依旧是一个香字。

北京人离不开喝茶,还因为气候干旱所致。北京地处华北平原与太行山脉、燕山山脉交接部位,倚山望海,四季分明,属暖温带半湿润半干旱季风型大陆性气候。春季,气温回升快,昼夜温差大,忽冷忽热,时有大风扬沙,降水少,季节短暂。夏季,炎热多雨,降水集中,易发生洪水和雹灾。秋季风和日丽,晴朗少雨,但只有五十几天。冬季寒冷多风,干燥少雪,长达5个半月。加之人口集中于市区,城市热岛效应突出,城区与郊区温差较大。

为了适应多风沙、少雨雪、冷热分明的自然环境,北京人把每日的饮茶进水作为一种调节手段,维护生理和社会活动的需求,渐而上升为一种文化需求。

北京人嗜好喝茶,还有另一层城市性质和结构的内因。

北京从唐宋时期幽州作为军事重镇,到成为辽的陪都南京是一个重要的转折。继而成为金中都、元大都、明、清帝都,它的政治地位不断上升,终于成为全中国的政治中心。随着北京政治地位的逐步转换,带来城市功能与居民成分的更替变化。昔日的边塞战场和边界贸易,人们来去匆匆,生活求简,办事求速,无暇在茶事上费工夫。即便辽金、宋金政治交往时,也是沿袭着宋朝的茶事习惯,未成时尚。明代北京,上自皇帝下到臣民都有大量从龙北上的南方人,加之开科放举、迁徙移民充实京城,北京的居民不光南方人数量日益增加,而且成分提高,士绅比重加大,生活品味和时尚追求有了很大的改变,饮茶的礼仪和环境就比单纯的饮茶更讲究、更重要了。一些文人学士,基于对现实不满,又无能为力,遁入逃避现实,以茶雅志、以茶砥名,以茶砺节,把志向情趣全沉浸在一壶清悠的茶香中……

满清入关,顺治帝在北京即位,为了稳定初建的王朝,北京城实行旗汉分住,就是拱守紫禁城的内城统由八旗官兵家属分片居住看守;而原来在内城居住的汉人,一律迁到外城。这就出现了内城旗民上自王公、贝勒、贝子宗室贵胄，八旗显宦、官吏，下至八旗士兵、家眷，都是为皇上当差服役，有固定的俸禄薪饷，生活富裕，常年过着"茶来伸手，饭来张口"的日子。他们养尊处优，尤其好脸面，事事摆谱儿，不吝资财，只图高兴舒服，追求享乐的生活。上茶馆、进酒楼、听戏捧角儿就成了他们派遣日子必不可少的内容。这股茶酒戏缘渐而扭成一根无形的绳儿，牵引着老北京人的生活方式，充填了京城街市商业坐标，造就繁华景象，延至今日。

二、饮茶的三六九等

北京人喝茶分家里、家外。

在家里又分自饮和待客两种。茶具及茶叶也有区分。自饮有固定的茶杯和喜欢的茶品。待客首先讲究茶具，预备成套的茶壶、茶碗、茶盘子，或者盖碗。过去人家，走进堂屋迎面正中条案前的八仙桌上必放一盘茶具，千篇一律，留作待客。用盖碗待客就更讲究。一套盖碗有三件，盖、碗、碟。茶叶量依不同的茶品酌量加入，过多则无知、过少则刻薄，都不礼貌。沏时一般用铜壶滚水冲入，应声直入，点滴不漏。饮用时，先用碗盖自前而后地拨开茶叶，而后举碗轻轻啜饮，以盖掩口。事毕，主人离座起身，端碗以示送客。现在没这些礼儿了，茶叶的品种多了，茶具也更讲究了，又有了咖啡、果汁等饮料，自饮和待客都多了选择，生活品味日渐丰富多样。

在外饮茶也有自饮与待客之分。过去街市、路边经营茶事生意的有茶挑儿、茶摊儿、茶棚、茶馆、茶楼乃至澡堂子、酒肆、二荤铺。可以说以茶为媒，适应千家万户，样式五花八门，规模高中低下，满足不同人的不同需求。

1.茶挑儿

游走街市，是最低下的一种流动的卖茶形式，针对路边饥渴难耐的卖力气人。我在天桥和街口时常见到。卖茶人肩上的扁担，一头挑一个五六十公分高、三十公分粗的绿釉粗茶罐。这个茶罐是粗陶制品，上刷绿釉，任其自流，故靠近底部无釉，罐承上粗下细状，上部有四耳拴绳，旁有短粗壶嘴，罐正中的注水广口，用棉布包裹木塞围住，茶罐下部围棉布套保温。茶挑的另一端系着一个广而浅的粗编竹筐，内放一摞粗瓷敞口兰花碗。卖茶人专拣贫苦卖力气人多的地方摆地，一二分钱一大碗颜色很深的"浓茶"，喝着既解渴又解气。不过茶叶不新，是他从茶馆酒肆戏园子淘换来的剩茶根儿，晾干，用开水煮熬，颜色深红，但无香气。

2.茶摊儿

比茶挑儿高一个档次,是临时性的坐地户,上支白布防晒棚,摊前摆长板凳。摊儿面板上放玻璃茶杯或粗瓷大碗,摊儿后火炉上做着刺刺冒气的大铁壶。茶资不高,也是二分一杯(碗),条件好多了,茶味儿也有点香。茶摊儿大多设点在京城各大庙会,什刹海、天桥等处,供游人喝茶解渴、歇歇腿儿,捎带看看景致。茶摊儿的茶叶或用等级最低的粗茶,还预备点花茶的高碎、高末,俗称扫箱底的高货,花钱不多,享受极有限的花茶香,只是不经时候。不过喝两杯就走,没有久泡无味之忧。

3.茶棚

比茶摊儿高一级,不用见天支摊儿,有几间简单的平房和一架瓷实挡用的席棚,挡风避雨,经久耐用。地址大多选在内外城门护城河边儿,或是窑坑的柳荫处,阴凉、通风、有景致可看。茶棚以棚为主,顾客心向四季转换的自然,一桌一座一壶香茗,对坐流水落花,半日浮云,情趣尽在其中,何必焚香听琴。这是一些老北京人不咸不淡的活法。据说安定门外的六铺炕、地兴居,就是那时京城很有名的野茶馆。

4.野茶馆

这个"野"字,是货真价实地融入大自然林木葱茏、清水潺潺的野,与茶的清香彼此呼应,令人心境清远,别有一番野趣。

台湾老人白铁铮先生遥想当年:

在上中学的时候,暑假期间,我喜欢到西直门外"雨来散"喝茶。"雨来散"茶馆的主人姓高,本来是万牲园(今北京动物园)东墙一片稻田和荷塘的"看青的"。在夏天他买十几块芦席,凑了些破茶壶和砂吊子(煮水砂器),在稻地边搭了一间窝棚、一个土灶,挑几桶水来,在万牲园东墙外,长河儿的两岸,船坞旁边,柳树底下开起茶馆来。茶客来了,拉席一领(席的单位叫领),铺在柳荫密处(在西太后游幸颐和园时,曾在长河两岸种桃种柳,后来因为没有维护,桃树每年春天开花任人采折,几十年来,早已伤亡殆尽,而柳树没人注意,倒侥幸都已长大成荫,所谓有心栽花花不发,无心植柳柳成荫,应在这里)。茶叶交给老高,他给您沏了茶来,您把大褂脱了往树上一挂,在席上或坐或卧,看着河里映着对岸倚虹堂红墙黄瓦的倒影儿,听着高粱桥水闸流水的声音,一阵微风吹来稻田与荷塘的稻香与荷香,这种享受,是城市中人梦想不到的。假如您想钓鱼,高粱桥边,长河楼下边有一个叫季聋子的老头儿卖渔具,花三个大铜板,一大枚买一根苇杆儿,两大枚包括一条钓丝、一个浮漂、一个千斤坠儿,三四条蚯蚓,您坐在河边就可钓起鱼来。这样您给两个铜板茶资,就可清清闲闲安安逸逸地度过大半天日子。(选自《如梦令》散文集)

清闲、安逸,用几大枚茶钱,轻轻松松地打发走无聊的时光,这是早先北京闲人挺雅致的一种活法,俗曰"泡茶馆"。

说到茶好、水好,早先,北京有句评语,叫"南城的茶叶北城的水"。

南城的茶叶为什么好呢?因为前门外茶叶铺多,像庆林春、张一元、森泰、永安等老号,自产自销,茶叶质量比着赛地攀好。顾客的选择余地很大,甚至喝对了脾气,只认一家一品,再不更换。据说,当年京剧名净裘盛戎先生喝惯了西珠市口永安茶庄一元八角一小两的茉莉花茶,有一次裘的徒弟赵致远去买,赶上没货了,就自作主张买了一元五角一小两的花茶。这下差事办砸了:

裘先生那天演出《赵氏孤儿》,魏绛头场就上,下后台的时间要提前。下午,他起得早了,沏上茶,要喝几口醒醒盹儿。

他端起茶杯喝了一口,就皱起了眉头:

"今儿这茶叶是你去买的?"

我赶紧把话接过来了:"今儿个一元八角的没货了,我买的这是一元五的。"

"我说呢,这茶叶口儿差着嘛。"说着话他就把茶杯放下了。

师娘从屋里出来了,她端起茶杯呷了一口:"嗯,这味儿是差着呢。"

"那儿还有多少钱一两的?"

"再往上就是两元五的了,贵了,我没敢做主买。"

"嗨,你怎么不买两块五的呢?"裘先生来神了,"喝茶只能往上走,不能落!你喝惯了一块八的,就喝不了一块五的了。抽烟也一样,走高不走低。

"喝酒正相反,越是便宜的,酒的度数越高,后劲儿越大。

不知道吧?你说说茅台和二锅头比,价钱差多少?可哪个喝着有劲儿?"

"等等吧。"师娘掏出五块钱递给我,"再跑一趟吧,就买两块五的,二两,后台也得喝它了"。

师娘一个劲儿地给我打圆场:"你师父说了就高不就低。打今儿个起,他又涨行市了!"(选自赵致远《我的三位老师》)

北京人常说:"唱戏的靠嗓子,拉弓的靠膀子。"京剧演员靠嗓子就要"饮场",名演员"跟包的"端着专用的小茶壶,在下场门随时伺候角儿下来"饮一口",润润嗓子。这一口"饮场",就能保证角儿字正腔圆、满宫满调地完成演唱,要下满堂好来。看来,喝茶,对于角儿们来说,可不单是闲趣儿嗜好了,那简直就是浇灌艺术之花盛开的甘霖!

北城的水是指安定门外路西有座庙,庙里有口井,饮之甘洌适口,名为"上龙泉"。邻近还有口井,叫"下龙泉",水质一样的清洌甘醇,最适烹制各种茶品,尤其是花茶。因而上龙下龙的水,在京城很著名。

本来下面该说茶馆、茶楼了,这是本章的重头戏,留在压轴和大轴。

且说离不开茶,又不是一回事的澡堂子、酒肆和二荤铺三宗买卖家儿。

5. 澡堂子

泡澡,少不了喝茶,喝花茶。试想,在池子里泡得大汗淋漓,一身酥软,褪尽满身污垢。而后,半卧床榻,缓缓地打开盖碗,一股浓郁的茉莉花香,随着腾起的热气,逼向面庞,由着香、热轮番轻抚,此刻双目微闭,顿觉私欲尽消,那真是一种灵魂出窍的享受。在澡堂子喝茶,既是补水解渴,也是放松消闲。或者邀一二知己谈心聊天,或者与合作者磋商议事。无疑,到澡堂子喝茶干净舒心,与茶馆大不相同。

6. 酒肆

酒肆又叫小酒铺,街巷胡同很多。大多是一间门脸,门内挤个大酒缸,零卖黄、白两种酒,也卖茶,几碟自制的荤素凉菜,便宜可口。这类酒肆是给穷苦人开的。拉车赶脚的走到这儿,喘口气,歇歇脚,掏俩制钱,喝二两烧刀子,喝壶苦茶,再接着卖命去。在这里,酒、茶和人的命,都是苦味的。

7. 二荤铺

名字挺费解。关键在一个"荤"字上。北京人平时说的"荤"是指肉食与蔬菜的"素"搭配;教门里讲的"荤"是指气味浓烈的作料,如葱蒜之类的小五荤。天桥艺人讲的开荤,是指黄色段子。那么"二荤铺"的荤与这三者都不搭界,说法多,意思却都明白,就是店家除了自办的菜肴外,还允许客人自带肉鱼蔬菜,由店铺按要求加工成菜品,只收加工费。这样,店家菜肴是一荤,客家来料加工菜肴一荤,合之为"二荤"。客人等菜的功夫,用饮茶充填来打发时间。茶成了不是"干等""干坐",耗时候的替代品。

三、各色各样的老茶馆

盛唐时期，茶馆遍布街市，成了长安一景。千余年来，随着茶事广泛地浸入人们的生活与交往，各色各样的茶馆成为遍及中国城乡的一景。茶馆浓缩了事态咸淡，聚焦了人间冷暖。

人分三六九等，地分南北东西。不同人群、不同地区的茶馆必有功能各异、档次不同之分。

1. 大茶馆

京城不同凡响，决策着国之大事小情。皇上在，吃皇粮的多，进京求功名办公事的人多，歇闲、议事、种种见得人与见不得人的交易，自然也多。这就少不了茶馆这样的似明若暗的公共场所，而专为人上人预备的规模大、气派足的大茶馆，首先占据了京城的要路通衢。像鼓楼大街的天汇轩，前门大街的天仁轩、天启轩、天全轩，北新桥的天寿轩，阜成门内的天福轩、天德轩、天颐轩，俗称"八大轩"。"轩"的原意是指当朝大夫乘的高架车，以后衍生为围栏、室外平台。名字冠以"天"有独尊的意思，也暗指茶为天赐之物。至于中间的嵌字：福、寿、仁、德、全、启、颐、汇都有祈望期盼的内容。京城人好以"八大"示人，如"八大楼""八大居""八大祥""八大怪"……就连京剧演黄天霸的戏，也有"八大拿"之说。

大茶馆的兴盛与时局休戚相关，衰败前的最后一拨，当在清末民初，地安门外的"天汇轩"还在人们的记忆中留下些淡淡的影子。

天汇轩位于地安门外、鼓楼大街东侧。听老人们说，天汇轩坐东朝西，五间门脸儿，进门是前厅，把门的南面是柜台和灶台，一把硕大的做水铜壶，嘶嘶地冒着水汽，高悬灶台上，随时准备注入小几号的手提铜壶中，由茶博士提着小铜壶冲进顾客的盖碗中。穿过铺面的前厅是个宽敞明亮的大院子，上搭铁皮罩棚，四围有可以卷放的苇帘，通风透气，明暗可调，冬暖夏凉，比今日的空调还多了一层调光。院子里摆放散座，疏密适当。院子东面是过厅，再往里走又是一层高搭天棚的院子，比前院紧凑，南北两侧是雅致的厢房，遇有三五知己，或谈情，或叙旧，浅吟低唱，此屋幽静，最是佳境。正中的五间正厅是天汇轩顶级所在，陈设华贵，专为达官贵人叙谈私密的用房。

明清两朝，地安门一带是亲贵重臣首选的住宅区，因为这里临近紫禁城，上下朝方便；加之北接鼓楼大街闹市区，购物方便；西望什刹海碧水清荷，动静皆宜，休闲方便。特别是到了清朝一代，按照八旗分驻内城的格局，驻守德胜门内的正黄旗，与驻守安定门内的镶黄旗，和守护皇城的护军营，都聚会在鼓楼大街一线，而皇朝的步兵统领衙门也设在后门桥东北的帽儿胡同里，许多公事都在这里发生。因此，设在后门桥东南的天汇轩，就赢得了非它莫属的显赫地位了。

天微明，遛早的人们已经晃动在什刹海边的水雾朦胧中。有喊嗓子拍曲儿的，有提笼架鸟遛早的，有打拳练剑的，也有熟人相约说话的……天大亮，这些遛早的人们踱进天汇轩的大门，成了第一拨儿顾客。老人老地儿老一套，不用吩咐，堂倌就会在请安的同时，给客官递过热气腾腾的手巾把儿，让好座儿，给鸟笼子里水罐儿换水、食罐儿加食，而后挂在前厅梁下的铜钩上。待熟客擦完脸，松松快快落座了，茶沏好了，一壶香片，一盘烧饼果子恰到好处地端上桌。这时堂中只听碗碟叮当伴以人们的咀嚼饮啜声，就连鸟儿也忙着啄食儿，歇了嗓音。同时它也预示，天汇轩喧闹的一天开始了。接着，约人说事儿的、吃饱了没事儿可干、泡茶馆耗时候的，陆陆续续、一拨儿接一拨儿地进进出出。天汇轩收拢了忙的、闲的各色人等，牵出一段段有滋有味的故事……

2. 清茶馆

北京还有另一类供文人士大夫享用的清茶馆，取其清静幽雅，自得其乐，大多开在风景优美的公园里。

历史学家谢兴尧说：

> 有许多曾经周游过世界的中外朋友对我说："世界上最好的地方，是北平，北平顶好的地方是公园，公园中最舒适的是茶座。""它物质上有四时应节的奇花异木，有几千年几百年的大柏树，每个茶座除了'茶好'之外，并有它特别出名的点心。而精神方面使人一到这里，因自然景色非常秀丽和平，可以把一切烦闷的思虑洗涤干净，把一切悲哀的事情暂时忘掉，此时此地，在一张木桌，一只藤椅，一壶香茶上面，似乎得到了极大的安慰。

（选自《中山公园的茶座》）

当年中山公园共有春明馆、柏斯馨、长美轩、四宜轩和来今雨轩几个茶座，选址近山水、傍花草，幽静舒适。茶和点心不仅好而廉，而且能针对不同年龄身份顾客的需求，精心准备，让文人们如愿以偿，流连忘返。1926年夏天，鲁迅先生和教育部的同事齐寿山每天下午都到中央公园的茶座来翻译荷兰作家望·霭覃的长篇童话《小约翰》，长达一个月。1926年

8月13日，先生的日记云："往公园译《小约翰》毕，寿山约往来今雨轩，同坐有芦舲、季市。"书译完了，大家同贺聚餐，依然在茶座不远的西餐馆。

来今雨轩原来也是茶座，后来成了西餐馆，味道正宗，价格不贵，至今我还惦记着在飘着花香的铁罩棚下，尽兴地享用那里的番茄牛肉通心粉和奶油烤杂拌的情景呢。

3. 书茶馆

忙人跑茶馆是紧着去找"事由儿"，寻口养家糊口的饭；闲人泡茶馆是坐吃等死，耗时候混日子。这就有了以听评书、大鼓书、佐之以茶的书茶馆。书馆听书，滤除了杂耍场子的嘈杂与污浊，单取茶馆的闲在，茶坐儿（茶客）的稳定，最适合鼓书艺人成本大套地说唱长篇故事。这样，艺人喜欢茶馆可以专注表演的环境和稳定的听众；顾客喜欢听书品茗二者得兼的舒坦。因而在京城长街闹市的路边，时常觅得门前戳着大红水牌的书茶馆。

当年，一般家庭连"话匣子"（收音机）都少有，文娱生活很贫乏。戏园子买票，因囊中羞涩而止步；庙会常开，却有时有晌，移步有限。街边、胡同口的书茶馆就提供了方便，所费不多，听着上瘾，既占了闲工夫，又得了历史知识，两全其美。

书茶馆一般早上接待饮茶的客人，下午和晚上约请说评书、唱鼓词的艺人来说唱。艺人有"说早儿的"，那是捡冷清时间为学徒实习练本事预备的。正式书场的演员分"说晌午的"（下午两点开始）和"说灯晚儿的"（傍晚七点开始）两种。时间不同，听众的成分也不同，所以书场要选择对路的回目，找对路的演员。

书茶馆的设备一般比较雅致，墙内挂字画，藤桌藤椅，或者木桌木椅。茶馆内设小木台，上摆小条桌，用一块干净的蓝布罩着，这就是说唱艺人的"戏台"，花园赠金，两军厮杀的故事就在此展开。

开书以后，就不再接待一般茶客。茶客们边饮茶边听书，除付茶资外，还要按段儿零打书钱，直到收场。评书艺人必备几样小道具：醒目、扇子、大手绢儿，大褂儿（说短打回目要穿对襟小褂儿），还有打钱用的钱板和小笸箩。当时京城有八大书馆之称，如东华门的东悦轩，地安门的同和轩（后改名广庆轩），花市的青山居，石头胡同的四海升平，天桥的福海居（又叫王八茶馆）等，都是当时著名的书茶馆。

说书人因其多知多懂，熟谙古今，通达人情事理，所以被称为先生，在曲艺界享有较高的地位，受到业内外人士的尊敬。过去识文断字的人极少，广大城乡百姓的历史知识多来自说书人的传播。评书由来已久，是中国传统教育之外的一种辅助形式。说书人夹叙夹议，全靠一张嘴、一把折扇和一身功夫，是戏曲艺术的"老前辈"，更具迷人的魅力。余生也晚，只赶上王杰魁说《包公案》、连阔如说《东汉》《西汉》《三国》《水浒》，陈士和、赵英颇说《聊斋》，段兴云说《济公传》……那精彩之处，不亚于名角儿会聚演出的《群英会》。至今，还保留着两段记忆。四十年代，我在水道子上小学。下午放学，一路飞跑赶到桥湾儿路北一家茶叶铺门口，大喇叭底下等着听四点半华声广播电台广播王杰魁的《包公案》。就连周六、周日，我也赶去，照听不误。只要喇叭里传出那苍老缓慢的"话说南侠展雄飞……"拉车的、摆摊儿的、遛弯儿的……马上都聚在大喇叭底下，有滋有味儿地被王杰魁拉进包公案。放眼一望，街面空空荡荡，被王杰魁扫了个干干净净，遂有"净街王"的赞誉。

另一件事是，60年代的一个北风呼啸的冬日傍晚，我在宣武门里路西的一个小茶馆偶遇连阔如在说《三请姚期》。书场不大，挤得满坑满谷，热气腾腾。听书的中老年多，夹杂着少量年轻人，书场里充溢着渴望的情绪。我发现在不十分明亮的灯光下，连先生老了，失去了当年磅礴的大气，代之以深沉低缓的厚重，讲起姚期姚次况，依旧声音洪亮，透出英雄气概来。我初见连先生是在建国初期的前门箭楼上，那时老舍与赵树理创建"大众文艺创作研究会"，团结了很多老艺人，连阔如、曹宝禄威信高、艺术精，是曲艺界的带头人，有时就在箭楼大厅演出。我在那里第一次观赏了连阔如的《三请姚期》和曹宝禄的单弦《五圣朝天》，留下了终生不灭的记忆。

4. 小茶馆

相比高档次的大茶馆和文人们雅好的清茶馆，京城街巷分布着更多的是一种为穷人找饭辙的小茶馆。举个例子。童时，我住在东珠市口路北的吊打胡同，挨着冰窖厂和冰窖胡同，胡同北口拐弯把角就有一座小茶馆，两间小平房，半圈篱笆栅栏，一棵粗壮的垂柳罩着半拉院子。天一亮，许多衣衫褴褛的穷汉便从四面八方拥到这里，等着冰窖管事的来这里叫人派活。茶馆的杨掌柜早捅开院里的灶眼，沏好一大茶壶的粗叶茶，预备一摆粗瓷碗。不管是谁，扔俩铜子儿，端碗就喝。没钱也照样喝，掌柜的并不嗔怪，都是受苦人嘛，谁和谁呀。天大亮，冰窖管事的来了，俩眼一扫，叫了十几个壮实的汉子跟着他到永定门护城河拉冰去了。剩下的老弱劳力，有的起身到别的地方找落子去了，有的坐在犄角旮旯儿，勒勒腰里的草绳子，端着一碗苦茶，撑个水饱，盼着明天有个好运气。

早先，北京有好几座冰窖厂，冰源、用途和主管都不一样。我家边上的这座冰窖厂，是到了冬天大冷的时候，从邻近的金鱼池和稍远的永定门外的护城河取冰。切成一米多长、半米多宽、四十公分厚的大块方冰，码进半地下的冰窖，盖上厚厚的草帘子，封死，专供天坛祭天时祭品的保鲜。因此，每年的采冰、窖冰都要用不少临时工，这个小茶馆就成了最近便的劳务市场。在京城，类似这样的"人市"小茶馆在南城、北城很多。各个行业都有自己认定的茶馆，比如泥瓦匠、木工、婚丧时打执事的、火车站扛大个儿的（装卸工）……都有聚齐儿的准地方，茶馆有吃有喝有板凳，正适合招工的需要。

北京的茶馆五花八门，仿佛是个百宝盒，人们需要什么，就可以往里面取点儿什么。渴了，喝茶；饿了，吃点心；闷了，找朋友说说话；累了，有地方歇脚。要是闲得难受了呢？别急，就有艺人来这儿给您说段评书，唱段大鼓，让您把烦心的"眼麽前"换成解闷的"想当初"，听秦琼卖马、包公断案、桃园结义、黛玉葬花……于是，这类增加了娱乐功能的书茶馆，遍布城乡，它成为京城文化的重要内容，用故事养育了一代代北京人。

我承认，小时候知道咱们中国那点历史，还真不是在课堂里，而是在戏园子和茶馆，受用至今。

第七章
众口难调也能调的老饭馆

前门大街一条龙

小京纪实 BEIJING JISHI

老北京梦寻

老北京人讲究吃，也很在意吃。

比如说，俩人一见面，一方拱手必问："您吃了吗？"对方拱手作答："偏过了。"意思是先吃了，很不好意思。其实，这是客套话，并非实打实地问尊驾吃过饭没有。如果遇到实心眼的人，偏巧没吃饭，正找饭辙呢，忙说："我还没吃呢？"问者必然尴尬。熟人好说："那您到家里去。"要是半生不熟的，拘着面子，就只有"王顾左右而言他"了。

我常想，为什么老北京人见面不说别的，偏把"吃"放在嘴边呢？

是"民以食为天"，断炊绝粮饿怕了，还是没话找话说"吃"随意顺口、话题多？是北京菜系丰饶多样吃不过来呢，还是大菜辉煌、小吃难忘，有说不尽的美意？

反正一个"吃"字，话题俯仰皆是，让老北京齿颐留香，传了千百年，容入举国之盛，足以酿成炫耀于世的独特文化。

一、春节家宴说"和气"

20世纪50年代，我在北京大学中文系学习，兼做留学生辅导员工作。那时过春节，学校留学生办公室建议有条件的中国同学请留学生到家里吃顿饺子，感受一下中国人过春节合家团圆的欢乐气氛。我邀请了我所辅导的来自民主德国以及罗马尼亚、匈牙利等国家的四位女同学正月初三

第七章 众口难调也能调的老饭馆

到我家吃饭。她们特别高兴地接受了邀请。

父亲年轻时当过厨师,听说留学生来家吃饭自然很高兴,好在每年过春节都早早蒸好一缸馒头、豆包、花卷,随吃随熥;还准备下八大碗蒸菜、初加工的鱼肉和时新果蔬,来客如常不用特别准备。

下午,我到前门把她们接进孝达胡同的家。一进堂屋,她们就为眼前的陈设"哇"了一声。从前过年这半个月,家里都要在堂屋上供香,这不是迷信神佛,而是酿造红火的气氛,安排一处祈求来年幸福寄托希望的所在。这个所在就布置在堂屋正中的一桌两椅和长条案上:条案正中贴墙高悬水印木刻天地祃,画面上神佛聚会,姿态各异,唯有佛面贴金,熠熠生辉,尤显天宫诸神的威武庄严。条案上摆着一堂(五尊)二尺多高的蜜供,罩着剪纸红网。紧靠条案的八仙桌上摆着白铜五供(香炉一、蜡扦二、香筒二)和什锦糕点、水果。每个供盘的供品上都插上一支绢面棉芯彩绘的八仙人,以及福禄寿喜绢字,锦绣林立,果香扑鼻,烛影摇红,香烟缭绕,喜气洋洋。桌椅都披着红缎苏绣的外罩,越发红火热烈,这个场面让四位洋姑娘看过来看过去,惊喜得不知说什么好了。

晚宴有六个凉碟(芥末墩儿、肉皮冻儿、姜丝儿松花、油炸花生米、素什锦、金糕梨丝拌白菜心儿)、四道热菜(过油肉、干烧鱼、黄焖栗子鸡、拔丝土豆)、四碗蒸菜(四喜丸子、喇嘛肉、米粉肉、清蒸麻鸭),一道什锦火锅,最后是过年必吃的香菜排叉素馅饺子。这顿年饭直吃得几位洋姑娘不住地说明天要绝食了。她们特别爱吃父亲加赠的一道马蹄火烧夹烧肉,称赞中国烹饪真神奇,怎么平平常常的菜蔬鱼肉到了中国厨师的手里,就能像魔术一样"变"出这么多又好看又好吃的美味!

饭后,大家喝着经过双熏的茉莉花茶,听父亲细说。父亲说,买卖人常说"和气生财","和气"是不是就指点头哈腰满脸赔笑呢?不是,和气里面包着许多学问,比如顾客一进门,就要揣测他是来闲逛呢,还是专门来买东西,得花心思去琢磨。而后是按照顾客的需要提供对路的产品。买卖成交了,双方都挺满意,下次再来,这才叫"和气生财"。"和"应该是一个彼此满意的结局。其实,人生天地间,细一想,做什么事,都有个彼此的关系,处理彼此关系,适可而止,以和为贵,包括炒菜做饭都离不开"和气"二字。

就说饺子吧,看似简单的"馅儿活",五道工序:和面、擀皮、调馅儿、包拢、下锅(蒸、煮、炸、烫、烙、贴任选其一),每道工序不单要"和"的适度,而且要美、好看、是样儿。能把一个"和"字把握住,再添上美观,就能把饺子做出多少种样儿,多少种口味,有多少种说道。这就是为什么中国人过春节、结婚入洞房、季节变换、迎接亲友,都把饺子当做必吃的吉祥食品。

多年来父亲在经商之余，把做菜当成一种调剂，琢磨着把山西老家的风味菜与北京的家常菜"和"出一个新的吃法来。比如，他改造了家里的炉灶，用来烤制马蹄形的火烧，醇香酥脆，远胜家乡的太谷饼与京城的焖炉烧饼。他独创的烧肉，肥而不腻，鲜香适口，夹在马蹄火烧里，更是把肉香、面香、油香、作料香"和"成妙不可言的醇香。

五十年后，我和老伴在柏林见到当年的德国老同学，她依然忘不了那顿丰盛的年饭和父亲"和气生财"的开讲。昔日场景历历在目，昔日菜香难以忘怀。

二、食不厌精的"谭家菜"

俗话说，天下没有不散的宴席。

这句俗话寓意了世间好事不永，好景不长。既然有欢声笑语热热乎乎的开场，那就逃不脱人走茶凉杯盘狼藉的散席。然而，竟有执拗地钟情饮食的"一根筋"，不计聚散，不计功名，不吝家财，一头扎进珍馐美味之中，苦苦追寻孔老夫子"食不厌精，脍不厌细"的无穷境界，摒弃笔墨，偏要用五味五色调理出一篇"吃"的文章传世。

他真的"写"成功了，食客称之为"谭家菜"，美名远扬，流芳至今。

这个谭家菜的首创人叫谭宗浚，字叔裕，1848年生于广东南海县，出身书香门第。他与晚他十年1858年出生在南海的康有为，不仅是同乡，而且在同一个梦想的招引下，公车北上，同样在京城高科得中，步入仕途，一个同治进士，一个光绪进士，而后他们为了实现各自的梦寻，孜孜以求，都成为京城名士，垂青史册。所不同的是，康有为立志变法维新，图的是振兴大清王朝。而谭宗浚却雅好美味，耽于厨艺，图的是结友于饕餮之间。一个梦想治大国，一个痴心烹小鲜。虽同用一理，却目标迥异，各行其是，各结其果。

谭宗浚家学渊源，生活富裕。他的父亲谭莹是位饱学大儒，同时留意口福。父亲循循善诱，儿子聪慧好学，终于在同治十三年（1874），谭宗浚以优异的成绩，考中一甲二名进士，荣膺仅次于状元的榜眼，人中俊杰，官居翰林。然而，他虽学富五车，却不介意经世济民的学问，时常问道于摆上桌的宴席，穷究一盘盘燕菜翅席的烹制火候。小时候他常陪伴父亲品尝家乡的广州菜、潮州菜、东江菜，不俗的是，他口有所尝，必心有所思，从品味、比较、灶前观察中，寻思出点儿道理，常窃喜不已。后来朝廷外放他四川督学，有幸一脚踏进百味食府，他欢喜非常，川菜百菜百味和浓烈鲜明的品格，令他记忆尤深。后来谭宗浚又奉旨调任江南副主考，有幸遍尝江南名菜，淮扬风味别开生面，获益匪浅。有个考生知他"好吃"，献给他一本乾隆年间江南大才子袁枚的《随园食单》，他如获至宝，披读再三，对"吃"领悟越加渗透。

谭宗浚自江南回京，早把个做官的烦心事抛在脑后，与儿子谭瑑青一门心思地在京城里寻名馆，品名菜，访名厨，觅菜料，琢磨着怎么样汲取南方菜（广东菜、淮扬菜）和北方菜（山东菜）的优长之处，融合为一，做到甜咸适度，有口皆宜，自创众口能调的"谭家菜"。

有道是一门心思领悟深，拨开青天万里云。

比如，《随园食单》上说：

> 味要浓重，不可油腻；味要清鲜，不可淡薄。此疑似之间，差之毫厘，失之千里。

这"浓而不腻，鲜而不淡"是袁枚的经验。话虽简单，可这个"疑似之间"的度，却难以拿捏。他与儿子谭瑑青反复琢磨、实验，又出重金，遍请京城名厨高手探索观摩，名厨是随请随辞，不为沿用，只为取其手艺的精绝处。有所领悟后，就下帖子延请同好亲友前来品尝，亲自下厨烹调细做，诚恳征求意见。从此，西四羊肉胡同谭府的家宴名声噪起，朝野呼之"榜眼菜"。

谭宗浚精于食之道却疏忽了世之道，加之他为人耿介，得罪了上司。《清史稿》里说他：

> 以伉直为掌院所恶，出为云南粮储道，宗浚不乐外任，辞，不允，再权按察使，引疾归，郁郁道卒。

喜爱的事做不成，反而奔波劳碌受人主使，心情郁闷成疾，谭宗浚这位榜眼公就病死在中途路上了。所幸他有一个继承遗志、比他还痴爱烹调的好儿子谭瑑青，不仅谭家菜没有半途而废，反而日趋成熟，人称"谭馔精"。进入民国后，谭瑑青先后在交通部、平绥铁路局、教育总署、内务总署、实业总署、监察院等处担任秘书，奉公之余依旧是设宴家门，日日与清朝的遗老遗少和民国的新贵欢宴如昨，怎奈此时谭府已非彼时谭府，多出少入，坐吃山空，家境日趋窘迫。朋友不忍，主人有意，为了维持菜品和规格的高贵，家宴变相为预收订钱，用于购买昂贵的食材，早早准备，但礼仪不变，只限一桌十一人。

文物专家朱家溍老先生回忆说：

> 在我二十岁左右的时候，瑑青老伯家住在宣武门外南海会馆（此时谭家已卖掉西四羊肉胡同住宅搬到米市胡同19号）。这个时期出现了一个新办

法，瑑青老伯有些朋友为了要吃那种比各大饭店更高品位的鱼翅、鲍鱼以及一些精致的家常菜，就纠合十一人，再加上瑑青老伯也算一份，共十二人组成一个"吃会"。最初每人二元（银元），每月一次。为了"吃会"巩固长久，定下规矩：如果因故缺席，也必须照章缴费，可以派人代替，譬如派子侄或其他亲属去参。我有时能够参加就是代替父亲前去。这个"吃会"最初只有一个，渐渐发展到四五个，每人增加至四元。除这种固定长期的"吃会"以外，后来又有经谭老的朋友介绍临时组织的局面，每人五元，谭老作为客人出席。

十二个人的圆桌虚一主位，摆一副碗筷，开宴后，谭瑑青过来支应一下，饮口酒，尝口菜即离席到厨房主厨。这样，既圆了做东道主的面子，又凑够了客人的份子，摆出一桌京城独有的燕翅席，落个主客欢畅，两全其美。

这种由志趣相同的十一人组成的"转转会"在民国初年很盛行，他们每逢周日轮流做东，选个高档饭馆欢宴一次，参会的成员都是清末民初的社会名流，如溥心畬、张大千、于非闇、傅增湘、陈宝琛等。"转转会"不光吃"谭家菜"，也吃京城著名的"八大楼""八大居"。谭瑑青也参与其间，开阔了眼界，增进了见闻，有助于"谭家菜"的品味的提升。于是，京城在街面上流传开"伶界无腔不学谭（鑫培），食界无口不夸谭（家菜）"的谚语。口碑胜于广告，美食者为了一睹庐山真面目，蜂拥而至，打破了谭府原来每晚只订一桌的成规，加至两三桌，最后只设晚宴的规矩也打破了，开始预订午宴白天，如此仍满足不了订宴宾客的需求。

《四十年来之北京》书里说：

  谭家菜声名越做越大，耳食之徒，震于其代价之高贵，觉得能以谭家菜请客是一种光宠，弄到后来，简直不但无虚夕，并且无虚昼，订座的往往要排到一个月以后，还不嫌太迟。

吃谭家菜，又多了一个挣面子、摆阔气的功能。

谭家菜如此之精美华贵，受人追捧，它是怎么个吃法呢？

据当时厨房帮工、今之谭家菜的掌门人彭长海讲，20世纪30年代，谭家菜最有代表性的燕翅席的程序是这样的：

十一位客人到齐，纷纷落座，茶罢各尽。

开桌先上"叉烧肉""红烧鹅肝""芙蓉干贝"等六个酒菜；斟酌

指点，初开味觉；

酒至二成，上头道大菜"黄焖鱼翅"。厚味醒人，滑爽尤宜。

温水漱口毕，上二道大菜"清汤燕窝"。浓而不腻，鲜而不淡。

接着上第三道菜"蚝油鲍片"或"红烧熊掌"。再试厚重，越嚼越香。

第四道菜是三斤重、一尺多长的"扒大乌参"。扒出滋味，吃出滋补。

第五道菜上"草菇蒸鸡"。鸡香菇爽，巧妙搭档。

第六道菜上"素烩银耳"或"三鲜猴头"。菌类极品，进补有方。

第七道菜上"清蒸鳜鱼"。鲜嫩爽口，非比寻常。

第八道菜上"柴把鸭子"。肥而不油，汤清肉香。

第九道菜"清汤蛤士蟆"。稀罕之物，原汁原味。

第十道是甜品，如核桃酪、杏仁茶，随上"麻茸包""酥盒子"两样甜咸点心。

宴毕，客人向主人道乏，互道珍重，散席。

食罢谭家菜，即便是饮宴无数、食遍中华的美食家，也不得不赞叹谭家菜把传承几千年的中国烹饪，推向了一个极致的高峰。何谓"食不厌精"？谭家菜回应了一个具体的答案。它的背后是谭氏两代人一丝不苟的孜孜以求和成功的实践。

俗话说，工欲善其事，必先利其器。这里，器自然是利的，更重要的是食材的纯正。没有地道正宗的原料，即便手艺再好，也做不出色正味香的菜肴。因此谭家做菜首先从原材料的正宗抓起。早先，谭家菜筹办宴席的用料都是谭家主人亲自到市场按照菜谱，选购最上乘的原料，一点不将就。比如，熊掌必选左前掌，据说，老熊经常用舌头舔这只掌，因而营养丰富，较为肥厚。鱼翅必选"吕宋黄"，鲍鱼当选"紫鲍"，吊汤的整鸡也非三黄鸡、龙门鸡、清源鸡不可。选料严格，从根本上保证了菜肴的质量。

谭家菜讲究原汁原味，不用花椒大料炝锅，出锅不撒胡椒面，焖菜时不续水对汤，保持原菜原汁。菜肴软烂全靠慢火细煨，忌用急火快炖，很少用猛火掂勺、翻炒的爆炒。因而谭家菜的烹饪手法主要采用烧、煨、焖、蒸、扒、煎、烤，以及煲汤等。谭家菜忌用味精之类的调味品，调味全靠精心调制的汤料来提鲜，尤其是烹制燕窝、鱼翅、熊掌一类山珍海味，更是离不开好汤煨焖。谭家菜的清汤是用整鸡、整鸭、猪肘子、干贝、金华火腿等上好原料熬制的。汤清味浓，调制出的菜肴自然鲜美可口。

谭家菜经营近二百种菜肴，名菜以燕窝、鱼翅、鲍鱼、海参等名贵海产滋补品为主，素菜、甜菜、冷盘和各色点心也很拿手。比如，它的拿手菜"清汤燕窝"，不用碱水涨发燕窝，而是反复用温水浸泡三小时，再用清水反复冲漂，非常仔细地摘除燕毛及杂物，而后将泡发好的燕窝放进大汤碗，注入半斤吊好的浓鸡汤，上笼屉蒸三十分钟，取出分装入每位客人的小汤碗，再兑入用鸡、鸭、肘子、干贝、火腿熬制的烧开鼎沸的清汤，每碗再撒上切得很细的火腿丝，香郁扑鼻的"清汤燕窝"即可上桌。这道汤菜用的是智慧，靠的是功夫，凸显了谭氏对食材的洞悉，烹制的精熟和口味的调剂。

高贵的燕翅鲍鱼自然精心制作，一般的饭菜也有精细可口的做法。荷叶饭，是用香稻米加入香菇丁、火腿丁鸡丁，用鲜荷叶包起来蒸，清香爽嫩，菜饭一家。焖面是用剩余的鱼翅汁与面条一起焖，把握火候，焦嫩适口。谭瑑青创造的"三片一起吃"简单而绝妙。他取一片去骨的鸭肉，上覆一片金华火腿，下垫一片去茎的福建香菇，上屉清蒸，三香融合，入口滑嫩。谭家菜自制的饭后甜品也令人难忘，如杏仁茶，是将甜杏仁加几粒苦杏仁用小石磨磨浆，兑入细腻的枣泥，烧开后饮用。杏仁香裹带着微微的枣甜，回味无穷。

谭瑑青的三姨太赵荔凤年纪轻，悟性高，早早下厨烹调，延续了谭家菜的治理，此后帮工的彭长海接过了谭家的手艺，使谭家菜在乱世中艰难经营并未凋零。新中国建立后，遵照周总理的建议，谭家菜进驻北京饭店，保存了中国烹饪这一扛鼎杰作，持续高位迎客。

如今走进米市胡同，人们驻步路西的南海会馆，或许还能想起康有为，至于胡同里的谭家菜，和胡同把口的便宜坊，知道的人就不一定多了。1927年3月21日，康有为在青岛寿终正寝，从此，他变法维新一生保皇就留下话把儿，让学者们争论不休；谭家菜和便宜坊虽然旧址不存，却留下美味美食，令今人大享口福，至于内里还是不是当年的"原汁原味"，那就另当别论了。

三、两种烤鸭一般香
1.焖炉烤鸭便宜坊

不久前，我们在一片大铲车的轰鸣声中，走进米市胡同北口路西一条东西的短巷，去追寻北京烤鸭的老根儿——便宜坊旧址，侥幸旧址犹存。那是一座被拆改得乱七八糟的两层砖砌木楼。楼面凌乱，骨架却挺结实，上下住着十几家人，大多是才来北京谋生的外地人，很少北京的原住户。好容易在二楼南屋找到一位五十多岁的东北人，他也是听人说，这儿原来是清朝卖烤鸭子的地方，还说，毛主席年轻时也来过这里。再有就是向我们打听什么时候拆呀？从墙头的砖花和剥落的油漆彩画看，依旧可以猜度出此楼昔日的繁华。

吃烤鸭，一直是北京人宴请亲友的常选，因为它口味香嫩，主副食并举，既不贵又实惠，很受欢迎。解放后，随着外事活动的频繁和旅游业的兴起，"爬长城、逛故宫、吃烤鸭"成了来北京旅游必不可少的三个节目。1986年在布拉格举办的第五届国际烹饪大赛中，北京烤鸭获得金牌，被誉为"世界第一美味"。烤鸭成了北京餐饮的代表作，索性以"北京烤鸭"冠名，一时跟风而动，各种名目的"北京烤鸭店"遍及国内外。

烤鸭的口味和吃法新鲜别致，厨房砖炉烤制，片切，配上作料，端上餐桌，顾客可以根据自己的口味要求，自己动手调作料卷包入口。这样，外国人自然喜欢吃，没吃过的中国人也争着品尝，几乎成为"国际通吃"。在北京，每逢旅游旺季，烤鸭名店的门前往往排起长队，游人饥肠辘辘仍然耐心地等候吃上一卷香酥的烤鸭。结果饿虎扑食，哪还顾得上品咂滋味。游者说，来北京一趟，怎么能不吃烤鸭呢，等一两个小时不算啥，吃不着那才遗憾呢！

烤鸭如此为北京增光，创牌子，倒要给北京烤鸭记一功。当然功之大者莫过于便宜坊和全聚德这两家著名的老字号，是他们延续几百年开发、传承、光大了这一菜肴，仔细想来，内中颇多意味，值得思考。

烤鸭为北京增光，得利于北京的天时、地利、人和，舍此，烤鸭无以今日之盛名。

中国人吃烤鸭，历史久远，早在西周时期就有"有兔斯首，燔之炙之"（《诗经·小雅·瓠叶》）的歌咏。可见，用火烤肉可能是人类最早吃熟食（肉类）的主要手段，燔之毛皮，炙之肉熟，这样入口才香，才安全，好消化。猜度三千多年前的周代或者有了很原始的"烤鸭"。此后，南北朝时的《食珍录》就有了"炙鸭"的记载，而且列为食之珍品，可见味道不错。到了元朝"烧鸭"一词就直截了当地闯进了大都人的生活，成为日常佳肴。这可以从元杂剧《看钱奴买冤家债主》和《金瓶梅》小说中见到。

在我的记忆中，很长一段时间老北京人不习惯叫"烤鸭"，而直呼："到全聚德吃烧鸭子去！"烤者，用火燎烧也。比如，京城过去有一种用火烤熟、外焦里嫩的发面小饼，就直名"火烧"，而沾上芝麻、和入芝麻酱的叫烧饼，吃来焦香可口，如果再来上酱肉或焦圈，那味道就更诱人了，远比面包抹黄油好吃。

烤鸭在京城的成名，要从便宜坊说起，有两种说法。

一是明初说。

1402年驻守北平的燕王朱棣以"靖难"之名攻入金陵（南京），夺取了侄子建文帝朱允炆的皇位，做了皇帝，改元永乐，并移都北京。1406年开始建造北京城，迁徙南京、山西、河北等地的民众充实帝都。就在北京城建造功成的前四年（1416），一家名之为"金陵便宜坊"南炉鸭店在宣武门外的米市胡同开业迎客，店主是金陵人，制作的南炉鸭用的是金陵闷炉手法，很受北迁的南方人欢迎，渐而吸引了各地迁京的顾客，生意兴隆。据说，嘉靖年间，住在宣外砟子桥（今达智桥）的兵部员外郎杨继盛，时常到这儿吃烤鸭，还给饭馆题写了"便宜坊"牌匾。后来名将戚继光也经常光顾便宜坊，留下过墨宝。

如此说来，米市胡同的便宜坊延宕至今已有小六百年的历史了。

二是康熙说。

大清康熙盛世，京城繁华。有家南方人怀揣发财的梦想，来到北京谋生。一家落户在宣武门外米市胡同北口，开了个宰杀鸡鸭的小作坊。那时候，歌舞升平，京城内外的饭馆买卖分外兴旺，开一家火一家，满街飘荡着酒肉香。饭馆多，催生了每日供应饭馆鸡鸭鱼肉、瓜果蔬菜等食材原料的专业户。这家人以宰杀鸡鸭为业，天不亮就要赶到邻近的菜市口去挑选上好的活鸡活鸭，买回来屠宰，拔毛放血清理内脏，收拾洗净控干码放齐整，而后赶早送到各大饭庄酒楼，保证人家使用。因为他们宰杀的鸡鸭干净漂亮，送货及时。很多大饭庄点着名地让这家南方人送。可小作坊只顾干活，没名字。有家大饭庄的账房先生说，你们这个小作坊给我们送的鸡鸭，既方便又适宜，干脆就叫便宜坊吧！说句题外话，早先，北京人把方便随意叫"便宜"，不是表示价钱很低的"便宜"，因此，"便宜坊"正解应是方便随意的饭馆，而不是价格低廉的小酒铺。当然，今日便宜坊金匾高堂，标有星级，那价格早已远超昔日了。

话说回来，便宜坊的买卖越做越大，掌柜的又想起老家的焖炉烤鸭和用高帮深锅焖煮的小鸡，制成了香嫩的烤鸭和桶子鸡，连同收拾干净的生鸡鸭一并送到酒楼饭庄，烤鸭和桶子鸡（又名童子鸡）更受客户的欢迎。便宜坊生熟两做，业务大增，眼看着财源滚滚而来，却人手短缺，供不上货，生意有断档的危险。掌柜的万分着急，赶忙招收帮工。怎奈宰杀鸡鸭的活儿又脏又臭，挑担送货的差事又苦又累，挣不了俩大，闹得腰酸腿疼，一身腥臭，这碗饭不好吃，许多人望而却步，没人应声。

老话，天无绝人之路。可巧，便宜坊隔壁住着个山东荣成人，靠每天蒸几屉馒头走街串巷叫卖为生，日子也还过得去。前两月来了个小老乡，十二三岁，叫孙子久，投奔他找口饭吃，正没辙呢。两家一说合，孙子久就高高兴兴地把小铺盖卷儿搬过来了。山东人能吃苦，别看孙子久岁数不大，却聪明伶俐，朴朴实实。每天起早贪黑烧火做饭，哄孩子喂鸡鸭，挑挑儿送货，不论是家务事还是作坊活儿，样样干得干净利落。掌柜的身上轻省了一大半，打心眼里喜欢这孩子。

三年零一节学徒期满，孙子久不光精通了鸡鸭店的样样手艺，而且在经营上还帮着老掌柜出了不少好主意，比如，坚持高质、低价、服务周到的营销方针，既扩大了销路，也赢得了便宜坊良好的声誉，就连城里的大饭庄也跑来订货，一些大宅门的厨房也不时地订几只烤鸭、童子鸡摆上家宴。仗着孙子久年轻力强，买卖还能支应。不想老掌柜家运不顺，宝贝儿子得了鼠疮脖子病，脓血不止，有人说是屠宰鸡鸭的报应。老掌柜心里害怕，哪还顾及买卖上的事，就把便宜坊倒给了孙子久，一家人回南方老家了。这一下孙子久可以放开手脚大干了，他从老家荣成找来十几个身强力壮肯吃苦的乡亲，量才而用，有的学宰杀，有的炉前烤制，有的上街送货。荣成人在家里苦惯了，来到京城，再累的活儿也不在话下，高高兴兴，越干越欢，便宜坊的烤鸭"飞"遍京城。

便宜坊的烤鸭红了，有些眼热的人便打起"便宜坊"的主意，改头换面挂出"六和坊""天德居鸡鸭店"等牌子在花市、东单等地争着卖起了焖炉烤鸭。咸丰五年（1855）有个姓王的出资人，用高薪从便宜坊挖出刘伙计等人，在前门外鲜鱼口西口路北开了间"便意坊盒子铺"叫卖正宗焖炉烤鸭。牌匾同音不同字，叫着一样，加了"盒子铺"，比"手工作坊"升了一格，发展成兼卖各种熟肉制品的"盒子铺"。仗着地点好，货又全，烤鸭地道，生意很是兴隆。后来米市胡同的便宜坊垮了，鲜鱼口的便意坊硬是和邻近肉市的全聚德烤鸭店比翼齐飞，坚持到今天，而且字号还原为便宜坊焖炉烤鸭店，收回了挑着盒子外卖、不坐店的经营方式，丰富了餐饮酒席，让今天到京的中外人士依旧可以品尝到传承了600年的南炉鸭。

2.挂炉烤鸭全聚德

到北京吃烤鸭的人，都知道全聚德，仿佛独家独大，并无别号。早先起家的便宜坊，反而鲜有人知。至于两家烤鸭用的是焖炉，还是挂炉，更是少有人打听。不过，全聚德近150年的发展历程，虽有起伏，却趋势上扬，后来居上。又多亏解放后的推崇，终于把烤鸭捧入世界美食之林，发扬了中国烹饪的夺目光彩。

水有源头树有根，创建全聚德这份家业的领头人叫杨寿山，字全仁。他是清咸丰年间人，老家是河北省冀县杨家寨。本来，这一家几口，守着几亩薄地讨吃讨喝，也还能饥一顿饱一顿地过得去。不想一场天灾把老杨家逼到了没吃没喝的绝路。冀县离北京近，都说北京城是个可以满地捡银子的花花世界。杨全仁就随着几个老乡直奔京城，借住在崇文门外兴隆街的弘福寺里，四处踅摸着找活儿干。

兴隆街东西向，在前门与崇文门的南面，属外城，东口是崇文门外大街，往西直通鲜鱼口前门外，北面紧靠东西打磨厂，是个饭馆、旅馆、妓院、货栈、商店接二连三的繁华地界。杨全仁注意到吃鸡鸭的人多，收拾鸡鸭这宗脏活、累活儿的人少，就在前门外支了个摊儿，专门出售宰杀干净的鸡鸭和猪肉。仗着庄户人的勤快、本分、和气，他卖的肉不单新鲜、干净，准斤足两，而且有求必应，服务周到，很受顾客待见。自此，杨全仁的肉摊儿红火了，他就有了收摊进店的打算。可巧在肉市广和楼南边有个叫德聚全的杂货铺买卖不好关张歇业了，急着要把铺面顶出去还账，杨全仁挺喜欢这个铺面，又担心风水不好走德聚全关张的老路，就偷偷请了个风水先生四周围转了转。先生说，风水不错，你看德聚全坐东朝西，前后临街，南北两边有两个一间门脸的小铺子，再往外是两条笔直的窄胡同，好比是轿杆，四街拱卫，抬着德聚全往前门大街走，稳稳当当，平步青云，越来越好。错就错在主人背时，字号犯忌。名不正，则言不顺；言不顺，则行不果。"轿子"黑了，还有个好？

杨全仁赶忙请教。风水先生解释道，一个人积德是一辈子的事，多多益善，哪有个聚全的时候？买卖所得，也如是。财源滚滚，多多益善，没有个聚全的顶峰，真聚到顶，也就该垮了。杨全仁忙问，那我这个小店该叫个什么字号呢？风水先生笑了笑，说，你先把德聚全顶下来吧，字号好说。

房子顶过来，买卖快开张了，杨全仁把风水先生请到肉市北口路东的正阳楼，至至诚诚地请风水先生吃螃蟹，喝黄酒。酒过三巡，菜过五味，风水先生从兜儿里掏出一个信封，递给杨全仁。杨全仁小心翼翼地抽出信瓤打开一看，洁白的宣纸上写着"德聚全"三个大字。杨全仁一愣，风水先生一笑，说，字一样，"德聚全"，但念法不同，要倒过来念"全、聚、德"。他解释说，买卖靠人气，人气靠品德，质高为品，积善为德。外面的顾客、内里的伙计全聚在你的店里求得，你何愁不人聚财旺呢？更何况你的名字里，还有个用"全"字来求"仁"的意思呢！

第七章 众口难调也能调的老饭馆

清同治三年（1864）全聚德鸡鸭肉食店在前门外肉市路东开张了。肉市卖肉，得其所哉，他既卖鸡鸭，又卖猪肉，生的开膛破肚，拔毛取脏；熟的酱煮吊烤，滋味浓厚。杨全仁日夜不闲，心思却被邻近便宜坊的南炉鸭钩住了。他卖的熟肉是按照北方人的老方法加作料炖出来的，软烂香滑，色重味厚，没有南炉鸭的香酥爽脆，而且就着薄饼作料吃烤鸭也多了趣味。但焖炉烤鸭要求较高，且出炉慢，忙了跟不上趟。他想能否把鸭子像烤小猪一样挂在火炉上烘烤？明火烤，易于把握火候，挂一排，出炉也多。经过反复试验，杨全仁的挂炉烤鸭成功了，色香味全都合格。人们听说肉市全聚德用挂炉烤出的鸭子一样香酥，纷纷前来订购，全聚德的烤鸭"飞"起来了！

从前，京城管卖熟肉的铺子叫盒子铺，因为店铺可以让小伙计用提盒把顾客预订的熟肉送到家。那时前门大街经常可以看到穿着蓝布裤褂、围着白围裙的"小力笨儿"（学徒工）提着椭圆形提盒，口喊"借光！借光！"一路飞奔的景象。全聚德由摆肉摊到开肉铺、盒子铺，继而实验成功挂炉烤鸭，一路不歇闲地"借光！借光！"步步跟进，在前门大街获得了自己体面的地盘。

宣统二年（1910）全聚德原来的小门面左充右扩，盖起了两层灰砖小楼，南北傍着两条窄胡同，四街围护，真的坐上了一顶八抬大轿。一拉溜儿三间灰砖门脸，干净朴实，上嵌三行灰砖勾线浅雕牌匾：中间"全聚德"，北面"鸡鸭店"，南面"老炉铺"，铁花勾杆吊着两块不大的长方招牌，黑底金字："随意便酌""包办酒席"。没有金字大匾的炫耀，没有高台阶的威吓，让人走到门前，自自然然地拾阶而入，亲切、可心。一楼大堂里摆了十几张桌子，那是给散座预备的，总可请进五六十位。楼上是十几个清雅的单间，晤谈品尝十分惬意。

店里坐镇的当家菜自然是挂炉烤鸭，新盘的大烤炉，膛大通风火力旺，精选的鸭坯，从孵养到宰杀，准100天5斤重。燃料必是好果木，果香、木香、肉香被炉火烘烤，混化出一种焦甜香味，逗人馋虫。民国期间，店里又从天津夙有"鸭子楼"之称的登瀛楼，聘请鲁菜名厨吴兴裕来店掌灶，一时吃惯了烤鸭的主儿可以换换口味，尝尝"清蒸芦鸭"的鲜味和"乌鱼蛋汤"的厚重。或者舍去烤鸭，专点"扒大虾""黄焖鱼""烧海参"，一品鲁菜正宗。

孔夫子说的"食不厌精"，全聚德有新的诠释。不止于烤鸭一门儿精，还要融中国烹饪之技艺，从一只5斤重的鸭子身上，开发出一桌以烤鸭为主菜，凉碟儿、炒菜、汤盆儿道道精美的全鸭席，其中芥末鸭掌、卤鸭肝、火燎鸭心，味道十足，尤为可口。

记忆中至今珍存着当年全聚德堂倌那亲切的笑容。从一进门迎来堂倌真诚的笑，到让进、落座，递洒过花露水的热手巾把儿，送过香茗，一直和气地微笑着，而后轻声问："用点儿什么？"现点的鸭子用托盘端上，同时送过一管蘸墨的毛笔，请顾客在洁白的鸭坯上写字。烤好后，娇黄油亮的鸭身上字迹宛在。

鸭香、菜美，还有那始终伴着微笑的周到服务，凝聚成一个亮丽的品牌："全聚德"。

四、"砂锅白肉"，居、家皆然

五方杂处的北京城，宽容天下人到这里圆梦。自然也宽容天下人把各自家乡的饮食习俗带到北京。因而京城的食谱，东南西北中，古今中外通，广博兼具，水陆杂陈，可谓只有想不到的，没有吃不到的。还有一宗，帝王主国，也主吃，引领一朝吃风。何故？上有所好，下必效之。很可能在这一好一效之中，就成就了一道名菜。比如砂锅居的白肉。

满人入关前，每逢祭天、祭祖、奏凯时，必宰杀白马黑牛（寓意天地）、祭告上苍，祭后架锅，白水煮熟，分而食之，内含"有福共享、福祚绵长"之意。后来，三牲去其二，留下白猪作为全权代表。

顺治入关后，住进了紫禁城，后三宫的坤宁宫本来是明朝皇后的正宫，清代进行了改造，东暖阁作为皇帝大婚的洞房，康熙、同治、光绪都曾在这里完婚。西暖阁改为皇家祭祀的场所，内设硕大铁锅，就是为祭祀时煮白肉用的。白肉，是指白煮的猪肉，不加作料，不上色，原汁原味，后来为去腥味，加了花椒大料，不掩猪肉的浓香。

清初立国，顺治帝福临为了警醒族人不忘本，守住打江山的奋斗精神，保留了君臣苦战时同吃的白肉、苏叶包等习俗，有点儿君臣同吃"忆苦饭"的味道。每年正月初二，宫中做"白活"的厨师，用酒把无一丝杂毛的纯白猪灌醉，在轻柔抚摸间猛然拔刀，直捅醉猪心脏，一刀毙命。而后在坤宁宫西暖阁大锅中煮熟，分享朝会恭贺春节的群臣，与后宫妃嫔王子女，名曰吃"晶饭"、吃"神余"。同时将碎肉、颈骨、老米放进院东南"祖宗杆子"上端的供盘中，让早已等候的乌鸦群衔走，寓意告达上天。

皇宫如是，王公大臣家，乃至殷实的旗民家也照方抓药，宰猪白煮，惠及友邻，福佑四方。原则是"不请、不接、不送、不谢"，谁吃都行，吃完就走。白吃的信号是，只要听见这家锣鼓齐鸣，天上的鸦群飞奔"祖宗杆子"上的供盘，这时，街上行走的任何人都可迈门而入，端起桦木盘、筷，拣食锅中的白肉，甩开腮帮子吃，吃得泰山不卸土才好。因为，吃得越多带给主人的福分越大，因而京城留下了"吃白食"的话把儿。

白煮的猪肉不放作料、不就调料，并不好吃。得了荣华富贵，尝过南北大菜的旗人老官儿们，谁还有心吃那肥肉片子？皇帝赏赐，不敢不吃，就有聪明人从家里带来沾满酱油汁的油皮，用来擦自带的切肉的小刀，白肉蹭上酱油自然味道香郁，食之有味了，末了，连那油皮也吧嗒吧嗒嘴吃了个干干净净。

据说，当年位于西四牌楼南边的定王府把祭日过后剩余的白肉，给了值更守夜的更夫，他们就近在王府后门缸瓦市街面开了个酒饭铺，支个大砂锅卖王府剩余的白肉。因为这儿的白肉皮薄肉嫩，肥的不腻，瘦的不柴，且斤两足，价不贵，招惹得嘴馋的人蜂拥而至，怎奈数量有限，就一锅，因而留下了"砂锅居的买卖——过午不候"的口头语。

其实祭天、祭祖用白肉，古已有之，叫"胙"，《左传》有记载。过去老北京人过春节，在供桌正中，总要摆上一盘五寸见方的白煮的五花肉，上蒙红福字剪纸，插一把精美的小刀，供神灵享用。顺治爷进京，歪打正着，把吃白肉推广到民间，成了京城一道风味菜了。

砂锅居没有故步自封停留在卖"神余"上。创制了用油炸下水，制成五花八门的"烧碟"，如炸肥肠、炸卷肝、炸鹿尾。用火燎生肉，稍带糊焦后再煮，名曰"糊肘"，肉香迥异。就是精选的白煮肉片，可以蘸用酱油、麻油、辣椒油、蒜蓉调和的调料吃。小砂锅系列既有白肉、白菜、粉丝、海米、口蘑同炖的"砂锅白肉"，也有"砂锅丸子""砂锅三白""砂锅下水"和烩酸菜、烩酸菠菜等独具东北风味的菜肴。

起自白山黑水的满清王朝远去了，砂锅居依旧顾客盈门。而京城人家到了冬季，时不时地会支起自家的白砂锅，既不祭天，也不祭祖，而是把吃酸菜白肉，猪肉炖粉条，当做一件时令菜肴，吃得酣畅淋漓，一醉方休。

五、二荤铺"灶温"的"温"

老北京的饭馆分三六九等，三六九等的饭馆，伺候着三六九等的老北京人。

档次不同的饭馆，起名字也有区别：高级的叫饭庄，普通的叫饭馆儿，低等的叫饭铺，最简易的摆在马路边儿、胡同口的叫饭摊儿。这似乎解决了"众口难调"也能调的问题了，原来"调"的要害，不在"味儿"，而是兜里有没有足够的银子。您想啊，连糊口都成了问题，哪还能顾及到调什么"味儿"？

同一等级的，内里又有许多讲究。

饭庄，有冷热之分，热饭庄热锅热灶，常年营业，炉灶老是烈焰腾腾，终年不息。冷庄子自然冷，虽然有厅堂，有家伙事儿，设备一应齐全，但平时不营业，只有在有喜庆宴会的时候，才约请熟悉的厨师和服务人员赶来忙活，应酬完了各归各处，冷庄子是随叫随到的临时组班式。后来，不少冷庄子也"热"了，也有彻底冷到无人过问的。市场说了算。

低等的饭铺中，有一种"二荤铺"很有意思。"二荤"怎么讲？有的说是指猪肉、羊肉两种荤腥，也有的说是指猪肉和猪下水（内脏），理由不充分，很难服人。多数人认为是指可以自带"来菜儿"来店加工的饭铺叫"二荤铺"。比如顾客自带俩凉窝头，让店里加上葱花、虾皮炒一炒。伙计赔笑，满应满许，接过"来菜儿"，不一会把一盘金黄喷香的炒窝头端上桌。结算时，只收您几个加工钱。如此，本店炒菜算一荤，炒"来菜儿"算一荤，合起来，"二荤"。

在京城，二荤铺大行其道，广布街头巷尾，最接近底层百姓；物美价廉，方便顾客，最受民众欢迎。通常二荤铺门面不大，靠门口挤个大酒缸，木板缸盖就抵半拉桌子，一使两用。屋子间量一般不大，摆不了几张桌子，却显得紧凑亲密。没有菜谱，也没有燕窝鱼翅之类的高档菜，只凭顾客口点"木须肉""熘肝尖""干炸丸子""素烧茄子""醋熘白菜""炒土豆丝""焦熘咯炸"……伙计一一点头心记，一顿简单实惠、美味可口的饭菜就此齐活。要喝酒，预备的是黄白两种，散装随意，物美价廉，主食有斤饼、斤面、花卷、馒头。

说到面条，那是二荤铺的一绝。北京人爱吃面，可口、顺溜、花样儿多，干的有炸酱面、芝麻酱面、炖肉面、扁豆焖面、肉丝炒面；稀溜带汤的有卤面、汤面、烩面……面码的样儿更多，萝卜、黄豆、豆芽、菠菜、白菜、胡萝卜、韭黄、蒜苗、青蒜、糖蒜，等等，颜色多，味道鲜，佐以拌面，香美之极。二荤铺贴近了寻常百姓，为他们就近安排了吃着顺口、热火、美味而且便宜的家常饭。

别看二荤铺档次不高，它也照样出名，挂在名人雅士的嘴头上。

20世纪80年代，天津文物收藏家张叔诚先生来到北京，一来是应邀参加国家文化部在故宫为他和周叔弢先生举办的捐献珍贵文物藏品展，二来是看望他的女儿张茂滢女士和女婿金友之先生。一天中午在交道口康乐餐厅二楼吃康乐的名菜"桃花泛（饭）"，他告诉我，当年"康乐"也和"谭家菜"一样，是私家的小餐馆。厅室不大，只一两桌，但

东单饭馆

布置得很静雅，要提前预订，主人亲自主厨，菜做得很精致。主客相聚，气氛融洽，完全没有街面饭馆的喧闹，像家一样，京城名贵都喜欢来这样的餐厅。还有"灶温"，每次到隆福寺逛庙会，都忘不了去"灶温"吃一碗那里的烂肉面。说到这儿，他停箸拢住了话头，两眼望着窗外，若有所思，有顷，慢慢地说了句"真好啊！"

我一直很惊异张老吃过那么多南北大菜，出入高档酒楼饭庄，何以对一个二荤铺的"烂肉面"如此恋念呢？

后来，金友之老师跟我讲起了"灶温"的身世。

清嘉庆年间，有个姓温的山西人在东城隆福寺街开了个小杂货铺，本小利微，卖些针头线脑油盐酱醋什么的，方便邻里，没多大赚儿，但能维持。光绪末年，小杂货铺传到温思洪手上，他寻思开了，隆福寺与护国寺自打明朝以来就是皇家的东、西两座大庙，到如今，每月逢一、二、九、十开市，一个月有12天庙会，北京城的百姓蜂拥而至，看杂耍，买日用品，连玩儿带采购，其乐融融。还有一宗，隆福寺街是京城著名的文化街，古玩店、古书店一家挨一家，就连皇亲国戚、官宦士绅都赶到这儿掏换古玩古书小玩意儿，守着这么一条闹市旺街，何不把细水长流的小杂货铺改成人来人往的二荤铺呢？

温思洪想到点儿上了。

庙会不是一时半会儿就能逛完的，逛饿了怎么办？有钱的讲究主儿，可以走进街面上的福全馆，摆桌，吃一顿纯正的山东大餐，要不就去街上的白魁老号品品味儿正、馋人的烧羊肉。要是图省事又便宜呢，那就买半斤烙饼，找个豆汁儿摊儿坐下，来碗烫心的热豆汁，干稀搭配，咸菜白吃，管够。如果又想吃着顺口随心，又花不了几个钱，那就只有去二荤铺了。

温思洪占了隆福寺的"地利"，但他不忘追求"人和"。买卖人求人和，除了笑脸相迎，服务周到以外，最要紧的是经营的货品做到物美价廉，让顾客货比三家之后，认准"就是这家好"。

温思洪在经营饭菜的品种、质量、分量上下足了功夫。因而，小饭铺一开张，就成了隆福寺街的一景。不少人先是图新鲜，进来尝尝，一碗烂肉面不单量足，肉多、味儿浓、汤汁儿香腻，而且价钱也比市面儿上便宜两成。炒菜也好，预备得齐全，炒得色香味俱佳，比如烧茄子、溜饹馇、摊黄菜、炒蒜苗……做得地道，价钱却不高。也有拿来半斤干烙饼请烩烩的，不成想做得的那碗烩饼，油汪汪的香气扑鼻，还飘着几叶嫩绿的青蒜。就有从白魁老店买来半斤鲜羊肉的，小伙计拿进厨房，不一刻，换回一盘满屋子飘香的爆羊肉，真是"人叫人千声不语，货叫人点手自来"。一时，逛隆福寺的人，又多了个"节目"：中午到街里的二荤铺吃饭。小饭铺从早到晚，搭了连桌，哪儿还有时有晌？

温思洪嘱咐伙计，无论多忙多累都不许慢待顾客，每个进门的客人都是财神爷，就是一个大子儿（一分钱）的买卖，也要实心实意地做好，让客人满意。许多权贵名门的下人，赶车的、跟班的、老妈子、使唤丫头，都乐意跟着主子逛东庙，为的是趁主子摆宴的功夫，来这儿吃碗烂肉面。主子听说后，觉着新鲜，也赶过来凑热闹。哪想这味儿果然比馆子里的味儿强。再看那一屋子笑逐颜开的食客，哪有个贫富贵贱之分，在热气腾腾中，笑语声声，其乐融融，心里那个痛快！这使人想到，老北京人常说的那句"肉烂在锅里"，它或许能破解某些人在名利面前分斤掰两的狭隘心态。

说起"烂肉面"，那绝非是把一锅烩的"烂肉"，随便地泼洒在一碗碗煮好的面条里的"处理货"。看似名声不高、价格很低的一碗面，也有精细的手艺和用料在里面。烂肉面也属卤面，高汤打卤，少不了黄花、木耳、香菇、蘑菇、玉兰片，只是这些作料比较零碎，不似正宗肉片打卤面那么整齐好看，但材料纯正，一丝不苟。用的肉是炖烂了的拆骨肉，比肉片、肉丝香味儿更足。面条是现吃现押，一锅顶着一锅煮，不混汤，不沱面，面条一根是一根，利利爽爽。烂肉面的神来之笔是一碟儿烂蒜，猛烈的蒜香掺进浓厚的肉卤香，再加点儿山西老醋，那浓香的味儿刺激得胃口顿时大开，恨不得风卷残云，一口吞进。因而烂肉面成了小饭铺的当家菜。

人们进进出出小饭铺，却没注意这个二荤铺没挂牌匾，没起个字号。

有人想起，天寒地冻的"三九"天，小饭铺门前那个煮面条的大土炉子周围总是围着一群披着报纸水泥袋的叫花子。一问才知道，落灯晚的时候，温思洪不让小伙计把炉火封得太死，留下余火，给无家露宿的人围炉取暖。

有人忽有所悟：掌柜的姓温，买卖待客如春，炉灶的余火暖人，小饭铺的字号有了，就叫"灶温"吧！

于是，街面上流行起一首民谣：

　　隆福寺街说灶温，烂面白细卤汁醇。

　　后堂以内刀勺响，食客都是一般人。

第八章
京剧的摇篮
——北京的老戏园子

梅兰芳《贵妃醉酒》

小京纪实
老北京梦寻

人生多梦，生活多彩，都系着一个挺有分量的字眼：爱好。

这是因为，有爱才有追求，也才有梦想；而生活万端，魅力无穷，又总能以其一端，吸引人们投之以爱。可以说，人人有爱好，爱好的内容、深浅和结果各不相同。

然而，细细追究，爱好为何物？它是不是就等于喜欢？

比如说，我爱京剧，那意思就是喜欢听、喜欢看；听了，看了，高兴了，也就完了。而说我爱好京剧，爱字后面加了个"好"，意思就深了。"好"，除了喜欢以外，还有个投入的意思，比如票友，除了爱听、爱看，还爱唱、爱演，投身其中，亲自体验京剧内在的美，高呼"过瘾"！所以，爱好远不只一个"爱"字了得，它不仅丰富了生活，寄托了情感，启迪了心智，而且有助于事业的开发，对社会做出贡献。世界上许许多多卓有成就的大家，不就是由偶然的感兴趣，而爱、而好，走上事业有成的康庄大道的吗！

京剧，是我此生矢志不移的爱好之一，助我多多。

在我懵懂无知的童年，京剧教我知历史、辨忠奸、识五彩、习五音，到了如醉如痴的地步；懂事以后，看的戏多，交的同好多，就想调调嗓子"喊"两段，穿上、扮上、票一出，过过戏瘾。那感觉，忘乎所以赛神仙！大学毕业参军，分配做文化工作，鬼使神差地竟写起了京剧剧本，编演了大型现代京戏《新的一课》，获得总政治部文化部和空军政治部文化部的创作奖,在驻京三军机关部队巡演,俨然进了门,入了行!

当然,命运使然,最后我还是我,没蹭上祖师爷这碗饭,不过京剧伴我生活,给我欢乐,助我明事辨理,没亏待我这个爱好者!

回想我与京剧结缘,首当得益于我打小生活在前门外,离戏园子近,小伙伴多是梨园子弟,张嘴"劝千岁",伸胳膊"拉云手",不由得受了熏染。再一个就是可以混个"梨园家属"的身份,堂而皇之地去戏园子蹭戏,日场蹭完了,还有人接到"都一处"吃烧卖。吃饱了回来接着蹭夜场,一天长在戏园子。只是苦了位子里的书包,让它替我在教室值班听讲,这自然是旷课。老师没收了书包,通报家长,回家必不可少地领受一顿掸子把子。不过这一打,戏记得更瓷实了。20世纪60年代,我跟杰出的京剧小生演员叶盛兰先生,说起我小学二年级在粮食店中和戏院为听《群英会·借东风·华容道》而挨打时,他拱手抱拳"道歉",直说:"我要知道,一定到府上为您讲情!"说罢我们相视而笑。

一、没好角儿就没有京剧

京剧,一度被称为"国剧""国粹"。此言不虚。当年梅兰芳率团出访日本、美国、苏联时,轰动世界,梅兰芳被美国沙摩那大学和南加利福尼亚大学两座大学授以文学博士。京剧写意的表演形式和丰富的内容,在世界舞台上独树一帜,专家说它可以与德国的布莱希特、俄国的斯坦尼斯拉夫斯基并列为世界戏剧三大表演体系。

新中国建立后,每凡隆重出访,或者迎接贵宾,安排晚会总是派出《秋江》《三岔口》《闹天宫》《雁荡山》等折子戏打头阵。锣鼓齐鸣,花团锦簇,惹得外宾目不暇接,啧啧称赞。直到今天,电视晚会仍忘不了"唱脸谱""打出手",让一台扎着靠旗的"穆桂英"们,舞之蹈之,哄抬气氛。甚至,巴黎街头的"中国年",也少不了京剧小演员的跑圆场。凯旋门下,一街光影交错的花花绿绿,法国人高兴极了。

如今重用京剧,仿佛是看中它五颜六色的服装、千奇百怪的脸谱和紧张火爆的开打,却慢待了它的"唱、念、做",尤其是疏离了戏曲演员的刻苦求艺和独立创新求变的精神。实践中少了"爱戏如命"的执著和敢唱"对台戏"的拼争。只养不放,成了仿制流派的"摆饰",似是而非,丢了真神。

我不由得想起当年前门外鳞次栉比的戏园子,家家锣鼓齐鸣,"角儿"们使出浑身解数招揽听众。唱老戏的讲究"味儿浓",如陈年老酿;创新戏的讲究"味儿鲜",似五月仙桃。这样,梅兰芳也排演起时装戏《一缕麻》,马连良更向山西梆子学习，上演了《串龙珠》。一时京城舞台争奇斗艳，花满枝头。竞争，不光是适应票房的需求，更为演员挖掘潜质、大显身手创造了难得的机遇。

说到机遇，都知道京剧的诞生契机是乾隆帝庆寿，四大徽班进京。

太平盛世，自然歌舞升平。偏巧乾隆五十五年（1790）九月二十一日，志满意得的万岁爷要过八十大寿。一时朝野轰动，敬献厚礼。朝廷命浙江盐务大臣筹办庆典大会，福建总督伍拉纳特胸有成竹地叫他儿子亲自率领安徽三庆徽戏班进京供奉。

原来，明中期，昆山的魏良辅改革了昆腔，突出了南曲的轻柔婉折的曲调，辅以婀娜多姿的舞段，离情幽怨的故事，很适应宫廷君臣后妃的胃口。一些文人投其所好，编写情爱缠绵的本子，赚得帝后的欢心，昆曲渐渐脱离了民众，坠入靡靡委顿之音。而世间花部蓬勃兴起，徽腔、汉调、梆子、高腔进入民间戏台。高亢嘹亮的唱腔，丰富多彩的表演，追应时事的剧目，很容易地赢得了民众，甚至渗进官宦士绅的赏乐中。三庆徽班凭着17岁旦角高朗亭勾魂摄魄的表演，清新爽朗，一炮打红。自此，四喜、春台、和春等十几家徽班相继进京，落户在前门外韩家潭一带，留下"人不辞路，虎不辞山，唱戏的离不开韩家潭"的说道。

十几家徽班进京，面临激烈的竞争。好在中国戏曲既有程式严格的一面，又有任其自由发挥的表演空间。所以四大徽班进京比试，扬长避短，别开生面，各自赢得了一拨钟情的观众。观众总结出："看戏要看三庆的轴子（连台本戏），四喜的曲子（唱腔悠扬），和春的把子（开打火爆），春台的孩子（小演员活泼可爱）。"随着时间流逝，舞台换演，经过几代演员的探索、磨炼，终于实践出以西皮、二黄为主要声腔，以"唱念做打"四功和"手眼身法步"五法为表演基础的京剧艺术。

京剧的艺术魅力，首先是由一代代杰出的表演艺术家创造的。因此，在京剧艺术发展史上，标榜京剧艺术精华的是演员，以及他们创建的流派，并不是作家和导演，所以京剧史上有"同光名伶十三绝""四大名旦""四大须生"之说。如此，舞台就是锻造杰出演员的沙场；观众就是指导演员成长的老师；戏园子，正是观众与演员共同培育剧目硕果、推进京剧发展、进步的园地。戏园子的社会作用不可小视。

北京是京剧的发源地，老戏园子承载过京剧二百年发生、发展的历史。一座老戏园子就是一部书：在这里，艺人们忘不了炸雷般的"碰头彩"；观众记着"义务戏"的名角硬整、戏码精彩！北京的老戏园子，曾经是城市不可或缺的一道风景，老百姓生活里少不了的一部分。这些戏园子，绝大多数聚集在南城的前门大街左右，眼下论资格、排辈数，要数广和楼最老，故事也最多。

二、北京人别忘了"广和楼"

前门五牌楼东面，有条街叫肉市，当年是外城集中卖肉的小市场。后来肉市不见了，演变成饭馆一条街，出了名扬全球的烤鸭店全聚德，和历史最早、对京剧做出巨大贡献的老戏园子——广和楼！瞧瞧，肉市这条不足一里地的短街，竟然高峰迭起，秀美无限，除了享口福、大快朵颐的饭馆，还有饱眼福、大长精神的戏园子！

当年形容肉市繁盛的竹枝词说：

高楼一带酒帘挑，笋鸭肥猪需现烧；日下繁华推肉市，果然夜夜似元宵。

抗战胜利后，绵延近三百年的"广和楼"一片瓦砾，空空荡荡，与南边全聚德灯红火亮的兴盛景象相比，倍觉凄冷。眼福让位给口福，到底还是眼争不过嘴！此时我住在北布巷子的柜上，离广和楼只几步的路。放了学就跑到这里，背着书包爬上瓦砾堆顶，一边听着前门大街的吵闹，一边猜想当年"广和楼"日夜两场的盛况。日子长了，街口有个挎篮卖花生瓜子的老者，看出了我的心思，一五一十地跟我说起了广和楼的故事。

明朝那时候，前门大街是黄土垫道、净水泼街的"天街"：皇上出宫祭天、出巡的大道。街很宽，没有现在肉市和珠宝市这两溜南北的店房，路边有树。天桥一带还有辽金时候留下的水道，荷红柳绿，画舫轻摇，风景美着呢！有个管盐务的查老爷就在路东空地辟了花园，盖了戏楼。城里头住腻了，就出城到自己的花园听戏、赏花、散散心。

清初，顺治爷把汉人都轰到外城了，前门大街成了闹市，摆摊卖东西的挤满了街边。查家看有机可乘，就把花园改成了对外营业的"茶园"。这一招砸得真准！查楼着实地成了京城的亮点，踏青、会友、听戏、议事……纷纷攘攘走进了查楼茶园，前门外更热闹了。

明灭清兴，查楼茶园照样地"风雨无阻"、准演"吉祥新戏"。康熙曾到此看过戏，并赐台联："日月灯，江海油，风雷鼓板，天地间一番戏场；尧舜旦，文武末，莽操丑净，古今来许多角色。"康熙二十八年（1689）孔尚任的《长生殿》在此演出，适逢佟皇后丧葬期间，触犯禁忌而掀起了一场风波。这是一次堂会性质的演出，观剧者最后受到革职和革去国学生籍的处分。康熙年间，它遭了回禄，不过

火烧旺地，很快开工重建，改名广和楼茶园。

为什么戏园子非要叫"茶园""茶楼"呢？就是因为那时候，当权的、念书的都以为戏曲比不得四书五经、《资治通鉴》，是扯闲篇儿，茶余饭后解闷儿的"玩意儿"，不能和正统的经史子集相比，不拿正眼瞧它。所以到茶园叫"听戏"，而不叫"看戏"。人是隔着茶桌脸对脸坐着，一只耳朵对着舞台，扭过头才能看见舞台上的表演。侧着身对坐表示重在喝茶、说话儿，不拿眼皮夹你唱戏的！听戏不过是捎带手的事儿。后来，戏曲凭着演员的艺术魅力，到底征服了观众，听戏的只得把座儿搬正了，面对舞台，喝茶退为次位。

同治光绪时期，京剧兴起，广和茶园地点好，来看戏的人多，查家就扩大了舞台和池子，全场能容八九百人，在京城里数一数二。光绪二十六年，广和楼又着了把大火，重建后，查家无心经营，就把园子倒给了白薯王家，王静斋，又叫王杰。

兴许是王家靠种白薯，或是卖白薯发的财？落了个"白薯王家"的称号，详情不得而知。反正大伙都这么叫。从前，北京人有个习惯，常常把职业加在姓的前面，以示区别。比如，爆肚满、风筝李、弹弓张、黄土马、马桶许，等等。以后叫白了，就成了买卖的"字号"。

白薯王家接管了广和楼，做了三件事：一是，改名，去了茶字，正式更名"广和楼戏园"。二是，这时的前门大街的东西两面，各挤出来两溜店房，把肉市、珠宝市由路面挡进街里，成了胡同。这期间，京剧兴盛，大栅栏、鲜鱼口、珠市口新开的、旧有的，足有八九家戏园子。锣鼓相闻，竞争激烈。广和楼为了"露脸"，就在斜对面开向前门大街的路口，树了个大铁牌楼，上端聚宝盆镂空图案中，高悬"广和楼"三个大字，后来还装上电灯泡，明光耀眼，分外醒目。三是，延请名班名角，唱大戏，扩展戏园子在梨园界和观众中的影响。

如今老戏园子见不到了。拿"广和楼"当个例子，描摹一下当年的老戏园子什么样，很有意思。这里面有不少学问呢。

老者接着说，比起现在的剧场，老戏园子的设备很简陋。

戏台坐东朝西，是方的，三面见观众。台的四周立着四根大柱子。台前的两根柱子上，挂着一对黑地儿金字的木刻抱联：

学君臣、学父子、学夫妇、学朋友，汇千古忠孝节义，重重演出，漫道逢场作戏；或富贵、或贫贱、或喜怒、或哀乐，将一时离合悲欢，细细看来，管教拍案惊奇。

这副别致的楹联,虽然有点封建说教的味道,可一语道破了天地大舞台、舞台小天地的社会含义,说得很爽快。据说,这副对联是咸丰年间二甲进士陆润庠写的。

戏台后面的两根柱子中间,是一面不太厚的木板墙,叫"龙虎板",一板隔出前后台。木墙两头挖出"出将""入相"两个上、下场门,门上挂着红缎绣花门帘,光板木墙上画着龙啊,虎的,当个不变的背景,中间高悬一块横批"盛世元音",不大惹人注意。后来有人注意到这块很有想象空间的衬地,就在整个木墙上覆盖上一面红缎绣花单片,行话叫做:"门帘大帐。"因为后来有了布景,就把大帐叫做"守旧"了。

"守旧"不旧,它大处落墨的写意风格与京剧的表演风格,既贴切,又相得益彰,往往起到先声夺人的效果。梅兰芳钟情绘画,他的守旧是鲜丽无比的大牡丹花;而马连良锐意革新,很珍重民族艺术的古朴苍劲,所以他用武梁祠的汉化像石图案作"守旧"和桌椅披,古意盎然,恰与"马派"的文雅潇洒丝丝相扣。

听戏的看的是前台,看不见后台。可别忘了,一台戏,前台出将入相,有来有去,跟后台的规矩礼法,调度有方有着极大的关系。

这里就说说大家见不到的广和楼的后台。

后台最要紧的地方,是靠东墙正当中供着梨园界祖师爷老郎神的神龛。

神龛用檀香木雕成个小小"宫殿",里面小红木椅子上端坐着头戴九龙珍珠冠、身穿黄缎子龙袍的唐明皇李隆基的塑像。条案桌上摆着白铜五供、长明灯,晨昏两遍香。传说当年唐玄宗李隆基雅好戏曲,在宫里的梨园,调教三千乐工演奏乐舞,他亲自执檀板、击节指挥,被戏呼"李三郎""老郎神"。因此,后来从事戏曲的人就自称是梨园行、梨园子弟,尊唐明皇为祖师爷,并把演员出场亮相的台口也就是执板击鼓的鼓佬座位的正前方叫"九龙口",意思是皇上坐的地方。早年间,乐队坐在舞台贴近龙虎板的正后方,不在下场门。

传说,李隆基高兴了也常常登台扮演些插科打诨的小角色,只是他不勾脸,鼻子上扣一块精巧的白玉,掩盖君王的威严。这就形成后来鼻子上画着"豆腐块"的丑角。过去,在梨园界,"生旦净末丑"中,丑行受尊重。演出前,他可以坐在衣箱上率先开笔勾脸,他动了笔,其他行当才能化妆扮戏。

神龛还有个专门用场,就是每逢戏班演三国"关老爷"戏时,演员先请"老爷祃",在神龛前上香磕头,而后把"老爷祃"庄重地揣进绿靠心口处。从此,该演员就如同关羽附体,正襟危坐,排除杂念,只等上场亮相。戏罢,再上香磕头,于佛龛前焚化"老爷祃"。梨园界对关羽戏,怀有特别敬畏的心理,体现在脸谱、髯口、行头、盔头、大刀、旗号、程式、场面各个方面都有一套特定的安排。后台也流传着许多演员不敬，关公显圣惩罚的故事。

　　神龛右边是大衣箱（内放带水袖的服装，如蟒、开氅、官衣、褶子等），左边是二衣箱（内放不带水袖的靠、铠、箭衣、抱衣等）、盔头箱（内放盔头、巾子、髯口、翎子、甩发等）、靴包箱（靴子、彩鞋、城门、旗子、龙形、虎形等）、把子箱（各种刀枪兵器等）等。上场门把口，有一张铺红毡子的桌子。桌上立着水牌，内镶几排象牙牌，写着当日的戏码，一望便知。桌子两边放椅子，是专给班主和大管事预备的，为的是"把场"，检查服装道具，掌控演员上场的"尺寸"，处理意外事故，如同现在的舞台监督。后台墙上还挂着"戏班规矩及惩罚条例"，犯了规矩的演员，立惩不怠。这真是"只见前台笑，不见后台哭"。又有谁知道，多少生离死别的真实故事不是在前台，而是在后台演出的啊！

　　说完了后台，再说前面的戏台。舞台凸进观众席中，台的三面用一尺来高的花栏杆围着，每个小柱子头上都雕着狮子头，很有生气。戏台台口上面横着一根铁杠，名叫"轴棍"，是演武戏用的。比如《盗银壶》《时迁盗甲》《水擒花蝴蝶》等，剧中武丑（武生）在轴棍上表演双飞燕、倒挂腊等上下翻越的技巧，结合剧情表示飞檐走壁。

　　戏台下正面的观众席叫"池子"，两边叫"两廊"。池子里的长条茶桌对着舞台直摆，两边放着可坐三四个人的长板凳。观众面对南北两廊。演出中，"茶房"提着大铜壶，托着手巾把儿，大声吆喝着，在池子里走马灯似地穿来穿去。场子里烟雾腾腾，观众旁若无人地大声谈笑、高声喊人、乱哄哄吵成一片。好在台上的演员习惯了，该怎么唱就怎么唱，一出完了再换一出，谁也不影响谁。要是演员能用一段唱把全场的噪音压住，来个"满堂好"，那非有响遏行云的真功夫不可。当时有人这样描写戏园子：

　　　　偶然茶话，人海杂遝；诸伶登场，各奏尔能；钲鼓喧阗，叫好之声，往往如万鸦竞噪！

　　戏台左右两边横摆长条大板凳，叫"小池子"。这儿离台近，又不吵，听得清楚，看得明白，一般都叫专门听戏的行家占了。

　　那时候，戏园子南北墙不是砖砌的，而是用大方格纸窗户连起来的，寒碜极了。地面是碎砖头铺的，坑洼不平。南北墙根用砖砌的座位，有点像过去体育场的观众看台，挺高，你得跳起来够着坐。给一个大子儿小费，"看座的"递给你一个蓝布垫子，坐上去不凉不咯，往大墙上一靠，美着呐！快散戏的时候，看座的再把垫子收回去。

广和楼二楼的地板是用木板拼接的，净是窟窿。一扫地，台上台下灰土飞扬。楼上正面叫"散座"，与楼下的"池子"一样。两边叫"官座"，后来叫"包厢"。一个包厢可以容纳十一二个人。包厢里前排放长凳，后排放高凳，座上都铺着蓝布垫儿，比池子舒服多了。

和台帘大帐一字排开、面对观众的座位，叫"倒官座"，也叫"倒观座"。这里看观众清楚，看舞台只能斜看演员的背影。这个地方票价最低，没什么人爱看。大半拿来应付人情客票，支应前后台的亲友。

1914年广和楼把长凳换成面对舞台的长椅，椅背后钉有十几公分带框的长板，放茶杯、瓜子用。1920年，广和楼开始加演夜场。但那时实行男女分座：楼上女座，楼下男座，白天不卖女座。一家人听戏，只能晚上去，而且要分两处坐。1932年以后，才允许男女混座。

早年间进广和楼茶园听戏，不买票，只收茶钱。观众一进门，"看座的"赶忙热情地招呼：先找座儿，再顺手铺上蓝布垫，很快沏上一壶"香片"，最后递给您一张只有两个火柴盒大小的戏单儿（戏报、节目单），按人头收取茶钱。

那时候的戏单是一张很薄的黄表纸纸条儿，上面印着用木头戳儿盖的当天剧目，每张戏单，一个大子儿。讲究一点的是用毛笔把剧目抄写在大红纸上，比小戏单大两倍，字也清楚像样。这是后台的人每天写几十张拿到前台卖给有头有脸的客人的，每张也不过两个大子。这两种戏单儿只登剧目，不登演员谁演谁。听戏的人一看便知，说得有来到去，大体不差。

过去，戏园子没有海报广告，全靠"实物"展示。广和楼门口有个小夹道，当天演什么戏，就把戏里有代表性的道具（行话叫"砌末"），摆在门口，像《女起解》的"鱼枷"，《艳阳楼》的"石锁"，《连环套》的"双钩"，等等，观众一望便知。这可真给一般听戏的出了考题：你要不是行家，都不知道今晚上唱什么戏！后来照顾大多数，时兴了"水牌"，就是在红漆木板上，用毛笔蘸大白粉写上演员、剧目，戳在剧院门口。那种考验观众、别致的"砌末"展览，也就不见了。

光绪二十九年（1903），叶春善等人开创了培养京剧人才的"喜连升"科班（后改名"喜连成""富连成"）。1906年喜连成的第一科学生开始在广和楼登台献艺。二十年来，"富社"在杰出艺术家、教育家肖长华等老师的辛勤培育下，培养了包括梅兰芳、周信芳艺术大师在内的"喜、连、富、盛、世、元、韵"七科、约七百多位演员，和一大批优秀的乐师与舞台工作人员。其中雷喜福、侯喜瑞、马连良、于连泉、谭富英、马富禄、叶盛兰、裘盛戎、李世芳、毛世来、袁世海、谭元寿……等著名演员,薪火相传,对京剧的发展做出了宝贵的贡献。

追寻他们艺术实践的起点,都是从广和楼的舞台上开始的。

梅兰芳先生回忆他的舞台生活时说:

> 我第一次出台是十一岁,光绪甲辰年(1904)七月七日。广和楼贴演《天河配》,我在戏里串演《长生殿》里的织女……过了三年,我正式搭班喜连成。

京剧名丑马富禄家境困苦。9岁时,他挎着小篮到广和楼门口叫卖花生瓜子。那清脆的嗓音,憨厚的表情,一下子吸引住带学生演出的叶春善和肖长华。他们把这个天资聪慧的孩子领进了喜连成。马富禄初学老旦,与马连良合演的《焚绵山》《天雷报》,红极一时;后来,他又偷学了丑角戏,与武生泰斗杨小楼合演的《连环套》,轰动菊坛。广和楼锤炼出一代代京剧名伶;一代代京剧名伶又以他们的妙绝艺术充实了广和楼古老的舞台,为后人留下梨园动人的华彩。

日伪期间,广和楼卖不上座,加上房屋破败,无力维修,逐渐沦为存货的堆房。"白薯王"死后由其长子王善堂经营,他心灰意懒,就以922000元伪币卖给了日本翻译李文轩。李文轩将广和楼拆毁,想重新修建,但未来得及重建日本便投降了,一场梦飘然而去,空留下一片瓦砾,一蓬青蒿,昔日风华,荡然无存。老者讲完了,怅然地望着残破的大门,喟叹:"广和楼,完喽!"

广和楼,完了吗?没完。新中国建立后,国家重建了这座古老的剧场,舞台由前凸形,改为画框形。安装了先进的灯光设备和舒适的座椅,楼上楼下还开辟了两个宽敞的观众休息厅。古老的广和又容光焕发了十几年。京剧、昆曲、梆子、评戏都在这儿演。

20世纪50年代,江苏昆剧院的周传瑛、王传淞等名家在此演出昆曲名剧《十五贯》。据说开始看戏的人并不太多。一夜,周恩来总理悄悄来到剧场观看,给予很高评价。一时轰动,各单位纷纷组织观看,学习讨论,对照检查有没有戏里"过于执"这样不顾人民死活的官僚主义。全国各大剧种也纷纷移植上演,几乎成了运动。消沉的昆曲一炮而红,《十五贯》拍成电影,广为放映。人们说:"一出《十五贯》,救活了一个古老的剧种!"这正是:周总理私访《十五贯》,抓典型痛击老官僚。广和楼又立了一功。那时,广和楼晚上演戏,白天还演电影。

然而,天有不测风云。一场惊天动地的"文化大革命"正滚地而来。内中炮轰的靶心就是由吴晗编剧、马连良、裘盛戎演出的《海瑞罢官》。

进入新的世纪,前门大街开始彻底改造。箭楼前的五牌楼就地重建焕然一新,大街两侧一色的新楼房。广和楼将如之何呢?听说也要重建。结果要等事实作答。

说完广和楼,自然联想到街西、街东,和城里的那几个也曾红火、也曾装满故事的老戏园子。

追求时尚的人们,听说过短街闹市里,此起彼伏、彼此相闻的开场锣鼓吗?

三、锣鼓咚咚唱对台

1644年5月,睿亲王多尔衮在降将吴三桂的引导下,率领清军从朝阳门进入北京。多尔衮坐镇武英殿,他亲见朱明王朝的昏聩腐败,崇祯帝命断煤山;也目睹李自成农民军的贪婪无忌,作鸟兽散。为了稳住初建的满清政权,防护精锐八旗不受侵蚀,顺治帝除命八旗官兵分区进驻内城、迁出汉人外,还下令内城"永行禁止开设戏馆",就连外城的戏园子,也要"概行禁止夜唱"。这对宋元以来喜好戏曲的京城百姓来说,是个很严厉的限制,却怎么也限制不了。戏园子照开,戏照唱。只是一下子聚集到前门外,出现了一个戏剧史上罕见的奇特景象:园园相邻、戏戏对台。

清人崇彝所著《道咸以来朝野杂记》记载:

> 戏园,当年内城禁止,唯正阳门外最盛。属于大栅栏内者五处:曰庆乐、曰庆和、曰广德、曰三庆、曰同乐轩。

其实,大栅栏附近还有粮食店路西的中和园,煤市街南口路北的文明茶园,西珠市口路南的开明戏院,和前门大街路东肉市的广和楼及鲜鱼口里面的华乐戏院。20世纪40年代,这十家戏园子除了"庆和园"毁于庚子战火无力复原,后经同仁堂乐家做中介人,被瑞蚨祥老板孟觐侯以万金购得,改建成西鸿记茶庄以外,其他八家都还热热闹闹地唱着。考察大栅栏几家园子的历史,大都建于乾隆末年至清末,旧景如何?不得而知。但从清末许多文人笔记的记载里,尚可端详一二。

李慈铭《越缦堂菊话》记同治三年七月间:

> 十六日,下午诣三庆园听戏。客座踏肩,甚不可耐。
>
> 二十三日辛酉,晴。出城诣广德楼,谐陈莲峰、殷实畴听戏,擦肩踏臂,嘈杂不堪。

杨掌生《梦华琐簿》:

> 余曾以盛夏,赴广德楼听春台,热甚……凭栏下瞰,万人海中,殷殷阗阗笑语,所蒸如釜中气,腾腾上触。

设备简陋，观众拥挤，如同锅里煮饺子，而内中却不乏文人墨客、官宦士绅的频频光顾。为何？京剧夺人之魅力也。

想想吧，就是在这一座座简陋的舞台上，京剧走过二百年，由昆、梆、徽、汉"四下锅"的杂唱，渐而提炼出西皮二黄为主的板腔。演唱丰富多彩，表演细腻生动。化他为我，兼收并蓄，独成一家。演员善变，观众善择，就是这些舞台和一代代乐此不疲的观众，托出了千锤百炼的京剧，老戏园子功不可没。大栅栏戏园子多，戏班也多。渐渐地，戏班演员习惯了，就相对固定在一个戏园子演出。

1. 广德楼

在大栅栏西口路北，建于光绪年间，舞台与广和楼相似，名角云集，当年程长庚、余三胜、梅巧玲、汪桂芬都曾在此演出。后为俞振亭创办的斌庆社占用，出过李万春等名角。现在叫前门小剧场，演点曲艺节目，惨淡经营，早失去了当年与"东广"（广和楼）争锋时"西广"的盛誉。但它侥幸还在。

2. 三庆园

在大栅栏中间路南，当过仓库，现在是职工食堂，后来拆了。当年谭鑫培、路三宝、贾洪林、余玉琴等名角曾在此演出。李万春先生曾对笔者说过一段"三庆园"的往事：

有一年寒冬腊月，大雪溜溜下了一天一夜，足有一尺多厚。这天晚上谭大老板在三庆贴演《碰碑》。路上罕见人迹，"还会有人来听戏吗？"谭大老板出家门时心里直琢磨。不承想，一进园子，和外面的冰天雪地不一样：园子里热气腾腾，人声鼎沸。谭大老板被满坑满谷的观众震惊了。他立即通知管事的："今儿来的都是我的知音！演完《碰碑》，叫观众别走，我再加一场《卖马》！"说完这段往事，李万春先生很有感触地说："角儿是观众捧红的，心气儿相通；离开观众，我们什么也不是！"

3. 庆乐园

我小时候听李先生的戏，是在大栅栏东口路北的庆乐园。这个园子建于宣统年间，临近瑞蚨祥、聚庆斋，地点不错，舞台池子的条件也好。杨小楼、余玉琴、王凤卿、贾大元、杨宝忠、刘砚芳等都曾在此演出。后来，杨韵谱首创的梆子坤班奎德社活跃了庆乐，舞台上出现了女花脸、女武生、女丑，演出了《茶花女》《血海深仇》等新戏，别开生面，名噪一时。可贵的是当年李桂云等老演员锲而不舍，坚持把纯熟的表演艺术传承至今，为京城珍存了河北梆子这一古老剧种。

1939年，李万春创办鸣春社，为了招徕观众，在此演出了连台本戏《济公传》，戏中大量采用上海彩头班的手段，如机关布景、空中飞人、戏里带电影等，炫人耳目。后来又约请南北名角办"武生大会"、排演《四四铁公鸡》。这些奇巧、火爆的编排虽然打破了中规中矩的京剧模式，惹来不少议论，却也练出了李庆春、李桐春、吴鸣申、郝鸣超、王鸣仲、于鸣奎等一批优秀演员。在革新京剧的探索中，他们的经验不无启迪之处。

无疑，在20世纪30至50年代，李万春、李少春双子星，争强斗胜，强化了京剧生行的内涵，拓展了戏路。李万春先生晚年，曾与笔者谈及他塑造关羽、孙悟空艺术形象的心得，以及他师从马连良学艺的情况，字字珠玑，精彩纷呈，极为宝贵。很可惜这些经验之谈，没能留下，都随他而去了。

4. 同乐轩

在大栅栏中段路北的门框胡同里，建于1909年。园子不大，台也小，演不了大戏、武戏，只能演点杂耍类的曲艺节目。后来改成电影院，生意不错。有段时间演完电影加点魔术、流行歌曲，也算"两下锅"。曾经是京城唯一的全景电影院，如今也荒废了。

5. 中和园

位于粮食店北口路西，紧邻大栅栏东口。本为永定门外花炮作坊薛家之祖产。清乾隆年间，徽班进京曾在此轮番演出。一代名伶谭鑫培就是在此园一举成名的。1900年被焚毁，后又重建，是由北京钱庄票号业的富商出资兴建的。园子类似广德楼，规模不大。1928年中和卖给程砚秋的总管梁华亭后重新改建。程砚秋长期在此演出。程梁分裂后，程砚秋撤出中和园，尚小云的重庆社和他创办的荣春社都在这里演出过：

1928年9月18日夜，为赈济辽西大水举办义演，梅兰芳在这里演出梅派名剧《宇宙锋》，张学良将军及部下将领、英国公使出席观看。演出中间，副官匆忙来到张学良将军身边耳语，张学良神色紧张，匆匆退场。当时梅兰芳也察觉台下观众忽然走了不少，不知何故。第二天才得知，是夜，日寇袭击沈阳北大营，发生了震惊中外的九一八事变。

1946年秋天，笔者在中和园花了一个下午连一个晚上，第一次看完了成本大套的《群英会·借东风·华容道》，第一次亲见了叶盛兰、肖长华、马连良的精彩演出。这才知道那段脍炙人口的"学天书，玄妙法，犹如反掌"是怎么唱的。"文革"时期，中和园被当做北京京剧团的团部，许多老演员被关在这里的"牛棚"里，交代"问题"。

1966年12月13日中午，剧团食堂开饭了，大家排队。马连良问站在他前面的张君秋："今儿吃什么呀？"

张君秋答："吃面条，挺好的，您来三两吧。"

马连良说："今儿家里会给我送来点儿虾米熬白菜，我倒想吃米饭。"但此时只能吃面条，他买了一碗。之后，便摔倒在地。拐棍、面条、饭碗都扔了出去。据说马连良致命的一摔和演戏一样，极像《清风亭》里的张元秀：先扔了拐棍，再扔了盛着面条的碗，一个跟头跌翻在地，似一片秋冬的黄叶，飘飘然，悠悠然坠落。人送到了阜外医院，他的一个女儿在那里当护士。1966年12月16日，马连良遽然长逝。（章诒和《名伶往事》）

一代名伶马连良，倒在了他熟悉的中和戏院的舞台下，真个是"一阵风，留下了千古绝唱"！

6. 华北戏院

另一曲悲歌发生在1967年严冬，杰出的评剧艺术家李再雯（小白玉霜）不甘凌辱、愤然自尽，年仅45岁。她和新凤霞的退出舞台，终结了评剧一个有望中兴的时代。至今，印象颇深的是新中国建立初期，时常陪母亲到西珠市口路北的华北戏院看小白玉霜一个接着一个的新戏。那时候，乌云散尽，"解放区的天是晴朗的天"，人心欢愉，评戏舞台一扫旧风，率先演出紧跟形势的现代戏，其中小白玉霜最积极。她演唱的《小女婿》可以说是家喻户晓，妇孺皆知。她低回婉转的唱腔，如泣如诉，打动人心；她塑造的秦香莲，几乎无可争议地最让人同情、理解和认可；她创立的"新白派"演唱艺术，使年轻而又通俗的评剧提升了一个高雅层次。她是第一个演现代戏的老演员，第一个当选为政协委员的评剧演员，第一个自愿赴朝慰问的名演员，第一个受到毛主席接见的著名演员，也是唯一殉难"文革"的评剧表演艺术家。现在，华北戏院拆了，被它的老邻居扩建成全新的"丰泽园饭庄"。路过此地，眼前常闪动她素雅的形象，耳边响起她低回淳厚的唱腔，如泣如诉……

7. 开明大戏院

开明戏院——位于前门外西珠市口路南，建于1912年，由中日商人合资兴办。这是一座新型戏院，为洋式二层楼，门脸为椭圆形，舞台台口为半圆形，介于西方镜框式舞台和中国传统正方形舞台之间，也可以说是中西结合，舞台使用了黑绒大幕。建成后只演电影，后来加演文明戏（即话剧）。20年代后，京剧名角梅兰芳、杨小楼、余叔岩、孟小冬等经常在开明戏院演出，盛极一时。40年代初，评戏皇后白玉霜在此演出。

依然是建国初期，依然在西珠市口，不过是在路南的开明大戏院，这座由中日私人合资、建于1912年的新型剧院，迎来了梅兰芳新中国建立后来京的首次公演。连演三天，头天的打炮戏是《宇宙锋》。票价不菲，排了一宿的队，才买到楼下最后一排的票，渴望的激情有如接近沸点的滚水，在观众中游动。就在梅兰芳扮演的赵艳蓉出台的一刻，全场灯光大亮，一声天崩地裂的"好哇！"震得全场晃动，有如火山迸发，岩浆滚流。我只觉得浑身发烫，眼前模糊，说不上是梅兰芳的艺术感染了观众，还是观众已然忘情眼前的舞台。戏没看好，激动的情绪怎么也控制不住。直到以后才抓机会看了几场梅兰芳的戏。手头常翻的还是他那部《舞台生活四十年》。

开明戏院后来改名民主剧场，修两广路时，为拓宽街道被全部拆除。依稀记得当年炎夏，开明楼顶开放"屋顶花园"，演出曲艺杂耍：汤金城的口技，高德明的相声，曹宝禄的连珠快书，王佩臣的醋溜大鼓，快手刘的古典戏法，架冬瓜的《拴娃娃》……凉风习习，灯火阑珊，时而飘来楼下的锣鼓声。放眼夜空，京城不眠，闪动着明明灭灭的星眼。

8. 华乐戏院

鲜鱼口离我家不远，路南的华乐戏院常去。除了近便，还因为那里常演合作戏，名角云集，戏码硬整。

听老人讲，此处原来是一个叫天乐园的清茶馆，建于光绪初年。平素喝茶聊天，谈事会友，后来下午添了评书杂耍。再后来茶园成了戏园。1900年庚子事变后，梆子演员田际云（艺名"响九霄"）创办的玉成班在此演了很长的时间。玉成班的梆子、皮黄"两下锅"，在当时是个创举，十分受欢迎。

民国初年，万子和、吴明泉等人集资，把天乐改建成剧场，舞台为画框半圆形，观众席是单人联椅，很舒服，能容千名观众，改名华乐戏院。京城名角轮流在此演出。梅兰芳年轻时曾搭班在此演出，1912年梅兰芳在天乐园首次与老前辈谭鑫培合演《桑园寄子》。这是为正乐育化会筹款而举行的一次义演，十分轰动。坤班"崇雅社"也常在此演出，1931年富连成科班一度在此演夜场。1937年富连成退出广和楼长期在此演出。1943年长春堂药厂失火，殃及一弄之隔的华乐，连同富社正演出连台本戏《乾坤斗法》的道具布景全部烧毁，损失惨重。两年后，剧院重建，靠着万子和的经营，上座率始终不衰。新中国建立后，剧场重修，更名大众剧场。

  有一次演义务戏，多年不上的老演员都粉墨登场，轰动京津。记得第一出是马德成的《火烧百凉楼》；第二出是尚和玉的《锤镇四平山》；大轴是郝寿臣、肖长华、谭小培、华慧麟的《法门寺》。记得马老、尚老均已年过八旬，仍然勒头、扎靠、勾脸、登靴，唱念做打，一丝不苟。尚老上下场都有人搀扶，到了台上，口念"恨天无把，恨地无环"，瞠目发力活现李元霸的神威，台下掌声如雷。郝、肖、谭、华的《法门寺》旗鼓相当，各显功力，却又凸现"一棵菜"的精神。那是展示老一辈艺术家艺能、艺德的演出，如醇酿味永，令人钦羡。把一出戏演得这么完美，几不可遇。余生也晚，侥幸与当年盛名于世的老前辈，有这么一面的台缘。

9. 哈尔飞戏院

  过去西城没有戏园子，听戏必须到前门外。民国初年，东北军进驻北京，东北督军张作霖为了报答当年盛京将军增祺收编提拔之恩，特地到旧刑部街增祺赋闲的宅子叩谢，送上十万大洋。后来增祺迁居天津，就将宅子送给了张作霖。张学良建议改作奉天会馆。宅子很大，有花园，又修建了戏台。1930年，会馆分出一半改成了对外营业的戏园起名"哈尔飞"，弥补了西城一时无戏园的空缺。

  问题来了，北京的老戏园子起名都是古色古香的吉利词，怎么突然起了这么个怪怪的"洋名"？查遍满文、英文，又都没这个词，什么意思呢？原来，剧院经理彭秀康为了赶时髦，取英文happy快乐之意，起名"哈培"，不料登广告时，被误做halpy，音译"哈尔飞"，从此这个以讹传讹的怪名留在了老北京的记忆中。剧场的舞台坐南朝北，半圆形。观众席为慢坡形，前后不遮挡。

  1930年9月14日开幕那天，梅兰芳讲了话，与姜妙香合演了《贵妃醉酒》。因为这是梅先生访美回来首次在北京露演，观众情绪高涨，有久别重逢之感。全场演出掌声不断，就连中场休息也是掌声爆起，演出不得不提前开始。可见观众对梅兰芳艺术的钟爱。此后杨小楼、侯喜瑞等名家都曾在此演出。著名音乐家黎锦晖主持的明月歌舞团也曾在这个舞台上演出了流行至今的《可怜的秋香》《小小画家》等名曲。应北京大学生之约，名妓赛金花还在这里讲述了庚子年八国联军屠戮京城的往事。会馆的东花园一度办过茶社，请当时曲艺名家小彩舞、金万昌、常连安演出。哈尔飞后来又改名大光明电影院，上演美国电影。新中国建立后，剧场整修后改名西单剧场，曾作为北方昆曲剧院的演出地。我最后一次来这里看的是李世霖老师用一年的时间，传授爱徒于魁智的李少春代表作《打金砖》。他动情地说："魁智悟性很高，功底也好，今后大有前途！"

10. 长安大戏院

位于西单十字路口东南，清代时原是一家扛房的仓库。后由商人杨守一购买。1937年杨守一的亲戚段正言（当时北京道德学会"坛主"）出资建造了长安大戏院。

有一次在这里看尚小云的《摩登伽女》，是在楼上的最后排。台上的尚老板一身时髦的白纱衣裙，仿佛是西洋歌舞，唱的却是皮黄，特别新鲜。尚老板侠义心肠，常演刚烈豪爽女性。加上他有深厚的武功底子，表演起来且歌且舞，挥洒自如，塑造的妇女形象别具一格，常令人耳目一新。他勇于探索，不断更新剧目，创办荣春社，培养了不少京剧栋梁材，是"四大名旦"中唯一办班育人的艺术教育家。

戏院圆形舞台，设备较新，楼上楼下能容一千多人，地处闹市，交通方便，常举办大型义演、合作戏。如今，"长安"东迁长安街新址，富丽堂皇，几乎成了北京少数的京剧重镇。

11. 新新大戏院

老"长安"建成不久，马连良筹资30万元（合3000两黄金）也在西长安街路南、双塔寺（今邮电大楼）对面，建起了"新新大戏院"。马连良刻意求新、求精，艺术上一丝不苟。他早就想利用现代科技造一座现代化的大戏院，让演员舒舒服服地演戏，观众舒舒服服地看戏。所以，他请当时北平大学工学院建筑系主任按现代化剧场设计舞台和观众席，仿照罗马剧院的外形建造剧场的外观，起名"新新"。一个京剧演员，用心如此良苦，至今无人能比！

可惜，没几年日寇侵占北平。"新新"被日寇、汉奸以30万元买去，改为电影院，大演满影李香兰的《万世流芳》，鼓吹"大东亚共荣圈"。北平光复后，改名"国民电影院"上映头轮好莱坞大片，还演过话剧。新中国成立后，"国民"改名"首都",依旧是京城设备最好的影院之一。现已被拆除,在西面路口建了更新式的新世纪影城。

12. 第一舞台

最后,还要说说老北京的另一个逝去的戏台。

位于前门外西珠市口路北,建于1914年,是京剧名武生杨小楼、名旦姚佩秋与商人集资兴建的。梅兰芳在《舞台生活四十年》中回忆:

> 这里的一切建筑、灯光完全模仿上海三马路大舞台的形式。……在民国初年的北京,这应该算是首屈一指最新式的一个戏馆子了。

叫第一舞台,当时的确名副其实。第一舞台概括起来可有五个第一:是第一个具有3层楼观众座的戏园子;是第一个实行环形折叠式排椅的戏园子;是第一个改方形舞台为椭圆形舞台的戏园子;是第一个没有台柱子的戏园子;是第一个采用大幕和实行人工旋转舞台的戏园子。剧场建成后,众多名角争相在此登台献艺,许多义务戏也在此演出。可惜,1937年的一场大火,使第一舞台付之一炬。

13. 天桥诸戏园

天桥是劳动人民活动场所,天桥市场形成于清末至民国初年,这里也是许多艺术家的摇篮。天桥早期的茶园有泰轩园、万胜轩、天乐园、开桂园、小桃园、小小戏园、小吉祥戏园等,规模小,设备简陋,以演曲艺、杂耍和评戏、梆子为主。有"天桥马连良"之称的梁益鸣,组织了天桥京剧班,长期在天乐戏园演出。

14. 会馆的戏台

京城还有另一类舞台,那就是会馆的戏台。

北京贵为封建王朝的帝都、民国时期的首都,全国的政治中心,必然像一块强力磁石,吸引着全国各地的学子、官宦士绅以及各色人等进京赶考、做官、谋事、求生、圆梦、发迹。会馆就成了他们落脚喘息、暂避风雨、求取出路、交换信息的场所;也成了整合地方乡里势力、笼络感情,谋划事理以及解救乡梓急难的所在。"亲不亲,故乡人""老乡见老乡,两眼泪汪汪",活化出民族情感中地域观念强大的吸附力和排他性,内中也不乏公益自救的合理成分。

汪启淑《水漕清暇录》里说：

> 数十年来各省争建会馆，甚至大县亦建一馆，以至外城房屋基地价值昂贵。

会馆大小不一，或三四重深宅大院，花园、戏楼一应俱全；或仅一进小四合院，如同普通民居，全依投入的财力而定。光绪时粗计京城会馆有400多所，大多建在宣武门、前门外。

比照地方会馆的模式，一地的行业同仁，为了合力自强、应对竞争，也建了不少行业会馆，如明朝中期山西人建的颜料会馆，康熙年间绍兴人建的银号会馆（正乙祠），广东珠宝、香料商建的仙城会馆，乾隆年间玉器商建的长春会馆等。

戏曲的"堂会"形式，大多在会馆的戏台上演出。现存虎坊桥的湖广会馆戏楼有200年的历史，整修后演出京剧，并辟为京城唯一的京剧博物馆，十分珍贵、难得；已然修葺一新的前门外小江胡同的平阳会馆大戏楼，建于乾隆年间，戏台分上中下三层，结构繁复，可以演出天宫、地府、人间三重空间，世间罕见。安徽会馆坐落在宣武门外的后孙公园路北，原是明朝崇祯年间进士孙承泽的故居。清同治七年（1868年）由合肥李鸿章、李瀚章兄弟提议，淮军诸将领共捐万金建成。会馆承三路三进四合院，还附有一个花园。中路戏台宏伟，李鸿章亲提楹联：

> 依然平地楼台，往事勿忘宣榭警；犹值来朝车马，清时喜赋柏梁篇。

位于西河沿的正乙祠戏楼已恢复原貌，对外演出。"正乙"是指银号钱庄业共同供奉的财神爷：黑虎玄坛赵公明元帅。每逢赵元帅生日时，银号业同仁要请戏班来演戏祝寿，上香叩拜，给财神换袍，议决要事，很是庄重。会馆文化是老北京文化中凸现士大夫文化、极富内涵、亟待研究的一个重要部分，它涵盖了社会、政治、经济、文化、艺术、建筑、园林、民俗、戏曲诸因素，核心是以人为本。

北京还珍存着两座规模宏大、结构繁复的皇家大戏楼：一处是紫禁城东侧路宁寿宫的畅音阁大戏台，另一座是颐和园中的德和园大戏台。慈禧一生爱听戏，无形中促进了京剧的成熟与完备，保存下一笔丰厚、珍贵、有待整理开发的戏曲文化遗产。

老北京老戏园子的风景，正从人们的记忆中飘然逝去，绕梁的余韵还能激起普通人心底的涟漪吗？

四、我也"票"了一回戏

说到京剧，总会让我不由得想起一段陈年往事。

1962年，我在军委空军通讯团当兵锻炼一年后，留在这个团的政治处当文化教员。

1963年，部队讲究"处处有歌声，月月有晚会"，我这个教员除了给干部讲讲《毛主席诗词》《毛主席的六篇军事著作》外，就是下连队帮助战士编排小节目，到月底演出。想不到日积月累，有几个我向战士采集的土里土气的小节目，像河南小曲表演唱《五老夸儿》、拆唱牌子曲《星期天》在全空军获了奖，罗瑞卿总长看了还说了几句鼓励的话。

1964年春天，空军直属政治部召开文化工作会议，传达中央将在6月举办京剧现代戏观摩大会的文件。会后，文化处的刘处长问我能不能编京剧。我说："能！"一下子情绪高涨。

这次我敢应下写本子、排京戏的任务，除了爱好之外，还因为，战士里有几个长春京剧团的青年学员和会文武场的河北兵，这样演员乐队不成问题。为了速成，我改编了当时红极一时的评剧《夺印》里"劝陈"的一折，重写了唱词，设计了唱腔。这段戏就两个人，我演小陈庄的支部书记何文进（老生），首钢来的新兵李宝生演犯错误的生产队长陈广清（裘派铜锤）。为造气氛，前面加了一场"夜查"，由电台台长魏学策（转业后曾任中国京剧院副院长）扮演民兵队长。一开场，他带着几个民兵在紧密的锣鼓声中寻场"走边"，制造气氛。而后锣鼓缓来，气氛转平，我和李宝生上场，有几段吃功夫的对唱。小戏有文有武，还挺热闹。排好后先在团里演，锣鼓一响，台下的战士热烈鼓掌，说"看大戏了！"初演成功，又拿到空军大院营建大队礼堂演。各级领导看了都很兴奋，认为战士自编自演京剧很不简单。

这时，我听说在空军文化工作会议上，刘亚楼司令员让空军所属的文工团排京剧现代戏，却无结果。我们的《夺印》引起空军首长的兴趣，决定把我调出，改编全部的《夺印》。我想，改编再成功也是人家的戏，决定自己写个反映空军指战员生活的新戏。领导同意，并组成一个后勤班子，保证我完成创作任务。

压力很大，时间很紧，写什么呢？

6月5日，"1964年京剧现代戏观摩大会"在北京举行，19个省市自治区的29个剧团，2000多名演职员参加。北京京剧团演出了《芦荡火种》。毛主席观看并接见了全体演员。周总理发表了重要讲话。彭真作了报告。躬逢其盛，我参加了这个历史盛会。边看人家，边琢磨自己的"本子"。结果，我从众多的文件中，发现一份反映四川某部战士回乡探亲，发现父亲有贪污问题，最后协助"四清"工作组破案的简报。它引起了我的兴趣，调动了我在连队和过去在农村的生活积累，我有信心写好这个戏。结果很顺利，只用一周的时间，就完成了初名《迎春曲》五场戏的初稿。领导小组一面讨论剧本，一面从空军直属单位选调演员，其中有护士、教师、厨师、报务员、警卫员、翻译等。可是，这么大的戏，这么多的唱段，由谁来设计唱腔、音乐，谁来导演呢？这时，电台台长魏学策凭借他入伍前在中国京剧院工作的关系，拍胸脯保证回剧院请老师。中国京剧院党委知道后，大力支持，派李世霖老师来部队，担任艺术指导。

李世霖老师是富连成科班第五科"世"字科的优秀老生。他与袁世海、李世芳、毛世来、江世玉、艾世菊等同科，长期与李少春、叶盛兰、袁世海、杜近芳等名家合作，能戏多、演艺精，配合默契。加上他扮相爽朗、嗓音嘹亮，是京剧舞台上不可多得的一位"好佬"。有一次周总理在人民剧场看李少春、袁世海、杜近芳演出的《野猪林》，看完接见演员时，周总理特意高声问："李世霖同志在哪里？"李老师站在后面，高声应答："我在这儿。"总理说，你扮演林冲的岳父，在林冲夫妻生离死别一场，你没有台词，没有唱段，站在一旁看着自己疼爱的女儿、女婿遭遇不测，把老人当时悲痛在心，愤恨难忍，却又不得不忍气吞声的心情，表演得恰如其分，既不喧宾夺主，又烘托出林冲夫妻死别的悲剧气氛，演得很好！一出戏，红花鲜艳，还需要绿叶帮衬嘛！

能得到李世霖老师的全力指导，我们喜出望外。那时候，我们在前门招待所集中，李世霖老师接过剧本后，很快安排好场次，逐场、逐人、逐段地设计好唱腔，配齐锣鼓点，协调好乐队的文武场，跟着一场场"下地"排练，不到半个月整个《迎春曲》五场戏就"戳"起来了。速度之快、效果之好，连我这个作者都料想不到！我这才领会世霖老师深厚的功底和广博的经验。

后来，李老师又请来叶盛兰老师为唱腔把关；李金鸿老师为身段把关；沈玉才、赓金群二位老师为乐队把关。中国京剧院的顶级名家亲临部队，栽培我们这些生手，使演出水平大大提高。中国京剧院的领导特意请我们在人民剧场为全剧院的演员们进行观摩演出，分口座谈，使我们受益良多。

总政文化部陈其通部长看完戏后说："很难想象我们的战士，作为业余演员能把京剧写得演得都这么好！"吴法宪司令员说："我们的战士回乡探亲参加了'四清'运动，上了新的一课。战士自编自演京剧现代戏，也是上了新的一课。"从此，这个戏就改名为《新的一课》，在军内外演了不少场。说好的多，找毛病的也有。当时刘亚楼刚去世，内部矛盾很尖锐。后来，空军政治部找了个让我"深入生活"的理由，把我调回部队，到湖南邵阳参加空军的"四清"工作团。这样，我走了，剧组也散了，我的这一段戏缘也就结束了。

如今，京剧的老家北京，建起了不知比当年广和楼漂亮多少倍的长安大戏院、国家大剧院、梅兰芳大剧院……座座富丽堂皇,流光溢彩,不是宫殿,胜似宫殿。全国各地也在不惜重金地建造摩登大剧场,京剧演出的条件,空前的好。加上有了电视的手段,既可录存,又可传播。

  京剧到底是北京出产的国粹。早先,上自懂戏的慈禧、熟用鼓板的光绪,下至天桥的贩夫走卒,都会唱诸葛亮那段"我正在城楼观山景"的西皮二六。和谭鑫培等好佬儿相比,一个是醇酿,一个是凉水。到如今,京剧这些事儿,叫人烦心,生怕二百多年的醇酿,到我们手里淡成无色无味的凉水。

湖广会馆大戏台

第九章
老会馆背后的功德

南海会馆

如今,每天都有成千上万的游客挤进故宫,去看明清两朝皇上娘娘住过的宫殿,看宫殿里藏的宝贝。游客们伸头张望,目不暇接,已经猜度不出当年列位皇上是怎么在紫禁城里作威作福的了。这些天之骄子们坐在龙椅上指点江山,又给京城的子民带来几多福祉几多祸害呢?很少有人去想它,只是拍照留影,记录逛过"三大殿",与皇上近距离接触的那一刻,向人们显示曾经"到此一游"!

然而,八百年帝都的北京毕竟不同凡响,绝不只是一座紫禁城了得。

如今,紫禁城改成了故宫博物院,列祖列宗成了电视剧演绎的花花绿绿,可京城地面上留下的那些老地界、老房子、老物件、老名字,还在,隐隐地吐诉着一些什么事儿,叫人驻步生疑,使劲猜想。如有好事者偏要寻踪觅迹地去追寻藏在背后的老故事呢,说不定还真能从前朝的那些陈芝麻烂谷子里,掏换出点闪光的亮点。比如"会馆"。

过去,在北京南城,就是宣武门、正阳门和崇文门外的街巷胡同中,就有四五百个不同名目的会馆夹杂在民居中,那是北京人生活中司空见惯的一部分。

我原先住在前门外冰窖胡同,一条百米的东西胡同就有河南唐县会馆、福建漳州会馆和浙江浙瓯会馆三家。房后头是建有大戏台的阳平府会馆。后来我搬到宣武区的校场五条,家对门就是温州会馆,南北胡同里还有陕西蒲城会馆、泾阳会馆和河南会馆分馆,附近的每条胡同里都

第九章 老会馆背后的功德

有好多家大小、地域不同的会馆。出宣武门,放眼大街东西两侧,一家家会馆勾连搭臂地相接,简直成了会馆一条街。

在我的记忆中,会馆多,住在会馆里的外地人和原本也是来自外地的本地居民,朝夕相见,和睦相处,不分彼此。要说不同呢?只是会馆比一般住户的房多、院多、人多,充其量不过是个更大的大杂院罢了。

其实,北京会馆的背后,隐藏着好多"密码"。唯有破译这些"密码",方可知晓京城的厚重,和国家兴衰的节骨眼儿在哪儿。

会馆真的有那么重要吗?

一、从鲁迅进京下榻绍兴县馆说起

据《鲁迅日记》记载,1912年5月5日鲁迅同好友许寿裳一起,从南京到达他向往的北京,因天色已晚,暂住骡马市大街的长发客栈。第二天"上午移入山会邑馆"。从此他在这个邑馆(会馆)一住就是七年半,是鲁迅离开绍兴老家到逝世期间,居住时间最长的一处。

鲁迅是经好友许寿裳举荐,应北洋政府教育总长蔡元培的殷勤延揽,到教育部做事的公务员,为什么他进京不住旅店,不买私宅,而是径直入住了山会邑馆,而且住了那么长的时间呢?

山会即山阴、会稽两邑,民国后两邑合并为绍兴县,所以山会邑馆又称绍兴县馆,它是居京的绍兴人为接纳同乡进京应试的举人和待选的仕官早在前清道光丙戌年间(1826)就准备好的一座"绍兴之家"。鲁迅是绍兴人,进京谋事,又是政府的教育部,下榻绍兴县馆合情合理。还因为绍兴县馆这个"家",不光"家人"免费入住,而且环境好,宜居,且有人管理。

这么说,是有根据的。

我们从资料上查到这样一段公文:1947年3月28日,负责管理绍兴县馆的董事会在向当时的北平市社会局循例呈报《绍兴县馆章程》时,其中的第三条就明示:

> 凡本县旅平同乡年在十六岁以上,不分性别、职业,经同乡二人之介绍,均可到馆登记,不收会费,亦不募捐。

可见1912年鲁迅等人因公入住绍兴县馆时,这个免费入住的规定,已经沿袭86年了。其实绍兴县馆的优渥并不是特例,早年间外乡人进京,如果在京城没着没落,大都投奔本乡在京城设立的会馆,只要符合规定都可以免费入住,而且有乡亲帮助寻找事由儿,如到家一般。会馆的功德由此可见一斑。

鲁迅初进绍兴县馆,先是住进藤花别馆的西屋。院内有一架繁茂遮阴的藤花,每到春季花开时,香溢院外。当时但凡拥有广大庭院的会馆,都会种出一棚赏心悦目的紫藤,荫护一代代的读书人。然而鲁迅的第一夜并没有得到藤花的庇护,才上床半小时,就有几十只饿瘪了的臭虫疯狂咬噬,鲁迅只得屈就书桌凑合了半夜。第二天,他找人换了床方才安稳。

鲁迅的生活很简朴,且井然有序,细微之处都不放过。先说吃,会馆不提供伙食,他白天到教育部上班,中午在邻近的小饭铺包伙。晚上鲁迅回到会馆,就委托会馆长班(平时照看会馆的值班人)的儿子代办晚饭,家常随意,鲁迅从不挑剔。有时为了改善生活,换换样儿,他就约请住在会馆嘉荫堂的好友许寿裳及其兄许铭伯等朋友,一起到离会馆不足百米的广和居饭馆吃饭,这样既饱口福,又能与老友围坐闲谈,交流买书治学的体会。食美味、言美事,身心都得到满足。说到穿,那时候刚刚结束清朝帝制,虽然剪了辫子,时兴了西装革履大礼帽,但一般人依旧习惯穿长袍着布鞋。鲁迅平时常穿一件蓝色或灰色的长衫,天冷了加罩一件黑马褂,极少换样。他喜欢穿胶底帆布面矮帮鞋,图的是轻便耐脏,便于刷洗。他在会馆乃至他一生的室内都没有什么炫耀式的摆设,书桌书架上堆放着的是书、画册、拓片和小件文物。他说过,生活太安逸了,工作就会被拖累。

1912年8月,鲁迅被任命为教育部社会教育司第一科科长(原任第一科),并担任荐任佥事,负责领导京城博物馆、图书馆、美术馆的筹建,还有群众文学、音乐、戏剧活动的开展,以及调查、收集古文物等工作。民国初建,这些开启民智的文化事业,在结束帝制"家天下"之后,既是在一穷二白基础上的首创,又是着眼未来精心筹划的奠基。可以想见当时鲁迅先生的殚精竭虑与奔走不息。

这样,绍兴县馆就是他歇息、会友、筹划工作所难得的一隅静地。半年后,鲁迅"移入院中南向小舍"(《鲁迅日记》),后来因为院中邻居经常夜半喧哗,吵得人难以安眠,遂于1916年5月6日"以避喧移入补树书屋住"。

这补树书屋在会馆第二进院子的西头,是个独立的小院,院门圆圆的,北京人俗称"月亮门",很有情调。院内一拉溜四间西房,南头靠墙是一棵高大的槐树。原来墙上有一块署名阿尧题写的石匾:

  昔有美树,花夜合。或曰楝,别种莲敷,遂以名其轩。壬寅春,树折。癸卯乃再种而改题云。

据说,院内最初长着一棵大楝树,后来被狂风刮倒,原位补种了一棵北京最常见的槐树，绿荫依旧，清静如常，因而得了"补树书屋"的雅号。鲁迅先生搬到这里有个缘故：

> 相传是往昔在院子里的槐树上缢死过一个女人的，现在槐树已经高不可攀了，而这屋还没有人住。（鲁迅《呐喊·自序》）

鲁迅不怕鬼，又为时事动乱腐败所愁苦，正好移到这僻静的所在，排遣忧闷，反思现实。他描述当时的心境，说：

> 见过辛亥革命，见过二次革命，见过袁世凯称帝，张勋复辟，看来看去，就看得怀疑起来，于是失望，颓唐得很了……我自己的寂寞是不可不驱除的，因为这于我太痛苦，我于是用了种种法，来麻醉自己的灵魂，使我沉入于国民中，使我回到古代去。

"回到古代去"是一种托词，办法是一头钻进古书堆里。这期间，一同来京的几位教育部同事，陆续接来家眷，先后搬出了会馆，只剩下他一人独守会馆。看到别人家庭和睦，想起自己与朱安的不幸婚姻，他的心，越发凄苦悲凉。但他是个刚毅理智的人，虽然寂寞、颓唐，也从不气馁。鲁迅开始钻研佛学，用顽强、缜密的治学精神整理古籍，抄录古碑，沉湎于孤灯下的苦读默写，外面的世界仿佛绝尘而去。

> 旧历除夕也，夜独坐录碑，殊无换岁之感。（1917年1月22日《鲁迅日记》）

每天，鲁迅从教育部回到会馆的补树书屋，就把原来对辛亥革命的期待和热情转移到整理校勘古籍的研究中。这就是他麻醉自己灵魂使用的"种种法"。在会馆宁静的补树书屋，他用11种古籍类书，反复校勘谢承的《后汉书》，先后誊写了四次辑本。他敬重魏晋文士嵇康放荡不羁的独立精神，为校勘《嵇康集》倾尽心力。与他同住会馆的挚友许寿裳回忆说：

> 自民二以后，我常常见鲁迅伏案校书，单是一部《嵇康集》不知道校过多少遍，参照诸本，不厌精详，所以成为校勘最善之书。

在鲁迅一生校勘辑录的35种古籍中，有19种是在绍兴县馆的补树书屋里完成的。他还不惮疲劳地精心抄录了历代的古碑1721页；校正补遗了《金石萃编》的200多处错误和遗漏；到琉璃厂和托朋友收集了拓片6000多片。这些扎实的工作，为他后来的写作、研究以及在北京大学讲授《中国小说史略》《汉文学史纲要》打下了坚实的基础。

鲁迅在补树书屋住了三年半。日子过得就像古都的夏夜一样沉静悠远，看不出明夜的风云。

> 夏天蚊子多了，我便摇着蒲扇坐在高不可攀的槐树底下，一边于密叶缝里看那一点点的蓝天，一边思索着中国的命运的前途。有时树上的槐蚕就冰

凉地掉在我的头顶上。

尽管鲁迅想"回到古代去",但他的内心并不平静:

　　灵台无计逃神矢,风雨如磐闇故园,寄意寒星荃不察,我以我血荐轩辕。

他期待着冲破封闭的一声呐喊。

1917年4月,经鲁迅向蔡元培推荐,他的二弟周作人从老家绍兴来到北京大学讲授欧洲文学史。兄弟久别重逢,既可互相照顾,又可携手文学事业,鲁迅十分高兴。他把补树书屋自己原来住的光线较好的南头的房间让给二弟,自己搬到西屋光线较差的北头。因为周作人没教过书,又没有讲义,鲁迅总是让弟弟写好讲稿先交给他看。周作人回忆道:

　　在绍兴县馆,我在北大教书的讲义,给《新青年》翻译的小说……他总叫起了草先给他一看,又说你要去上课,晚上我给你抄了吧。(周作人《知堂回忆录》)

平静如水的生活,终于被现实打破了。

1918年春起,鲁迅的老朋友钱玄同常到补树书屋来聊天,一聊就收不住话头,间或到广和居小酌,回来接着再聊,常至夜半。钱玄同曾和周氏兄弟在东京一起师从章太炎先生,如今他正和陈独秀、胡适之等同人办《新青年》杂志。他说:

　　我是十分赞成仲甫(陈独秀)所办的《新青年》杂志,愿意给他当一名摇旗呐喊的小卒。我认为周氏兄弟的思想,在国内是数一数二的,所以竭力怂恿他们给《新青年》写文章。

很快,周作人陆续发去了稿件。鲁迅却迟疑着,未做响应。钱玄同便常常到绍兴县馆去催促。于是就在补树书屋,发生了中国文学史上周树人和钱玄同那一段著名的对话:

　　假如一间铁屋子,是绝无窗户而万难破毁的,里面有许多熟睡的人们,不久都要闷死了,然而是从昏睡入死灭,并不感到死的悲哀。现在你大嚷起来,惊起了较为清醒的几个人,是这不幸的少数者来受无可挽救的临终的苦楚,你倒以为对得起他们么?

　　然而几个人既然起来,你不能说决没有毁坏这铁屋的希望。

　　是的,我虽然自有我的确信,然而说到希望,却是不能抹杀的,因为希望是在于将来,决不能以我之必无的证明,来折服了他之所谓必有,于是我终于答应他也做文章了,这便是最初的一篇《狂人日记》。(鲁迅《呐喊·自序》)

第九章 老会馆背后的功德

这"最初的一篇《狂人日记》"发表在《新青年》杂志第四卷的第五号上，它是响应《新青年》"文学革命"号召诞生的中国第一篇现代白话小说。小说的作者首次以笔名鲁迅问世。从此鲁迅的一声呐喊不仅让沉睡在铁屋子里的中国人清醒起来，而且迎来了砸毁"铁屋子"的革命！

鲁迅的《狂人日记》在国内外引起强烈的反响，他一发而不可收，继而创作了小说《孔乙己》《药》《明天》及杂文《我之节烈观》《我们现在怎样做父亲》，以及多篇随感录、白话诗等。同样与他同住的胞弟周作人也在这里写了《人的文学》《思想革命》等文章，共同参加《新青年》杂志的编辑，迎来"五四"新文化运动。写到这里，我们不能不惊叹，伟大的鲁迅的出世，竟是在宣武门外南半截胡同的绍兴县馆完成的。

顺而推究，我们发现这座180多年的绍兴县馆底蕴深厚，历史上许多名人曾在此居住或出入，如清代史学家、《文史通义》的作者章学诚、清代金石篆刻家赵之谦、《越缦堂日记》作者李慈铭、鲁迅先生在京城做官获罪的祖父周福清、教育家蔡元培，等等。

今天，我们怀着浓厚的兴趣，同时有些忐忑不安地去寻访绍兴县馆。

侥幸绍兴县馆尚未拆毁盖楼，它坐落在宣武门外牛街街道南半截胡同7号。只是路西那间已然破落的大门上方，早已不见了当年魏龙常题写的"绍兴县馆"木匾。征得住户的同意，我们步入这座拥挤不堪的大杂院。年久失修，加上住户拥杂，哪里还有当年会馆的一点样子，更难寻觅鲁迅先生当年起居的所在。

我们只有凭着资料和想象去复原民国初期的绍兴会馆。

那时宣外菜市口周边各省县的会馆很多，大小规模不同。绍兴会馆所在的南、北半截胡同，还有黟县、江宁、吴兴、潼川四座会馆。绍兴县馆属中等，虽然门脸不大，但内里有百十间房子。进门是正厅"仰蕺堂"，里面供奉着绍兴人仰慕的本乡诸位先贤的牌位；后厅叫"晞贤阁"，供奉着主宰文人学子命运的文昌帝君，祈福魁星点朱，为绍兴多出几名状元。此外是名为"嘉荫堂""修禊堂""藤花别馆""怀旭斋""涣文萃福之轩""绿竹舫""补树书屋""一枝巢"等相对独立的院落。光看堂院的名称，就可以猜度出这该是一所充满诗情画意的文人聚居且宜居的会所。

如今这一切都被时间涂抹得面目全非，再也发生不了补树书屋灯下的故事了。

不过，这反而勾起我更大的兴趣：一座绍兴县馆里还藏着多少秘密，进而北京原有的400多座会馆又将有多少故事等待我们去发现呢？

二、进京赶考催生了北京会馆

会馆二字怎么讲？是否可以直解为"开会的馆所"？

前人郭则云在《竹轩撫录》里这样说：

> 近世乡人旅居会饮及乡会试举子寄居之所，曰会馆。由乡人官居朝者共置之。

话不长，讲了三层意思：

会馆是同乡人聚会饮宴的地方；

会馆是同乡举子进京赶考参加会试寄居的地方；

会馆是由在朝为官的老乡们共同购置的。

郭则云，福建闽侯人，光绪二十九年考中进士，擅长书法，在京居住多年。清末他曾官居浙江温处道；民国时，他当过国务院秘书长、侨务局总裁。他是科举出身，对会馆自然有亲身体会。

不过，他言之随意，没有特别指明会馆兴办的起因是为接纳本乡举子来京赶考应试，至于同乡聚会、饮宴、议事等功能，那是后来衍生出来的事。

在鲁迅住过的绍兴县馆里发现这样一段碑文：

> 明时乡贡士及庠士之优者，皆令居太学学舍，不能尽容，多馆于其乡在朝者之邸第，未闻立馆以萃试士者。自举人不隶太学，而乡贡额加广，于是朝官各辟一馆，以止居其乡人，始有省馆。继而扩以郡分，以邑筑室几遍都市，是不徒夸科目之盛，竞闾里之荣，特虑就试之士，离群废学，有以聚而振之也。
>
> ——《山阴会稽两邑会馆记》道光六年（1826）

碑文说，明朝的时候由府、州、县学推荐到京城国子监进学的贡生和庠生，本该住进国子监（太学）的宿舍，可是人多，容不下，余下的人就借住到本乡在朝为官的官邸，这时还没听说建立会馆接纳进京应试举子的事。后来，本不属于进太学的应试举子来了，同时各地又增加了乡贡来京进学的名额，于是本乡的朝官就辟建了省馆，安排本省举子和贡生入住，人越来越多，逐渐扩充到郡、县，几乎遍及全省各都市都到京城建会馆。这样做，不是为了夸耀科目的繁盛，尽显闾里的光荣，而是特别虑及进京应试的举子，别因为没有住处而离群废学，有了住所才能使这些举子聚在一起互相鼓励，振作有为。

读这段文字尤能想见当年千里赶考为求官熙熙攘攘的盛景。

几千年来，中国人认准了读书做官是唯一的进身之路。

于是，人生何事最大？曰："万般皆下品，惟有读书高。"

读书为何？曰："学而优则仕。"

因为一旦入仕做官，就可以实现"书中自有黄金屋，书中自有颜如玉"的美梦，跻身"堂上一呼，阶下百诺"的"人上人"行列。从此，高官得做，骏马得骑，享不尽的荣华富贵。

然而，美梦虽美，却难以成真。从寒窗苦读、进京赶考到金榜题名、高堂做官，中间竖着一架窄窄的、万人竞攀的科考天梯。这天梯非拼死攀爬，好运光顾，无以登临梯顶的金玉满堂。

读书做官难，皇帝用士选官也非易事。

自古以来，维系家天下的是皇帝，早在即位之前，他就要谋划任用干臣把持朝纲这件大事。因为用人选仕，系着江山的稳固，黎民的安泰，有道明君自然不敢掉以轻心。所以每逢科考大比之年，皇帝总要拣选可靠的亲王、重臣主持开科取士，严格把关，力戒营私舞弊，把真才实学的考生选入朝纲，最后还要在金銮宝殿亲自面试考中的进士，查看他们的言谈举止，面容身材，召问对策，命题作诗，待等诸事满意了，这才金榜题名，昭告天下，可谓用心良苦。

但是百年来，我们抛弃科考如敝屣，毫不吝惜，到头来，甚至不知科考为何物。如同拆除那些早已颓败的老会馆，认定破旧立新，旧的不去，新的不来。

然而，旧将何去，新从何来呢？

历史果真可以这样小视吗？

回望我国的科举考试制度，起始于隋朝大业三年（607），废止于清光绪三十一年（1905），历时1298年。可以查考的榜数有693榜，产生过近700名状元，近11万名进士，数百万名举人。可以说，自隋唐以来，几乎每一个读书人都经历过科举考试，并被科考判定命运。历史上从未参加过科考的读书人是极少数。

历代科举考试淘汰了无数的读书人，却遴选出一大批民族精英，支撑起中国历史。如唐代的孙伏伽、王维、张九龄、韩愈、柳宗元、刘禹锡、颜真卿、柳公权、白居易；宋代的欧阳修、王安石、苏东坡、司马光、朱熹、包拯、寇准、张九成、张孝祥；明代的杨慎、康海、汤显祖、张居正、海瑞、徐光启；清代的纪晓岚、刘墉、郑板桥、翁同和、洪钧、钱大昕、林则徐、张謇、蔡元培等，他们中有的是状元、榜眼、探花三鼎甲，大多数是进士和举人。他们为充实民族文化做出贡献，为我们留下丰厚的文化遗产。

实行科举制度的1300年，几乎占据了中国两千多年封建社会的五分之三和中国五千年文明史四分之一的时间，时间之长，涉及之广，影响之大，难以估量。可以说，只要述及我国历史的经济、政治、文化诸方面，几乎都绕不开科举制度这一历史事实。

宋元以后,科举制度走出国门,东渐西传,流播海外。

越南、日本、韩国、朝鲜,都借鉴了我国的科举制度选拔人才,就连法国、美国、英国等国也都汲取了中国科举制度的理念与做法,形成西方现代的文官选拔制度。孙中山先生曾称赞中国的科举制度"是世界各国中所用以拔取真才之最古最好的制度"(《五权宪法》)。西方人称赞科举制度是中国继火药、指南针、活字版、印刷术之后的"第五大发明"。

科举如此受到洋人的抬爱,我们不可不知,以清代为例,重新回顾科举考试这一历史过程,该是一件长见识补无知的趣事。

清代的科举考试制度分两个阶段,一个是科举的初步考试,一个是科举的正式考试。

科举的初步考试有这么三种:童试、岁试和科试。

童试,一般又叫做"小考"。凡报考的学子不论年纪大小都叫"童生"或"儒生"。童生经过县试、府试被选拔后,还要经过由学政主持的院试,合格后就可以称作"秀才"了。秀才每年考一次,优胜劣汰,叫"岁试"。每三年还要参加一次大的考试,叫"科试",优者被提名,有资格参加举人的考试。

科举的正式考试,也有三种:乡试、会试、殿试。

乡试每三年举行一次,即在子、午、卯、酉这四个年中的八月举行,也称"秋闱"。考中乡试功名的被称为举人。举人可以到吏部注册,取得一官半职,不过职位很少,每年大概就40人到130人的名额。因为能中举的人很少,因此中举后又能候补做官的人就更少了。

会试在乡试之后的第二年的二月份由礼部主持,在京城贡院举行。所以叫"春闱"、"礼闱"。会试考中了,称为进士,进士每年的名额大概有300名左右。会试考完以后还要进行复试,选拔一二三等优秀的人才参加殿试。殿试在会试之后的第二个月,大概在4月份前后。殿试是皇帝在太和殿亲自考试,考中后就是钦定的进士,可以直接做官了。

刘春霖是我国最后一名状元,他生于1872年,死在1942年,是河北省肃宁县北石宝村人。曾任清廷翰林院修撰,旋即派往日本东京法政大学深造。1907年回国任咨政院议员、北洋师范学校监督,袁世凯大总统府内史、中央农事试验场场长、直隶省教育厅长等职。日寇侵占北京后,与他同科进士、大汉奸王揖唐请他出山做北平市市长,他

第九章 老会馆背后的功德

坚不从命，被日寇抄家，用刺刀逼出家门。满洲国成立，郑孝胥请他帮溥仪支撑门面，他严词拒绝，不愧是位坚守民族气节的状元。刘春霖诗书画俱佳，尤以小楷卓越。世间学书法乃有"大学颜真卿，小学刘春霖"之说。

刘春霖生前，多次向友人谈及最后一次科考的情况：

光绪三十年（1904），甲辰恩科、正科合并举行。这一年科考，殿试前按惯例先举行"会试"。"会试"本应在北京举行，北京专有会试的考场，叫做"贡院"。但在1900年八国联军侵略北京时，把贡院烧毁。1901年的会试，已被迫迁移到了河南开封举行，所以1904年这次"会试"也就只得将考场设在开封了。

"会试"的主考官（称大总裁）共有4人，由皇帝亲自指名确定，他们是：裕德、张百熙、陆润庠、戴鸿慈。另外还有18名同考官（俗称十八房）。

考试是在1904年农历三月初八开始举行的，每场3天，连考3场，各场考试内容为：

第一场：中国政治史论5篇。

第二场：外国政治艺学策5篇。

第三场：《四书》文2篇，《五经》文2篇。

农历四月初十，贴出了榜文，"会试"共录取考生273名。第一名是谭延闿。被录取的考生皆称为"贡士"。贡士需再到北京参加"复试"、"殿试"。"殿试"非常隆重，考试日期是农历五月二十一日。殿试的主考官（大总裁）共8个人。他们是：大学士王文韶、鹿传霖，尚书陆润庠、张英麟、葛宝华、陈璧，侍郎李殿文等。

殿试的考场在故宫三大殿的第三殿——保和殿。殿中间设有御座，是皇帝亲临监场的座位。自从清道光皇帝以后，皇帝就不再亲临，而是委派一位亲王代理。这次殿试是恭亲王溥伟代表监场，另外还有大总裁和考官的座位。其余都是一排排的2尺多高的小桌，没有座位，考生们自带小凳（市面上专有卖这种凳子的）。

五月二十一日早晨，所有考生到东华门点名，然后发给考卷，由专人带入保和殿，找到自己的考桌。"殿虽然大，可是273名贡生应试，也是满满的一殿人。"刘春霖回忆说。

发题前，考生们全都到前面中和殿前的石阶下，跪着接题（题是用黄纸印好的），然后回到保和殿各自原座位答卷。

试题是4道策论题。卷子要求很严，书写必须是正楷，不能潦草。卷子纸是特制的宣纸白摺，比一般宣纸厚一倍多，很难书写。如果写错了字，不准涂改，只能用小刀把错字轻轻地刮去再写，否则就视为"脏卷"，脏卷不予录取。所以，入考场前每个考生必须带一把小刀。考试时间只有一天，当天晚上必须交卷。据刘春霖回忆说："书写的时间就要半天以上，真正构思文章的时间很短，否则就完不成卷。"

农历五月二十四日，发表考生名单（不是榜）。这天早晨，考生们很早就到乾清门外等候，到时有读卷大臣在御阶上捧着黄纸名单，高声道名，只宣布前10名。这10个人出来排成队，由大学士王文韶领到养心殿，去朝见光绪皇帝。10名考生跪下，由领见官把名单呈上，然后从第一名起，背说自己的姓名、年龄、籍贯后，叩头起身退出，引见结束。刘春霖事后说："跪在下面，又不敢抬头，只是趁退出的时候，偷偷地看了一眼，皇帝是一个瘦瘦的脸型。"

农历五月二十五日，新考中的进士要朝见皇帝，早晨就到太和殿前等候，后由带领官把众人领到太和殿前的御道旁排队。当光绪皇帝在太和殿升座时，新考的进士都跪在殿前的石阶下御道两旁。大学士王文韶将黄色的榜呈送殿内，交给传胪官（科举考试毕，皇帝宣布进士名单时上传语下的人叫"传胪官"）。过了一会儿，听传胪官读榜："一甲第一名刘春霖"，接着有人应声高喊："一甲第一名刘春霖"，一连念三遍。这时有专人将刘春霖从队里领出来，跪在御道的靠左边。又读："一甲第二名朱汝珍"，同样有人应场高呼，也是读三遍，领出朱汝珍跪在御道的靠右边。继而又读："第三名商衍鎏"，也是读三遍，领出来跪在御道的靠左边。以后再读二甲第一名（即总榜第四名）张启后时，只读一遍，也从队里领出来了。读完金榜，便将榜悬挂在太和门外。因榜是黄色，所以称为"金榜"，也就是人们通常所说的"金榜题名"。宫中为了便于查寻，另同样书写一个小一点儿的榜，叫"小金榜"。1904年这次科考的小金榜，现仍存在故宫博物院中。（据人民政协报）

在会试、殿试期间，进京参加会试的举子们可以享受"公车"（只报销单程）待遇，来自全国各地的六七千举子，带着他们的仆人、随从涌进京城，去拼死争夺三百名进士的名额，形势非常严峻。于是这几万名进京的流动人口住宿就成了问题，继而还有名落孙山而又缺少盘缠的落榜举子，为了等下一个三年，羁留京城，也急需一个既能免费寄居，又有念书的好环境的地方好"临阵磨枪"。这样，为接纳这批"未来之星"创建会馆的任务就落在了京城同乡官绅的肩上。

朝官士绅为本乡本土举子兴建会馆的热心，自有它的来由。

封建社会几千年，一直是家国，以家治天下，信奉"修身齐家治国平天下"，把"天地君亲师"的牌位供奉高堂。因而，同乡的亲情就成了出外谋生的一重保障，有了"亲不亲，故乡人"的慰藉。更何况他们有过千里迢迢奔京城的酸辛经历，深感在尔虞我诈的权势斗争中，多么需要家乡人的帮衬与协助；或者是为了维持本乡势力的延续，把希望寄托在下一科的政治新星上，他们颇具眼光而又毫不迟疑地捐出旧宅，或出资买房，正是为了在居住大不易的京城，留给本乡举子们一处备考应试的僻静所在，也为候补待选的同乡官员，乃至为进京谋生的乡亲留下一处得以生存发展的落脚地。这种功德不是无私的，却保障了乡里集团的利益，调理了社会人才竞争的秩序。

一个因科举而催生京城的会馆，曾经寄存了五百年来自全国各地精英、俗子如山似海般的梦想，刻录下他们在京城苦斗挣扎的印记，时至今日，这些珍贵的记忆已被无情的岁月洗刷得踪迹杳然，少为人知，或者要问，还有必要去捡拾这些历史的残片吗？

检索我的人生轨迹，也可以看出一些道理。

我是北京解放前读的小学，那是民国教育，讲究德智体美的全面发展；解放后读中学和大学，照抄了一段苏式教育，又加强了阶级斗争的教育，自然没有经历过读经科考的年代，却有幸见识了经历过那个年代的师长，从书本上知会了一些陈迹旧事。这期间，人生指针几变，小时候随口歌咏的"头名状元夺大红"被斥为封建糟粕，换成了"把一切献给党"的铮铮誓言，立志改造思想"做一颗永不生锈的螺丝钉"。一场史无前例的"文化大革命"横扫了一切，包括理想、事业，衣食住行……横扫一空。直到经济崩溃、民心失散之后，这才恍然大悟，原来"发展是硬道理"。

于是，我看见曾经让老舍们肝脑涂地的孔庙里，一排排小学生穿起想象的汉时衣冠，手捧《论语》高颂"学而时习之……"呼应着路旁幸存的进士碑。接着湖广会馆大戏台重张，响起京剧锣鼓；拆毁一空的小蒋家胡同，单只留下长期作为中药仓库的平阳会馆大戏台，修葺一新，上演东北二人转。看来，科举考试所用的国学和会馆娱乐的戏台，又重饰光彩，挤进了现代生活，给今人出了个试题。

三、捡拾京城会馆的几块残片

如同捡起一角出土的元青花磁片，游走京城宣南地区的老街旧巷，只要你留心：寻地名、看门面、找老街坊打听，你就会发现一处处老会馆的残片，等你揩去尘垢，从中抻出一个长长的故事。

1. 名存实亡的福州新馆

地名显示，有条街就叫"福州馆街"（今人名之"福州管胡同"），它原以福州新馆得名，可见当年这是一座叫得响的大会馆。福州馆街在虎坊桥西南，东西走向，长200米，宽4米。

细一打听，原来明天顺四年（1460），在这条街内皇封敕建了崇兴寺，庙宇显赫，故街名崇兴寺。今天这个庙的旧址上是一座小学校。崇兴寺街上还有一座官宅，住着明万历朝的庶吉士叶向高大人。他是福建福清人，生于嘉靖三十八年（1559）。那年，倭寇乱闽，叶朝荣一家逃难，夫人林氏身怀六甲，临盆时，无处安身，只好在路边一个破旧的厕所里，生下一子取名"厕仔"。后来此子入学，老师起名叶向高，希望他学业有成，步步向高。隆庆元年（1567）叶朝荣进京入国子监学习，叶向高跟随前往，借住在老乡家里，受人冷遇，几乎被赶出门。叶向高发奋读书，乡试中举，万历十一年（1583）在南京考场中了进士。他为官33年，历经三朝，在官场激烈的争斗中，两度入阁，独相七年。他襟怀宽容，精通围棋、堪舆，尊重佛、道、天主诸教义，著作甚丰。叶向高晚年自诩一生"未尝害一人，未尝受一人钱"，难能可贵。

叶向高深知家乡山多地少，屡受倭寇袭扰的艰难，读书人唯一的出路是科考。他体谅举子进京赶考的困苦，便捐出任庶吉士时的私宅，一分为二，改建为福州会馆和福清会馆，首开京官舍宅为家乡会馆的先河。此后福州会馆又购置了"义地"，暂厝死在京城的家乡人，寻机再迁回遗骨，务使叶落归根。家乡人不忘叶向高的功德，1933年9月，"福州会馆"通过决议，在"福州会馆"老馆的院中竖立了叶向高夫妇塑像，塑像高二尺余，叶向高冠冕堂皇，夫人俞氏凤冠霞帔，男女侍从分列两旁，供乡人时时祭拜。

进入清代，福建会馆日显局促，难以住进。清嘉庆十六年（1811），福清人林则徐来京参加会试，中进士，两年后偕夫人郑淑卿入住邻街（今福州馆前街）的莆阳老馆。林则徐屡屡与人商讨扩充福州会馆容纳更多家乡举子进京赶考，从他的日记中，可以看到他奔忙的身影。

如，嘉庆二十一年三月十六日记云"上午偕同乡诸人往虎坊桥董宅，议买房屋为福州新馆，即于是日成议。"二十八日记："未刻至福州会馆，公议新馆款项，戌时回。"四月十二日记："早晨赴万隆号，备福州新馆屋价。"十三日记："往董秋鱼比部家，偕诸同人成福州新馆屋价。"林则徐关切会馆扩建之情与办事之干练跃然纸上。

新馆坐北朝南，为四进院落，光绪后又扩得馆东十余间，修成中西合璧的议事厅。新馆扩容后，福州、福清、闽县、侯官等地士子恒居馆中。馆内曾按林则徐福州故居"桂斋"的名号，设置"桂斋"厅堂，悬挂林则徐像，依时祭拜，不忘前贤恩德。

福州新馆今仅存走了样的街名，原址建成北京市工人俱乐部剧场。当年马连良、谭富英、张君秋、裘盛戎、赵燕侠挂牌的北京京剧团，常在此演出，盛极一时，为京城留下又一种记忆。

2. 湖广会馆听大戏

如今，在京城找老戏园子听大戏，有个好去处，那就是虎坊桥十字路口西南角，曾经与福州会馆相邻的湖广会馆。历史对湖广会馆特别关照，不单庇护它逃过了拆除一劫，还使它获得修葺一新的好命运。

湖广，指湖北湖南两省，明清时曾属于一个管区。康熙二十六年（1687）撤湖广省，分置湖北、湖南两省，但仍设湖广总督统辖两省事务。由于历史和地缘的关系，跨省建大会馆京城少见，湖广会馆为历史的多个节点提供了一个平台。

它的前身，有的说是大明首辅张居正的府第，查无实据，但肯定是座显官的豪宅。

清嘉庆十二年（1807），长沙人刘云房相国和黄冈人李秉和少宰首先创议，集资兴建湖广会馆，为家乡进京的举子和居京的乡僚造福。

道光十年（1830），因会馆"规制未尽崇闳，又经风雨剥蚀，每岁团拜咸称不便"，遂于当年正月由天门蒋丹林副宪与道州何仙槎尚书发起，集资重修，"升起殿宇以供神灵；正建戏楼，盖棚为公宴所。"重修于五月竣工，费银五千余两。咸丰七年（1857），两广总督叶名琛在广州被英军俘虏，囚禁饿死在印度加尔各答。他的弟弟叶名沣见家道中落，就把邻近会馆的家宅捐入，扩充了湖广会馆的容量，成了今日的规模。

会馆呈南北走向，包括南、中、北三个部分，总面积达43000平方米。

会馆正门开在东墙南边，面对虎坊路，大门砖雕十分精美耐看。步入正门，穿过走廊，迎面而立的高大建筑便是著名的大戏楼。

京城较大的会馆常设有戏楼。这是因为随着会馆接纳进京举子的功能日益扩大，逢年过节，或遇有本乡官员升迁，会馆常举办不同类型的宴饮聚会，一来增进乡谊，疏通关系；二来共同娱乐，密切感情。

自元以来，京城居民就雅好戏剧，清中后期，受宫廷的影响，京城戏曲由昆曲转向乱弹，京剧应运而生，涌现了一拨拨杰出的演员。而顺治入关，旗汉分居，茶园戏楼都被轰到南城，进京的戏班和落户京城的"好佬"，如程长庚、谭鑫培、王瑶卿、梅兰芳等，几乎无一例外地都住在南城，这就为会馆戏楼的演出提供了方便的机会。会馆堂会演出的规模、戏码、名角出场、观众身份，往往轰动京城，超过了一般的戏园子。

湖广会馆的戏楼不同凡响，不仅建筑宏大，装的观众多，而且拢音，视听效果好。戏楼呈南北向，面积约430平方米，从外面看，双卷棚勾连悬山式屋顶，四周出重檐，翼展4米，很有气派。

一楼正中是池子，东、西、北三面是两层看戏廊楼雅座，观众可容千余人。

戏楼在正院之前，围以看楼，前清文人团拜时，演剧联欢，为一时盛会。他省喜庆彩觞，亦多假此举行。民国以后曾演义务戏数次，谭鑫培、余叔岩诸名伶亦楚人也，皆曾经出演。（《北京湖广会馆志略》1947）。

好地点再加上好戏楼，必然招来如云的贵客和梨园好佬儿，湖广会馆就成了京城理想的聚会、宴饮和观剧的所在，留下历史记录。如：

同治九年（1870）曾国藩在这里办过六十大寿。

光绪二十六年（1900）年八国联军侵入京城，美国提督以此为美军司令部。

光绪三十四年（1908）朝廷公派第四次出国留学生考试及第诸人在此举行团拜宴会。

民国元年（1912）财政部印刷局工人组织的"印刷同业进化会"在此开会。

民国五年（1916）梁启超在此向公众讲授宪法纲领……

湖广会馆还是中国国民党的诞生地。

据《顺天时报》报道，1912年8月24日孙中山抵京。次日上午8点，由同盟会主持在湖广会馆大戏楼召开欢迎孙中山莅京大会。下午黄兴、宋教仁等人，在"朝野合作"的旗号下，宣布同盟会与统一共和党、国民公党、国民共进会、共和实进会五团体合并，改组为中国国民党，在湖广会馆举行了成立大会，到会五千余人，推举孙中山为理事长。

湖广会馆的中院有一座二层三开间的木楼，下层中厅为先贤祠，供奉湘鄂两省先贤神位每年正月两省公众祭拜，激励后人以先贤为楷模，再创辉煌。木楼二层供奉的是文昌帝君，保佑两湖学子"开佐文运"，金榜题名，科场夺魁，为家乡父老增光。文昌阁匾额为刘汉云题写的"蕴含为章"。院里有口"子午井"著名京城，井径二尺，深七八丈，环井围栏，刻有铭文。纪晓岚《阅微草堂笔记》里说，从井里提水，"子午二时汲则甘，余时则否，其理莫明。或曰阴起午中，阳生子半，以地气应也"。这是因为湖广会馆坐落在莲花池水系的永定河故道上，每逢子午二时，地下潜流会定时流经子午井下，故打上来的水是甜的；其他时间循井壁上升的地下水，含盐碱，咸涩难喝。因此，京城"品茶者多设法于子午二时取水烹茶，水甘茶醇，实乃茶中一雅"。有道是：文昌阁前一口井，饮之文思如泉涌。

湖广会馆的北院由宝善堂、楚畹堂、风雨怀人馆及叠山石、竹木花荫组成。宝善堂在后院中间，一拉溜儿五间北房，供两湖同乡聚会用。楚畹堂为三楹西房正厅，古朴典雅，四壁悬挂两湖名人字画，正是以文会友的好去处。风雨怀人馆取"风雨故人来"诗意，怀念乡亲友好，情意缠绵。曾国藩进京述职时曾住此楼。后院不大，却兼具竹木花石，为会馆添一笔难得的自然野趣。

科考废除，会馆无依，必须找存活的出路。20世纪30年代会馆董事会将正院与廊房租给华北大学，戏楼租给马路对面的京华印刷局。解放后，戏楼空大，曾作为北京制本厂的四车间。1984年湖广会馆被列为北京市文物保护单位，后经建筑大师张开济等人倡议，保护恢复了湖广会馆。1994年由北京市对外文化交流学会、北京市文物局和宣武区政府三家联合重修了湖广会馆，为北京完整地再现了一座清代会馆的建筑。

四、台湾会馆旧地重光

2010年5月7日，新辟建的前门外大江胡同东口，彩旗飘舞，贵客如云，海峡两岸的代表共庆拥有百余年爱国传统的台湾会馆旧地重光。

大江胡同原来叫大蒋家胡同，是我上小学时每天必走的一条东西向胡同。早先受前门护城河分流，泄水南下河道的影响，胡同弯弯像一张弓背，北接鲜鱼口，西通前门大街，东连三里河，南面是我住家的小蒋家胡同，出西湖营南口就是热闹的珠市口十字路口。这条胡同四通八达，却隐于四条闹市之间，自然成了会馆、库房和商家私宅的竞选之地了。台湾会馆在胡同东头，如同一般的住家户。印象里台湾会馆不像别的省县会馆，一省多家，甚至一二十家。台湾省会馆仅此一家。

《光绪朝顺天府志》记载，清代晚期，在京城近250条胡同里，建有会馆414所，涉及18个省。过去，因为台湾府属福建省管辖，所以长期没有建立本府的会馆。那时候，台湾举子进京应试都按照祖籍地填写身份，分别住进闽粤各地会馆，如福州会馆、泉郡会馆、晋江会馆、永春会馆、汀州会馆、蕉岭会馆、番禺会馆、南海会馆、湖广会馆等。这样虽然解决了住宿问题，却带来同乡来京举子之间的联系不便。随着1885年台湾改道为省，行政地位升格，加上淮军名将刘铭传出任台湾首任巡抚，在全台推行新政，功效卓著，因而台湾地区的政治、经济、文化得到了迅速发展，岛陆交往频繁，在京城兴建台湾会馆的要求，越来越迫切。

早在1883年，台湾兵备道刘璈就有在京建馆的想法，他曾经提银三千元，托居京的绅友在都城购建一座全台会馆，为台湾来京会试的举人及在京城供职的士绅居住。因故没有办成。光绪十九年（1893），台籍进士施士洁舍宅建馆，在铁门胡同建成了"全台会馆"，名字是仿照"全闽会馆"叫的，连一切规章制度、钱税、房租等都委托福建会馆代管。后来，因为地址偏僻，旅京台胞议定卖旧换新，就选定了前门外闹中取静的大蒋家胡同建新馆。

不料新馆建成不久，就迎头撞上甲午中日开战，结果中国海战、陆战全都惨败，李鸿章赴日媾和，还挨了日本浪人一枪，险些丧命。1895年4月17日，清政府与日本签订了丧权辱国的《马关条约》。消息传到北京，神人共愤，台湾同胞尤其悲怆欲绝。这时，恰逢科考会试结束，举子们盼望发榜之时，闻此噩耗，云集京城的各省应考举子，莫不怒火中烧，纷纷上书反对光绪帝签约用印、割让台湾。

4月28日，户部主事叶题雁、翰林院庶吉士李清琦、举人汪春源、举人罗秀蕙、举人黄宗鼎5位台湾同胞在台湾会馆率先向都察院呈文，发出"与其生为降虏，不如死为义民"的啼血心声。康有为多次前往台湾会馆，与台湾举子共商国是，写《公车上书》诗，赞扬台湾举子扛棺木、击前进鼓，从台湾会馆出发，到宣武门外达智桥松筠庵，汇合各省举子向都察院呈交《上清帝书》的悲壮情景。扛棺，表示台湾举子"死不事倭"的决心；击鼓，表示台湾举子有进无退，一往无前的战斗意志。康有为激动地写下：

  连日并递章满察院，衣冠塞途，围其长官之车。台湾举人，垂涕而请命，莫不哀之。时以士气可用，乃合十八省举人于松筠庵会议，以一昼二夜草为万言书，请拒和、变法、迁都三者。

第九章 老会馆背后的功德

马关条约换约后,台湾被割让,日本驻华使馆一度萌生霸占京城台湾会馆的野心,被台湾同胞识破,他们巧妙地把会馆的全部产权移交到福建会馆名下代管。自此,归于福建会馆名下的台湾会馆就担当起旅京台胞联系国人、抗倭复兴的重任。而生活在台湾地区的广大青年学子,为了拒绝接受日本占领者的同化教育,纷纷来到北平,住在台湾会馆,以原祖籍报考京城学校求学。

1937年北平沦陷后,台湾省旅平同乡会成立,为了维持生计,保存会馆,同乡会将台湾会馆出租给山西正记纸行当仓库。1946年台湾光复,重新回到祖国的怀抱。旅居平津两地的台胞思乡心切,在同乡会的帮助下,他们平安返回家乡,台湾作家钟理和、雕塑家杨英风都在日记里记下了这段难忘的经历。近半个世纪屈辱的日子,英雄的台湾同胞始终坚贞不屈,隔海北望,心系神州:

> 眷眷之心,日朝京阙,不信中华赤子永做蒙耻之人,遂以亡省,誓不亡心!一腔碧血,三升忠胆,自有洒处。

新中国成立后,根据有关政策,各地会馆交由各地同乡会经管。北京市民政局核定:

> 台湾在京会馆仅有一处,坐落在前外大蒋家胡同一百二十七号,共有房二十三间。现租与察省财经委会驻京销运处住用,每月租小米七百斤。

台湾会馆财产管理委员会将会馆的月租收入用于"酌量缓急,救助同乡"。

1952年10月8日,北京市房地产管理局向"北京台湾会馆财产管理委员会"发放了房屋产权所有证,"文革"期间,台湾会馆由房管部门代管。1977年11月,北京市政协恢复工作。根据台胞委员提案,北京台湾会馆的产权由房管部门移交给市台联。由于会馆已变成"大杂院"、房屋被用作企业职工宿舍,11位在京台胞中的北京市政协委员,又以提案方式推动腾退工作。整个院落全部腾空后,市政府拨专款支持对已破旧不堪的房屋进行整修。1994年7月18日,北京市台联隆重举行台湾会馆修复揭幕典礼。

较之京城众多沦落的会馆,台湾会馆是幸运的,它虽然也经历了一番磨难,毕竟时来运转,旧地重光,依然担当着海峡两岸交流的平台。湖广会馆、阳平会馆、正乙祠会馆、安徽会馆也是幸运的,他们的重生,得益于无意间留存下当年建造的大戏楼。先人所好,勾引起今雅好者的珍惜,旧物见新,涂抹上时髦的华彩,演绎着并非是昨天的故事。

由科考催生的会馆,既不是汉魏时迎迓官员的馆驿,也不是今日的"驻京办事处",萌动于会馆中的是一种振奋向上的锐气和回护乡谊的温情。在逼人欲疯的科考淘汰中,置下一块喘息、缓释、东山再起的院落,有多么解乏、救命。

我们从败落的老会馆颓垣中看见了先人襟怀远大的功德。

第十章
日下出门全靠腿的老交通

西四牌楼

小京纪实
BEIJING JISHI
老北京梦寻

日下是太阳底下，寓意天子脚下，老北京的一个老名字。我是在"日下"长大的，虽然换了几个"日"，"下"一直是那个"下"。

1951年我在崇文门外清化寺街小学毕业。毕业典礼之后，全班同学拿着一纸证书，安静地坐在大明清化古寺的大殿（我们的教室）里，听班主任陈老师的临别赠言。

陈老师瞪着大眼，认真地扫视了一遍在座的每一个同学，说："我讲了六年了，该说的都说了。今天我想请同学们自己讲，就讲你们走多远。"

大家面面相觑，不明就里。陈老师笑了："我问吧。请回答，你们往东最远走到过哪里？"有说到过瓷器口的，有说到过四块玉的，结果，最远的到过龙潭湖。往南呢，最远只到过永定门关厢；往西最远的只到过白塔寺。而往北最远到过北海，那还是学校组织春游远足去的。反正大家出门半径一般不超过5公里。

我们很得意，自以为走了那么远的路挺不错，谁想陈老师却说我们路走得太近，地方去得太少，因而见识也就太浅。他鼓励我们毕业后放开两腿行天下路，读天下书。我当时听了暗暗发笑，喊，说着容易，靠两条腿不要说走遍天下，就是走遍北京城，也是办不到的！

一、腿的日子

过去出门，一般人全靠两条腿，十里八里抬腿就走，不算什么，那是腿的日子，迈开两脚走遍天下，此言不虚。

在京城行走，有难有易。旧日的京城"里九外七皇城四"，四四方方，横平竖直，道路不少，可多是土路，坑坑洼洼，走着又脏又累。好一点的路是用石头渣滓铺的，虽说比土路瓷实，平整不变形，可人走上去俩脚硌得生疼。柏油马路我们叫油漆马路，少而又少。至于洋灰（水泥）马路，更是难得。还有一宗，土路遇着刮风下雨，那才遭罪呢，真应了"无风三尺土，下雨一街泥"那句老话了。因此当年在京城大小路面上行走，既费时又费力，颇有跋涉艰难之感。

印象很深的是过去周末，我常去阜成门外南礼士路亿合盛粮店柜上，从住家的珠市口奔前门，上西长安街，到西单，再往北到西四牌楼。这一路全是繁华街区，路好，街面也热闹，累了还可搭一段电车，不觉辛苦。但是从西四牌楼往西走的官道全是半尺来厚的细土，走上去扑哧扑哧软绵绵，脚面都陷进土里。这本是骆驼队从门头沟运煤进城的必由之路，路面都被踩烂了，像细罗面一样暄腾。后来我有了经验，不走官道中间，顺着路边买卖铺门口横铺的长条青石台阶走，平整干净，脚不沾尘，轻松多了。

老城圈儿的核心是紫禁城，皇宫里的御道是用玉石铺的，皇上脚不沾尘，轿来轿去，有何跋涉之苦？出了宫门，就连整个京城的道路交通也是按照天子驻守与出巡的需要建造的，书上说："京城街道除正阳门外，绝不砌石。"一条南北中轴线，南起永定门，穿过紫禁城，北到钟鼓楼，中间御道是石砌的，其余都是土路。京城的官道横竖都围着皇城修，老百姓出门只能绕着大圈子走，没有方便可言，说来也怪，一国的百姓都认这个理，买这个账。

要想走着省力，当官的可以坐轿，让百姓抬着走；也可以骑马，高高在上，耀武扬威。一般人够不着骑马坐轿，要是走远道，比如出德胜门奔沙河，就要靠小毛驴了，借助驴的翻蹄亮掌省下人的两条腿，而且骑驴又快又稳，何乐而不为呢？北京人有句歇后语："骑驴看唱本——走着瞧"，前半句说得多悠闲，多惬意，可那句"走着瞧！"意思够狠的。

小毛驴曾是北京人的"小朋友"，它体形小，温顺好养，吃的草料少且不讲究，养起来也不占地方，房前屋后有个地方拴上就能落槽，所以不少贫寒之人生活没落子的时候，就找人借俩钱，在骡马市上买头小毛驴，做赶脚的营生，只要不怕苦累，照样养家糊口。更有人看雇驴的人多，就拴几头驴，雇几个伙计在城门外的关厢，经营起"驴窝子"，搞中短程"客运"，沟通北京城乡交流，倒也生意兴隆。每逢节假日骑驴还是京城人士赶庙会、出城踏青的一乐。

从前北京人过春节，有两个地方最吸引人，必去。一个是和平门外的厂甸，另一个是西便门外的白云观。厂甸地处繁华，交通便利，好来好往；白云观地处外城以外，一路黄沙，行走就不那么便利了。一般城里人去白云观要出宣武门，顺着城墙边上的护城河往西走，过西便门，再向南。夏天经过，循河看柳，不觉烦闷。冬天就不同了，灰黄一片很单调。于是，有人就想为庙会添个彩，加个小节目：骑驴逛白云观。这就有了宣武门外的"赶驴市"（后来成了地名），人们在这里雇驴，讲好价钱，抬腿上驴，脚夫一路挥着小皮鞭跟着小驴跑，北京人叫"戳驴屁股的"。还有雇驴骑不跟脚夫的，小毛驴净身把你送到白云观，那里有专人等着接驴收钱，不怕你赖账不给或少给脚钱。原来这驴都受过训练，道熟，认人，犟脾气。雇主与驴主在宣武门讲好价钱后，驴主人趴在驴耳朵边悄悄说几句话，小毛驴点点头，而后驮着雇主一溜儿小跑，驴脖子上串铃"咣咣"响了一路。快到白云观了，路边闪出一人，小毛驴立即收蹄停在那人身边，温顺地晃着头，喘着粗气。雇主要是按讲好的脚钱付清，主客两便。要是你赖账，说在宣武门给了脚钱，那人就会拢住驴头悄悄地"问"驴，小毛驴立即晃晃头表示没给，围观人见状哈哈大笑，雇主不好再赖，匆匆付费走开。这里有个门道，来时，驴主已在笼头上结绳记事，接驴人一望便知。再者，驯好的小毛驴绝不下道它往，有人强拉，它岔开四腿"咴咴"长叫，呼唤主人。因而北京人说到哪个人脾气倔，就会以"犟驴"比之，说他有"驴脾气"。

小毛驴深受京城老百姓喜爱，驴的形象渗透在老北京生活的方方面面。比如，有一首流行的儿歌，几乎过去北京的小孩都会唱、会表演：

我有一头毛驴，
从来我也不骑，
一天骑着去赶集，
得儿搭我活鱼（赶驴吆喝），
一不留神，
怎么样呢？
摔了一身泥。

北京的小吃中，有一种夹豆馅儿的黏米糕，蒸熟了还要在掺糖的黄豆面上滚一个过，北京人管这种豆面糕叫"驴打滚儿"，形象好吃，逗人馋虫。

小时候听王杰魁评书《包公案》，说到小黑驴闯进开封府，替蒙冤受难的主人范仲禹告状一节，颇为惊奇感动，那头四蹄踏雪、白鼻白肚的小黑驴不仅乖顺可爱，而且忠勇可嘉了。旧时逛天桥，必看关德俊夫妻表演的"赛活驴"，他们把小毛驴的活泼、灵巧，讨人喜欢的种种细节，表演得活灵活现，叫人难以移步。

我骑过驴，仅一次。那是1960年我们北大中文系57级的同学，奉命到昌平黑山寨、望宝川参加"整社"劳动，我因病晚去，"单飞"，一位生产队老干部拉着一头毛驴下山，在十三陵大宫门等我。老干部打过日本鬼子，一肚子十三陵典故。他没让我骑驴，只把我的行李卷儿驮在驴背上，一边走一边指着一座座颓败的皇陵说得有来到去儿。途中歇汗儿，他看出我的心思，让我骑驴试试。我兴奋地跨上驴背，只在山路上"试"了一小段，就觉着前仰后合坐不稳，屁股硌得生疼，浑身较劲，比走着还累。我累，小毛驴比我还累，直打响鼻。老干部笑了，说："骑驴不能骑背，要骑在驴腔上，爬山下坡驴好使得上劲儿，你把驴背压塌了，它也走不动了。"说罢，他骗腿上驴，往后一坠，恰好落在驴屁股上，小毛驴长嘶一声，轻快地甩开四蹄，瞬间，山路响起清脆的驴蹄声。老干部告诉我，骑驴不同骑车，车是死的，驴是活的。人骑在驴腔上，要随着驴动而动，不能犟劲儿。它颠儿，你也随着颠儿，人驴一个劲儿，都轻快，互相给力。要不你再试试？我没试，怕坐在驴屁股上，让驴把我颠到山沟里。

驴，是北京人可爱的"小朋友"；骆驼，就是北京人离不开的"大朋友""老朋友"了。老北京有句歇后语："门头沟的骆驼——倒煤（霉）。"过去，一年中除了夏季，一串串的大骆驼三个一队，五个一把儿驮着煤块，从京西门头沟出发，伴着"叮咚叮咚"的驼铃声，缓步徐行，踱进阜成门，给千家万户送来温暖。

《清代北京竹枝词》唱道：

煤鬼颜如灶底锅，

西山往来运煤多。

细绳穿鼻铃悬颈，

缓步拦街怕骆驼。

成行的大骆驼，像一脉山岭，把个狭窄的街道堵了个严严实实，怎不令人惧怕？终于惹怒了诗人：

拦车遮路走成行，

五六相连一串长。

辱骂街头能忍耐，

彰仪门内狠如狼！

（李虹若《朝市丛载》）

彰仪门是广安门旧称，可能这里的门官严厉，驼队进城不敢不小心听命。

除了煤，北京城用灰沙石料，也少不了骆驼的搬运。据说，大骆驼不属国产，它是汉武帝大将张骞从西域引进的。骆驼体形高大，性格温顺，有极强的耐力，能驮五六百斤重负，日行百里靠反刍消化，吃饱喝足了可以几天不吃不喝，被誉为"沙漠之舟"。大唐天宝年间，安禄山范阳起兵杀奔长安，一路靠骆驼运送粮草；元太祖成吉思汗东征西讨，节节胜利，仰仗了一支骆驼运输大军；元世祖忽必烈兴建元大都，明成祖朱棣打造北京城，都少不了借重骆驼队的长途运输，把灰沙石木等材料运到京城，建造起宫殿民舍大道桥梁，有了今天北京城这个模样。故而，论功行赏，骆驼该是筑造北京城的大大功臣。

骆驼有功，且可爱。旧日，夕阳、城墙、骆驼队是最具故都风采的一景。殊不知，当年骆驼亦曾是驰骋北国疆场的佳骑，早在1600年前的北朝民歌《木兰辞》，就有"愿驰明驼千里足，送儿还故乡"的歌咏。直到近年，还有骑骆驼的边防军出没在我国三北沙漠边界。

骆驼不光用腿，而且用两座高耸的驼峰，驮动了千年古都，而且以它那坚忍不拔、负重远行与宽容和顺的精神，融入了北京人的品格。于是，有了老舍先生塑造的骆驼祥子，北京人有了"傻骆驼"的绰号，那是自诩和期望。在宽街上飞驰"宝马"的今天，追寻"傻骆驼"我们是得，还是失？

二、腿和轮的日子

腿和轮结合是蹬车，蹬自行车。

20世纪30—40年代，京城的自行车是稀罕之物，谁家有辆自行车，可不得了，令人刮目而视。我常常奇怪，两个轱辘一条线怎么骑着不倒，却立着倒？及至我在珠市口南面的大市北上坡（早市）的空地学会了蹬车，那感觉仿佛神助我飞，尤其是过北海大桥大下坡的时候，飞轮哗哗响，一路下滑，那简直就是飞。骑车上瘾，先是北海、颐和园，后是香山碧云寺。有年暑假，十几个同学搭伙竟骑了趟天津，240里地呀！

我爱自行车，还骑过不少外国名车。六十多年了，自行车成了我生活中不可或缺的一部分。早晚上下班，节假日出游，它不单是我代步的得力工具，更是使我四肢通泰、心域畅开和文思奔涌的好伙伴。骑车给我的种种享受是坐什么样的小汽车也得不到的。

　　日本投降那阵子，我正上小学。那时候总觉着北京大的没边儿，学校稀少，每天上学要走十几里地。有一天爸爸从东晓市给我推来辆26"富士"自行车，黄绿色，八成新。车不高，一字平把又宽又大，配在座后的也是一个又宽又大的货架。两个车轱辘挺粗，有点像28加重车，只是小一号。这辆"富士"车让人觉得敦实平稳，像头小黄牛能驮一座小山。车的分量重，骑起来却不沉，三套轴挺给劲儿。赶上载重爬坡，这车的优势就显出来了，既不飘也不肉，稳稳地帮你过难关。据说这是日本鬼子侵华那阵儿用的军用车。骑着它，心里总别着股劲儿。

　　1949年，北京解放了，我考上了灯市口的老育英中学。家在东珠市口，一天往返四趟，更离不开自行车了。学校是雕梁画栋的古宅院，足占了多半条街，听老人讲，大明嘉靖年间，这儿是权相严嵩的相府。一百多年的教会学校放在五百多年的相府里，多有意思。每到放学的时候，同学们蜂拥而出，各色的自行车像河一样地拥出校门，其中唯有我那辆小"富士"最各（音隔）色：车比别人矮一截，扶着大平把像戏台上拿架子拉山膀。同学们起着哄地喊："瞧啊，小日本溜出来啦！"笑声一片，我真不好意思。说实话，车骑熟了，扶把蹬轮要哪儿有哪儿，如同自己的胳膊腿儿，太自在了。可又一想，都解放了，满街筒子也找不着一辆这样的老古董，再骑着有多寒碜。心一横，又央求爸爸给我买了辆天津28"飞鸽"。小"富士"送给乡下的亲戚了，人家千恩万谢地请回去，当了宝贝。

　　那是"飞鸽"创牌子时期，新车做得很精良：窄平把，前后托泥板儿也不宽，看着干净漂亮，骑着平稳出快。特别是把窄，与肩等宽，双手平放，身体微前倾。支点力度都设计得恰到好处，车走起来也好看。据说，初创的"飞鸽"，是仿照英国"三枪"车制造的。直到今天，我仍然觉得老"飞鸽"的样式、结构和工艺都比现在的好。

　　以后，我还骑过英国的"凤头""三枪""猛牌"，荷兰的"手牌""蓝铃"和东德的"钻石""飞人"，以及日本的"菊花"、新"富士"等名车。这些洋车的分量轻，材料大多用的是锰钢，设计制造讲究科学，所以，造型美观，骑起来轻快、舒适，再配上"加快轴"（实际是齿轮变速器）和美观的前后车灯，那真是把人和车都抬高了一个档次。记得有一年暑假，几个同学吵着要骑车上天津，可巧我借了辆"手牌"28大弯梁女车，座儿软车把高，骑上去，上身正直目视前方，双手端把自然舒适，蹬起来似有若无，既吃劲儿又省力，来回200多公里，别人直喊腰酸屁股疼，我却没觉着有什么事儿。

　　早年，国产车也有过一段辉煌的日子。一度"飞鸽""永久""凤凰"等国产名车要凭票供应。自行车、手表、缝纫机构成家庭主要财产的"三大件"。国产自行车虽然有些地方比不上外国名车，但那价格和适应性都得到民众的厚爱。至今，回忆似水华年，我都由衷地感激这些国产车驮着我每天上下班，买菜逛公园；特别是到了冬天，拉蜂窝煤，运冬储大白菜，还真亏了自行车的灵便顶用。赶上到火车站接人，自行车客货两用可出了大力。有过这么长时间同甘共苦的"交情"，您说，我跟自行车这份情意浅得了吗？

那年秋天，北京大学的百周年纪念讲堂要演昆曲折子戏，老同学苏培成来电相邀，正中下怀。怎么去呢？是打的，坐公共汽车，还是骑车？当然是骑车！可是，望着窗外低垂的乌云和不时袭来的冷风，想到来回近40公里的路程，我犹豫了。身体顶得住吗？婉拒了家人的劝阻，我决定对自己进行一次实地考察。

中午1点，我把雨衣塞进书包，蹬车北行驶进三环路，天色越来越暗，不时有雨星飘来。放眼望去，一条条新辟的公路、一座座新起的楼房，拔地而起的奥运场馆，把我吸引住了。上大学时走惯了的"青纱帐"老路"失踪"了，日新月异的变化燃起我惊奇的欣喜，似一本有趣的新书，一页页地翻过去，让我忘了天阴路远，只顾瞪大了眼睛，看。过了五道口，我从北大东门进入母校。如同当年一样，我信马由缰地骑着车，在美丽的校园里游逛。目之所及，心之所想，又像过电影一样重现了那段苦涩、激荡，却一直被崇高理想牵着跑的生活。回想，被锣鼓声打住，代之以《活捉》的惊恐，《赠剑》的缠绵，《游园》的春情和《刀会》的大气磅礴。这一晚精神大会餐令老夫好不兴奋，真想抬腿上台吼它几嗓子。回程的路是雨后的清新和灯火辉煌，游兴反而高涨，到家一点不累，暗自庆幸这一天过得真实在，真好！

入夜，秋雨又淅淅沥沥下了起来。躺在床上，想想一天的奔波，渐渐悟出一番新意。

居京七十余年，自行车就像一叶扁舟驮着我在人生的激流中颠簸前行，它虽然没有生命，却伴随我划过生活中的每一个航段，助我风雨兼程，苦乐共享，过去的岁月就像一帧帧连接的画片在我眼前飘过。有过苦楚，也有过欢乐，只要我抬腿登上我心爱的自行车，眼前就是我前行的目的，车轮飞转，路边的景物向着身后飞快地退去，我的脚力正足，是检验、提高我生命、生活质量的主要运动方式。

60多年，自行车给了我许多许多。不管是住平房，还是住楼房，门外总有我的自行车。自行车忠实地帮了我一生,它让我快乐、活泼,身心不老!

三、轮子行的日子

京城有句老话:"车船店脚牙,不死也该杀!"旧社会的车夫、船夫、店小二、搬运夫(脚行)和说合的经纪人(牙行),工作在社会最底层,接触广泛,业务流动,免不了"久在河边站"沾染上油滑狡诈、坑蒙拐骗的恶习,惹人愤恨。后来,人们把搞客运的公共汽车和跑货运的运输卡车,靠汽车轱辘吃饭的人,统称"轮子行",自然也属"不死也该杀"之列了。不过,如今的"轮子行"已成为今日人们生活离不开的行业,而且是城市新风的代表者。

1971年7月,我复员时34岁。办手续时,战友们都很同情我,劝我以有病为由,多领几百元补助。我没接受,只拿了一千元的复员费,一走了之。

我被市"安置办"分配到北京市汽修八场当维修钳工,按政策领二级工工资,每月29元7毛8分,转年升为三级工,工资36元9毛9分,后来定为四级工,工资40元01毛。由于我拿了1000元的复员费,算是买断了工龄,所以完全剔除了高校毕业生和干部的待遇,一切按社会劳动就业人员处理。

此时,我父亲被打成"反动资本家",岳父在阳泉被定为"反动技术权威"全都停发了工资,四位老人操劳一生,晚年的生活却没了着落,只能靠儿女们接济活命。我和妻子的月工资总共只有83元1毛钱。这笔钱,不但要顾全我们的五口之家,还要尽力照看四位老人,其艰辛困苦,难以想象。1980年,我的被复员改为被转业,恢复了干部待遇,境遇稍有好转,只是我的父母却没有等到这一天。

1972年,因为组织职工文艺演出,战友帮助把我调进北京市人民汽车公司工会工作。我发现,原来"轮子行"里并非如我想象的都是"粗人""痞子""下九流"。他们当中有延安时期最早的军委通讯科长谷先南、北京铁路局最早的客运处长王静轩、晋察冀边区贸易公司的经理杜松亭、刘栋等老干部,江青的堂弟李某某,抗日英雄蔡廷锴将军的亲属,还有早年参加越南解放事业的战士、海外归侨、参加过"一二·九"运动的辅仁大学毕业生……当然也有旧政权的留用人员,他们和普通员工一样,本本分分地做着为客运一线服务的工作,从不提及当年的光荣史。而广大公交职工,起早贪黑地奔忙在市郊区的线路上,默默地为全市乃至全国人民在北京的出行奉献一份顺畅便利。他们的工作是那么平凡琐碎,几乎被人们忽视。

1976年7月28日唐山大地震发生了,京津地区遭到重创。地震期间,在极其困难的条件下,全市公交却能顺畅如常,确保各条线路早5点准时发头班车,使得全市秩序井然。这引起了市领导的重视，市总工会领导倪志福、李瑞环找我了解公交职工的情况，问，为什么早5点市内的各路车都能准时发车？司售调保等工作人员是怎么提前到站点的？

我讲了凌晨3点钟景山门前会车的事儿。

解放前北平的公共交通主要靠驴马骡和人的两条腿。解放后公共交通大发展，线路四通八达，车多了，人多了，为了保证职工按时到岗，汽车公司安排每天凌晨3点，各线路派出通勤车把沿线不分场路的职工带到景山，而后在景山聚齐，各路职工再分乘本路的车赶回首发站点准备首班车。黎明时分，景山下笑语喧哗，车灯闪闪，很是壮观。景山会车，不仅保证了全市的正常运营，也顺便交流了情况，一举两得。

1976年7月28日凌晨3点42分，上早班的公交职工正在景山前结束会车、准备出发时，只见天光闪亮，山摇地动，人们站立不稳，瞬间传来附近民房的倒塌声。居民也扶老携幼逃出家门，高呼："地震了！"会车的各路职工先是被这突发的灾难惊呆了，很快大家醒悟到："赶紧上路，说什么此时也不能让北京瘫痪！"于是，奇迹出现了：在余震不断的京城，早5点，全市各条线路的公共汽车准点发出了第一班车。而此刻，有的职工家里的房塌了，亲人砸伤了，他们把家托付给亲友，毅然地坚守岗位，用更热情的服务宽慰市民惊恐的心境。全市公共交通秩序井然。平凡的公交职工不仅保证了京城的稳定，而且听从中央的紧急召唤，立即从车路抽调一批优秀的司机，驾驶着100辆新出厂的212吉普车奔赴唐山，沟通中断了的中央与灾区的联系。他们出发时连家也没回，直接从车路奔向灾难深重的唐山……

和公交职工处久了，我发现他们的要求是那么低，比如有一间自己的房子，能美美地睡上一觉；孩子下学回来能有人照顾，吃碗热饭；清明时节，能倒个班，给父母的坟上添把土……然而这些要求对他们来说又似乎太奢侈了。因为他们早已把时间和生命献给了线路的畅通上，为的就是让每个乘客都能来得及时，走得满意。平实、朴素，就像田野的沃土，拥抱种子，把粮食送给人间。

他们是怎么想的呢？

一位5路老司机跟我说：

有件事教育我一辈子。1954年冬天的一个晚上，我那时是5路汽车售票员。车到天桥正赶上天桥剧场散戏，人们排着队上车，我照顾着乘客的安全，最后上车关门，也没细看。车到前门时，我打穿儿卖票到了后门，只见一双浓重的眉毛向我一扬，他身后的人赶忙递过票钱，"周总理！"我惊呆了，接钱的右手怎么也放不下来。这时车里沸腾了，有问总理好的，有忙着给总理让座的，总理微笑着点头，和大家打招呼。我却激动地不知说啥好，一个劲儿地傻笑。车到北海，我搀扶周总理下车。他用力地握着我的手，一双明亮的大眼看着我说：小同志，你的工作很重要啊，感谢你！

平凡，并不惊天动地，然而惊天动地的伟业，能离得开平凡的日积月累吗？我曾问遍、查遍公交有关人和史料，据说周总理是当时唯一和群众一起坐过北京公共汽车的中央领导人。"文革"期间，有人以保证中央安全为由，决定让14路公共汽车改线，不许走府右街。周总理否决了，理由是，首先要考虑群众的利益！"首先要考虑群众的利益！"这几乎是检验一个政府是否把关心民生放在首位的重要标志。

在公交公司的那些日子里，我经常下场、下车队，背起票袋上车卖票，走访沿线单位，倾听群众意见，"马路车间"开阔、流动，十分有趣，如同在读一本活书。

1981年我调到民航办杂志，结束了九年的公交生涯，然而，"马路车间"的情缘却长存我心中。在街上只要看到公交车，我就觉得我还是他们中间的一员，依然领受着他们的关怀与帮助。

生活，不管是幸福还是苦难，都是社会的造就，命运的使然，摆不脱，也争不到。相比那些默默无闻、勤勤恳恳工作的劳苦大众，我唯有心平气和地劳作，无怨无悔地奉献而已。

我还特别爱与公交的新老职工谈古论今。一位日伪时期参加工作的老维修工告诉我，解放前北平的公共交通很差劲儿，差到少得不能再少。老百姓出门指不上公交，就靠"11路公共汽车"，"11路"就是两条腿。老师傅说得对极了。一下子使我想起小时候学校组织春游，就是从学校所在地的清化寺街走到天安门西边的中央公园。溜溜一整天，看什么都新鲜，玩得腰酸腿疼，却特别开心。那时候去北海，好像是远征，背上干粮和水壶，一年也去不了一两回。更甭说去万寿山了，那简直像出国。有一次，学校教体育的郑易老师靠私人关系租了辆拉煤的大卡车，带我们去逛万寿山，小同学乐坏了，一个礼拜都没安下心来听课。校长直批评郑老师是"搅乱民心"。那时，哪有公共交通可言哪。

从资料获知，早在清末，外国人就趁着光绪想维新变法的热火劲儿，在永定门至马家堡之间修了一条15里长的有轨电车线。1900年，义和团"扶清灭洋"，把电车道扒了，电车砸了，算是"扶"了大清朝，"灭"了洋鬼子。1913年，北洋政府找法国人借钱打算开电车公司。法国人见有机可乘，同意贷款，可利息高得吓人，还操纵公司业务，借此刺探中国经济、政治情报。当时中国的机器制造业还处在萌芽状态，进口电车的全套设备全由法国人把持，他好从中牟取高额利润。其中主要设备电车和车轨自然是法国的，其他设备怎么赚钱怎么进，比如，发电设备是瑞士的，变电设备来自德国，修理设备来自美国，这些设备绝大部分是国外淘汰的旧货，有的是残缺不全的零件。就这样，由于国内战事不断，政局不稳，国外刁难，直到1924年12月才有了天桥到西直门的第一条电车线路，往返10辆车。

那时国民党的政府也好，日伪政府也好，只为少数人服务，自己舒服就成了，谁管老百姓的死活，更提不上坐车了！到1948年北平解放前夕，全市只剩下5辆"一去二三里，抛锚四五回，上下六七次，八九十人推"的破烂公共汽车了。

1949年10月1日，新中国诞生，北平改为北京，成为中华人民共和国的首都。为解决首都的公共交通问题，政府调来88辆南京的美国道济公共汽车，漆成红黄两色担当首都的公交运输任务。此后又进口了匈牙利的伊卡洛斯和捷克斯洛伐克的斯柯达大型齐头客车充任运输主力，自己制造的电车也由单机发展到大型的通道车。新中国建立初期，在缺少能源的困难条件下，公交职工采用烧炭炉、背煤气包等办法，保障城郊的运输畅通和经济建设的发展。靠艰苦奋斗、自力更生的精神，我们开发了大庆油田，生产出"解放""黄河"等国产汽车后，首都的公交电汽车面貌焕然一新，线路四通八达。低廉、方便的月票保证了市民的乘用，地铁的开通更为北京的发展提供了保证。北京不仅长"高"了，而且变"大"了。而城市公交的发展正像一个"窗口"，向人们展示着北京城和北京人日新月异的变化。我身在其中，感受犹深。

1981年我回归所学专业，调到民航总局去办杂志，结束了十年的公交生涯。然而，十年"马路车间"真切的情缘却长存我心中。在街上只要看到公交车，我就觉得我还是他们中间的一员，还在背着票袋子打穿儿卖票，依然接受着他们的关怀与帮助。

生活，不管是幸福还是苦难，总可以找到一些温暖，人们之间诚挚的关怀，值得珍存。

四、飞行的日子

仿佛又是一种"轮子行",不过主持前行的由胶皮轱辘换成了"大翼",两只钢铁的翅膀腾云而起,三只胶皮轱辘只担负起降和地面移动。对了,这是飞机。一种给孩子带来无穷遐想,给世人带来极大便利的交通工具。忝列其中曾是我多年的梦想,梦成梦碎,也曾使我寒。

然而,生活待我宽厚,终于接续了我飞行的日子。

2008年春天,应柏林洪堡大学尹虹、海尔穆特两位教授的私人邀请,我和老妻踏上了飞赴德国的访友之路。虽然我曾在中国民航总局工作多年,国没少出,飞机没少坐,但这次出访却是退休后的纯民间来往。手续很清楚,拿着对方寄来的邀请函,约好时间,到德国驻华大使馆面签,而后订机票,准备行装。面签的第二天,我就收到快递送来的护照签证。"真快呀!"感叹使馆高效率的同时,我也感慨每天都有那么多的人到德使馆排队办签证去留学、探亲、经商、文化交流……至于去其他使馆办证的,旅游的,一天该有多少北京人出访、旅游啊!这么大的变化,过去连想都想不出来!

我们搭乘的是中国海南航空股份有限公司飞往匈牙利布达佩斯的航班。那时没有北京至柏林的直达航班,需要中途转机。

空中客车A330-200载着200多名中外乘客飞离首都国际机场,春夜星光灿烂,地面新建成的T3航站楼像一座水晶宫,晶莹光亮。飞机划入静谧的夜空,漫长的远行开始了。久不出游,一下子就远征欧洲,我很兴奋,而此行的目的是到柏林去看望50年结识的老友,更让我激动不已。51年前我在北京大学中文系学习的时候,组织上安排我担任德国留学生尹虹的辅导员。50多年我们从青年步入老年,而世界呢,拆除了藩篱,变得休戚相关了。这半个世纪的岁月,国与家,家与人的变动,难以想象,而我们的友谊能完好如初,却在情理之中。

乘务员送来晚餐、茶饮,忙活了一阵,道了晚安,舱内灯光渐暗,乘客开始休息。我放斜航空椅,轻松遐想,却怎么也没想到这次西行欧洲,乘坐的不是国航,竟是海航!这个1989年成立的地方航空公司,短短几年,不单飞出岛,飞遍国内,而且飞向世界,航线达500多条,很了不起!奇迹的背后令人深思。

提拉起身旁客舱的舷窗,窗外暗夜灰白,我的思绪被牵入绵长的昨日……

在北京城,斑驳的古迹随处可见,然而找找现代的东西,往往都会牵扯到变法维新的打打杀杀中。有件往事可见一斑。当年洋人曾在永定门外的马家堡修了一小段电车道,向京城父老推介这种比马拉人扛更省力、更便捷的运输工具,结果还没等百姓们尝试,就被扶清灭洋的义和团扒倒砸烂。这一仇洋的"民族情结",直到20世纪60年代,依然被无知的红卫兵天然继承,促使京城一连几天陷入横扫"四旧"、抄家毁门、焚书夺命的恐怖中!

有件趣事可见一斑。

1966年夏天周末的一个傍晚,我在德胜门城楼下等44路公共汽车回部队,忽然围上一帮十几岁的红卫兵,手握切菜刀,检查每个等车人的皮鞋,遇有高跟的,稍高跟的,皮鞋上有花纹的,或者不是黑色的,都要脱下砍烂,罚你光着脚回家。轮到我的时候,我乖乖地伸出左脚,一个小将不明白部队发的"三接头"皮鞋为什么前面包个硬皮头,请示他们的小头头。小头头大怒;断定这是"帝修反",喝令我脱下。我和颜悦色地问他:"你看见过毛主席登天安门时穿的皮鞋吗?"小将们一时错愕。我立即跟进:"他穿的就是这种由总后勤部发给全军干部的'三接头'皮鞋!"这回,小将们像泄了气的皮球,蔫了。此时汽车进站,一个稚气未脱的小将向我致了个军礼,说:"解放军叔叔,请您上车!"车上,同行的战友说,在这个时候,你可真敢和红卫兵顶嘴。我叹了口气回答道:"对付可怕的愚昧,如果都盲从,后果要比愚昧可怕一万倍!"

昨天的梦魇毕竟过去了。面对今日的科技昌达,信息流通,谁也挡不住时代巨轮的轰隆前行。比如天上翱翔的飞机虽是"洋货",为少数人所用,但它却为普天下的儿童插上了幻想的翅膀。从叠纸飞机到放风筝,从制作弹射式模型飞机到无线电遥控航模,一步步延伸,不少人把航空梦化为现实。

我印象中北京的飞机,最早的是1937年卢沟桥事变后日军飞机轰炸南苑机场,因为那是北京最早建立的机场。而后有了西苑机场。1949年3月25日,毛泽东、朱德、刘少奇、周恩来、任弼时等领导人从西柏坡迁到北平,就是在西苑机场接见的北平各界的代表人士,并检阅了部队,写下了共和国新生前的重要一页。后来西苑机场就担负了军民合用的任务。

1962年大学毕业,我被分配到空军直属队,曾在西苑、沙河和南苑机场工作过,每天听着飞机轰鸣,看着一架架飞机升空,心中充满自豪。

然而看飞机和坐飞机终归是两码事。

身在机场,守着飞行人员而不能置身其中,心中总免不了蠢蠢欲动。其实领导早已猜透了我的心思。一次在西郊机场,一架刚保养好的美制C-46中程运输机试飞起落,领导通知我随机压舱,就是像沙袋一样充个分量。登机前,领导叮嘱我说,只飞三个起落,你一定要坚持住。登机后,机械师在我的座位前放了个洋铁桶,冲我诡秘地一笑。

第十章 日下出门全靠腿的老交通

第一次坐飞机上天，兴奋之情自不待说，也知道高空飞行消耗体力，要不怎么空勤人员吃营养丰富的空勤灶呢？但想不到坐不封闭的飞机舱升空，会那么难受。

坐在稍带倾斜的机舱内，欣喜而紧张。发动机轰鸣，机身抖动，C-46趁势在跑道上开始滑跑、提速，窗外景物风驰电掣般地向后滑去，我的心一下提了起来，仿佛被一只无形的大手紧紧攥住。随着飞机不断地爬高，我那颗怦怦乱跳的心脏，简直要冲出喉咙，弃我而去。此时，头也开始发胀，两眼冒金花，浑身大汗淋漓，我只能双手抓住座椅扶手，大口喘气，哪里还顾得上享受飞行的乐趣。

这时，飞机进入空域平飞。机械师让我看窗外："看，颐和园！"我勉强扭过头临窗俯视，真的，排云殿、昆明湖、龙王庙、十七孔桥……就像个小盆景似的在机下闪光。无数次地游览这座皇家园林，只觉得它宏伟无比，如今换了角度，形容又是一般姿色。步移景换，思之怡然。

飞机兜过一圈进入科目，第一个起落。只觉机头一扎对准跑道飞去，我的心忽地一下下坠，咬牙闭眼，接着飞机又拉起升空，自己的胃好像一个被人随意提起的口袋，颠来倒去，早饭的美餐全部折进洋铁桶内，口内苦涩，此时飞机盘旋进入第二个起落。机长让机械师坐在我身边，安慰我："第一次吗，都这样，坚持住！"我全身酥软，心也提不动了，胃也没得倒了，眼睛睁也不是，闭也不是，瘫坐在靠背椅上，只好听天由命，默念，这回算是尝够了上天坐飞机的味道。

等到飞最后一个起落的时候，我反而平静了。随着飞机的转弯、盘旋、下降、着陆、滑跑、进入停机位，我像做了个梦，虽疲劳却一身轻松，特别感到大地的亲切，活在地面最幸福。我向领导汇报了第一次参加飞行的感受，他笑着拍了拍我的肩膀说："以后再写飞行员的生活，你就有了感觉了。"

当年，飞机少有密封舱，飞行员要经过艰苦的训练，才能在高空熟练地飞行。美制C-46运输机经受了二战考验、是很不错的机型。后来"一面倒"，全部改用苏制飞机，先是里-2，后来又引进了可以坐十几个人的伊尔-14中程运输机，听说斯大林还送给毛主席一架做专机，毛只坐过两次。飞机的性能也还不错。

有一次我随空军副政委王辉球中将从湖南耒阳机场飞长沙，天气不好，升空后，怎么也绕不过一块又厚又大的雷雨积云，飞机抖动得很厉害，时而有闪光噼啪作响。秘书很紧张，紧盯着机组问情况。王副政委批评秘书，说，慌什么，他们有办法哉！果然，机组经验丰富，巧妙驾驶，从雷雨云边缘穿过，平安地降落在长沙大托铺机场。是时，大雨如注，打得机身砰砰作响。接机的同志也很紧张，直说，太冒险了！事后，我问机长紧张不？他说，裤子都让汗湿透了！不过，飞机还听话。

我也很听话，编演了不少反映空军战士的大小节目，屡屡获奖，却种下了祸殃。

那时，中苏成立联合航空公司，机场也由西苑搬出，1958年3月2日在顺义天竺建造的首都机场正式启用，候机楼今天看很小（今南楼），在当时也够用了。所用的机型就是伊尔-14。因为当时国力所限，机场、飞机都不多，所以那时凭介绍信只许司局级以上干部出差坐飞机，民众的远行仍是火车。

冷战时期，军备竞赛，民航客机的试制与竞争大大推进了航空、航天技术的发展。有一段时间，我们没有打开大门接纳世界，所以，机场、飞机都是苏联的。通用航空的小型机是运-5型，用于洒农药、播种等，上下两个机翼，跑道要求不高，起降方便，也很安全。还有一种上单翼的安-24，用于支线航行，也不错。中程以上有了伊尔-18、伊尔-62、图-154等，觉着乘坐密封舱飞机，是一大改进，比原先的C-46、里-2舒服多了，也先进多了。中苏关系恶化后，苏制飞机的维修、使用都成了问题。"一面倒"的时代结束了。

民航业的根本转变始于1974年中日和1981年中美的恢复邦交；突飞猛进得力于1978年后的改革开放。如箭在弦上，无论是打开国门请进来，还是放眼世界走出去，都必须具备国际一流的机场和大型越洋客机。我们适时地加入了国际航空比翼齐飞的大繁荣时期。

民航的生存和发展必须面对世界，与国际接轨，与各国息息相通。

早在20世纪70年代初，我们就开始引进当时世界最先进的波音707大型越洋客机。从1973年8月第一架波音707客机，由美国西雅图飞抵上海，到1982年3月，波音公司生产的最后一架波音707客机交付中国，9年里，中国共引进15架波音707客机，我们还仿制了2架，取名运10，当然是试制，没有投入营运。

记得1981年春天，我去上海采访第一次乘坐波音707，就有焕然一新的感觉。机型、设备、内装、座椅、速度和起降、飞行的舒适度，都与以前乘坐的苏制客机不同，除去科技水平的差别外，很大的一个不同是波音设计的出发点是处处考虑乘客的需求。我们先是单一的陆续引进了波音747、波音737、波音767等波音系列机型。此后，又相继引进了空中客车系列客机。中国的民用航空，展示了国际航空运输的先进技术和发展成果，最直观地反映了我国现代化的进程和国家实力。每当我在国外机场看到中国民航的大型客机起降时，心中充满自豪。

与大型客机匹配的是相应规格的大型机场和跑道。北京首都国际机场的发展是明证。

北京最早的民用机场是西郊机场，与空军合用，紧邻颐和园，规模很小，那时候坐飞机的旅客是军政要员和社会名流，与寻常百姓无关。新中国建立后，很长一段时间机场也是为政治服务，坐飞机要开够级别单位的介绍信，必须是司局级以上的干部，就这样，西郊机场也不够用了，改为中央领导的专用机场，新的民用机场选择在地域开阔的北京东郊顺义天竺地区。规模比较大了，稍稍显露了民航与民众的一线联系。

民航发展大起步得益于改革开放。

1980年1月1日，占地6万平方米的首都机场1号航站楼及停机坪、门前停车场等配套设施投入使用。

1999年11月1日，占地33.6万平方米的首都机场2号航站楼投入使用。

2004年9月20日，首都机场整修一新的1号航站楼投入使用，1、2号航站楼联合使用可担负旅客吞吐设计总量3550万人次。

2008年为迎接29届奥运会，首都机场3号航站楼建成，同时首都机场的第3条跑道竣工。旅客吞吐总量达8200万人次，跑道可以接纳目前世界最大型客机A380起降。其设备和规模均位居世界前列。3号航站楼投入使用后，北京首都国际机场成为中国第一个拥有三座航站楼、两座塔台、三条跑道同时运营的机场，机场滑行道由原来的71条增加到137条，停机位由原来164个增为314个。北京首都国际机场的第三条跑道在3号楼投入使用之际完工。想到当年飞抵东京成田机场、德国法兰克福机场和法国戴高乐机场时的羡慕，这回真感到欣慰了。我们完全可以跻身国际民航的先进行列，因为在这些先进的客机、机场的背后，我们还在不长的时间里，已经培养出一支年轻有力的指挥、驾驭、维修、管理和服务的民航队伍，其规模和速度，是一个奇迹。

飞机继续向西飞行，从暗夜穿进黎明，延续着昨天的时光，仿佛拖着你慢慢地回顾过去，品咂内中的滋味。科技的发展，一日万里，曾几何时，半导体收音机，9英寸黑白电视，板砖录音机，大哥大手机令我们惊喜非常！而今，我们已见怪不怪，适应力超过了想象力，因为没有什么不可能，人的创造力正得到充分发挥，禁锢正被理智与和解冲破，如同宽容的机场和越洋过洲的客机。

5月的晨光抛洒在美丽的布达佩斯，经过简单的通关，宣布我们可以在欧洲自由自在地行走了。我们就地换乘匈牙利的航班飞向柏林。走出柏林机场，我们看到尹虹、海尔穆特两位老友正微笑着向我们走来……

第十一章

飘然远去的老行业

卖老豆腐的小贩

小京纪实
BEIJING JISHI
老北京梦寻

说起老北京，人们总也忘不了那些无论冬夏从早到晚在胡同里转悠的"做小买卖的"。

他们靠"做小买卖"活着，本钱不多（或没本钱，身子骨就是本钱），利微薄（几乎养不了家，填不饱自己的肚子），但有股子犟劲，就像紫禁城里太和殿屋顶上的兔儿尾巴草，别看你琉璃瓦金光耀眼，找个瓦缝也要扎根儿、长叶、开花、结籽。

不信偌大的北京城，活不了个人！

过去，北京平头百姓的生活，还真离不开这些"做小买卖儿的"。

吃的、喝的、穿的、使的、用的、玩的、乐的、听的、看的，都给您送到门口，就连后半夜一个觉醒来，也能听见守夜打更的梆子声，听见那一声凄凉的"硬面饽饽"。

那个时候的人有那个时候的活法。你付出了，自然就有收获。生路摆在那些肯吃苦，肯动脑、动手，肯低三下四，肯咬牙的人的面前。

一代代"做小买卖的"，用耐力、智慧和意志，找到了北京的"户口"，也为北京城添加了他们一份不容小视的力量。

今天，每当我们吃着涮羊肉，喝着茉莉双薰，坐着宽敞的"大公共"，走进王府井大街的时候，别忘了那些来自四面八方"做小买卖的"受苦人；别忘了当年老北京，曾经有过这么一些今天早已见不着的"行业"。

第十一章　飘然远去的老行业

北京有紫禁城，里面住着皇上娘娘；有深宅大院，里面住着王公大臣、富豪士绅。这些人有人侍候，过着衣来伸手、饭来张口的寄生日子。而住在胡同里、城墙根儿底下的黎民百姓，就必须胼手胝足地去干各种营生，只有"营"，才能"生"，才能活己、活人。

比如卖水的、卖冰的、卖黄土的、卖掸子的、卖夜壶的、卖折扇的、卖芝麻秸的、卖半空儿的、卖蛤蟆骨朵儿大咸螺丝的、拉车的、掏粪的、缝穷的、补袜子的、拉大锯的、放唱片的、打卦算命的、弹棉花的、扛窝脖儿的、哭丧撒纸钱的、唱什不闲的、说相声的、遛鸟的、摔跤的、打把式卖艺的……

今天，这些营生听起来有点不知其详、莫名其妙，可过去这些都算在"三百六十行"的行业里，正儿八经，真真切切地反映了那时的生活，刻录下老北京社会生活的轨迹。

说到"行业"，从前常常把社会上各种职业加在一起，笼统地叫做"三百六十行"。够不够，三百六。真的有人一个一个的数过吗？

清代徐珂在《清稗类钞·农商类》里解释说：

> 三百六十行者，种种职业也。就其分工而约计之，曰三十六行；倍之，则为七十二行；十之，则为三百六十行，皆就成数而言。俗为之一一指定分配者，妄也。

可见三百六十行的说法是个成数、约数。随着社会的发展变化，肯定行业的发展变化也会越来越多，有些新生，有些被淘汰，新陈代谢，适者生存，需者发展。不过，透过老北京老行业的新陈代谢，我们却可以获得许多有益的启示：

比如，从老行业的消失中，我们可以：

了解北京城市的发展变化；

老行业显示了人在特定的环境下，具有极强的耐受力和无穷的创造力；

老行业不仅可以满足人们的物质和精神的要求，而且能够锻造出杰出的民间艺术，培育出杰出的民间艺术家，它印证了艺术源于生活的至理；

分析老行业的衰落，可以察觉社会事物发展的趋向，即所谓"见微知著""风起于青萍之末"。

老行业五花八门，门道很多，有卖苦力的，有卖吃食、玩具的，有耍手艺的，有粘圆子卖艺的，有卖笑街头的（妓女），也有走邪门歪道，靠坑蒙拐骗谋生的。其中最多的是卖苦力、卖吃食、耍手艺和当众卖艺这四种。

一、下磨脚底上磨肩

清末有首《竹枝词》，是描写当时北京"水夫"的：

水夫挑水真可怜，下磨脚底上磨肩。

脚底欲穿肩欲肿，只为要寻糊口钱。

水夫就是靠卖苦力谋生的，词写得真切明白，几乎说出了所有卖苦力的酸辛。

早先老北京当水夫的，山西人居多，后来换成了山东人。

时人有诗为证：

草帽新鲜袖口宽，布衫上又着磨肩；山东人若无生意，除是京师水尽干。（得硕亭《草珠一串》）

北京的行业之所以有很强的地域性、同乡性质，就是因为破产的农民从老家投奔京城，两眼一抹黑，只有靠老乡领路、认门子才能找碗饭吃的缘故，到今天也仍然如此。这仿佛是解析中国社会的一把钥匙。

北京虽然背山靠海，气候温和，却是个缺少生活用水的地方。

民间广泛流传着"高亮赶水"的故事：

话说朱元璋的大将徐达攻占元大都后，发现满城的水都被龙王爷龙王奶奶运走了。原来战火烧了城里的龙王庙，龙王夫妇无处安身，只好化身老翁、老妪，把全城的水装进两个木桶，架在独轮车上，逃往西山了。军师刘伯温掐指一算，判明了老龙王的去路，立命大将高亮策马追赶，临行前叮嘱他切记三条：一、追上不要伤着龙王夫妇；二、用枪刺破独轮车右侧木桶，放出甜水；三、赶快拨马回逃，听见什么也不要回头。

高亮遵命策马飞奔，才出西门不远就望见龙王夫妇。高亮大喝一声，举枪便刺，龙王一惊掉过车把来挡，不巧，亮银枪刺中左侧苦水木桶。只听半空中一声响亮，滔天大水直扑高亮，他拨马狂奔，赶到西门城下，心中暗暗惊奇：为什么只听水声，不见水来？便忘了军师的叮嘱，只回头一望，瞬即没顶献身。

后人为了纪念这位赶水的大将军，把西直门外的"高粱桥"，改名"高亮桥"。只是高亮误刺了龙王左侧木桶的苦水，从此京城地下多苦水。而龙王夫妇把右侧的甜水桶扔到了玉泉山，老夫妇躲到瓮山泊（颐和园昆明湖）过清闲日子去了。

过去城里百姓吃水、用水全靠遍布街巷胡同的水井。

井有大小，水有苦甜，而京城内的水井，苦的居多，甜的很少。

第十一章 飘然远去的老行业

我出生在前门外的湿井胡同，每天却要买水喝。不知道胡同里那座真武庙里的"湿井"怎么个"湿"法、有多大用？

一早，胡同远处传来很响的"吱吱扭扭"声，妈妈赶紧出门，叫住"卖水的"。几乎家家户户都出来人，站在门口，等着那位推水车的山东汉子。

他体格魁梧，却早早驼了背，老是乐呵呵的，从独轮木水车上摘下扁担、梢桶，拔开架在车右边长圆高桶下面的木楔子，水哗哗流出，灌进一个梢桶，这是甜水，然后再放车左边的水，苦水。

水夫很熟悉地进院，把甜水倒进屋里一口很小很小的水缸里，再把苦水倒进窗根底下的大水缸里。母亲递给他一个小竹牌——预先买的水牌。他抹着汗，笑呵呵地去了下一家。

甜水舍不得吃，来客人沏茶用；苦水做饭、洗脸、洗脚、洗衣服，用得够不够的成了稠粥了，再倒到胡同口的地沟里。

小时候最高兴的是夏天背着家人，偷着去窑台（今陶然亭）洗澡，和难得地到澡堂子"蜕皮"，走出澡堂子，一身清爽，从里到外，像换了个人！这话一点也不夸张。到现在"惜水如油"的"毛病"也改不了：真的心疼那些清清凉凉的自来水，哗哗地流走；心疼山西、山东的水夫们，为了京城百姓的活命水，早早驼了背。

卖苦力的苦，一个是活儿苦，再一个就是要全力以赴，下苦力气。

比如拉洋车的、掏大粪的、扛窝脖儿的、扛大个儿的、赶脚的、木厂子拉大锯的、门头沟挖煤的，诸如此类，哪一样不凿实地卖力气也不行，反过来京城也离不开这些"苦力"。

北京建城3300多年，建都800多年，可谓文明昌盛，建筑辉煌。奇怪的是京城人士重"上"轻"下"：对吃喝，食不厌精；对排泄，却凑凑合合，得过且过。宫里、府里、宅里、院里，房子再讲究，就是不讲究厕所，或根本不设厕所，把这腌臜之处排到九天云外。

再高贵、再文雅、再娇嫩的人士也得排泄，这就全靠走街串户的掏粪工，把各家各户马桶粪坑里的屎尿掏出，一桶一桶地倒进粪车，然后拉到粪厂，粪霸兑上杂土、滑秸、晒成粪饼，卖给农家。

过去京城内外有不少空地晒粪，臭气烘烘，苍蝇乱飞。人们习以为常，并不腻味。它成了古都一个很有"乡土味儿"的行业。直到解放后，填了龙须沟，增加了公共厕所，掏粪业一直未减，国家领导人还和掏粪工握手照相，以示平等。20世纪70年代，这个行业才被淘汰。

其实，卖苦力，也有"巧劲儿"，不是傻卖力气。

比如掏大粪背的那桶粪，小百十斤，稀了咣当，很不好背，抄把、上肩、迈步、出门、倒粪、拉车,这一系列动作都要用"巧劲儿",不然撒在自己身上不要紧,脏了住户、街道,人家可不答应。

老北京还有一项绝活:"窝脖儿"。

"窝脖儿"一词的本意是,北京人说话,说到半截儿,叫人拿话给顶回去了,叫吃了一个大"窝脖儿"。这里的"窝脖儿"不是话茬儿,是搬运工中难度最大、技术最强的一个工种,要求高、责任大,要卖苦力,更要使巧劲儿。

过去搬家、过嫁妆,靠人抬、车拉。其中怕磕怕碰的精细家具、器物就靠"窝脖儿"成本大套地、原封不动地用双肩和脖子压成的平面、垫上一块65×85厘米的长方形木板,"扛"过去。

"窝脖儿"低着头,脑顶朝前,一路走来,平平稳稳,方向不错,十里八里,不喘不嘘,准能按时守刻地到达目的地。而后,再把器物扛进屋,按指定地点卸肩复位,把器物原样儿摆好。比如,有的扛着大条案,上面座钟、帽筒、掸瓶等摆设,用绳子原样儿绷好,看着漂亮,走得平稳,这功夫如何了得!

有诗赞曰:

　　北地移家少用抬,扛街低首亦生财。
　　男儿炼得头颅好,强项胜他提足开。

卖苦力,卖的是岁数,如同满街的洋车夫,年轻力壮,要哪有哪,有个小灾小病也能抗过去,人一老,就惨喽,只剩下满街要饭一条道儿,最后,成个"倒卧",陈尸街头。

感谢老舍先生写出了《骆驼祥子》里拉车的祥子,和《我这一辈子》里的那个老警察等一系列小人物,叫我们今天依然能够体味到当年老北京卖苦力人的辛酸命运。

二、冲风唤卖一声声

老北京的小吃品种繁多、天下闻名:

例如豆汁儿、豆腐浆、豆腐脑、老豆腐、杏儿茶、茶汤、油炒面、面茶、粳米粥、大麦粥、腊八粥、莲子粥、轧饸饹、拨鱼儿、刀削面、豆面丸子炸豆泡、卤煮小肠、炒肝、包子、灌肠、爆肚、杂碎汤、羊霜肠、馄饨、馅饼、烧卖、褡裢火烧、烧饼果子、煎饼果子、门钉火烧、闷炉肉饼、焦圈、薄脆、糖耳朵、糖麻花、蜜麻花、桂花元宵、小枣切糕、年糕、扒糕、炸糕、炸三角、盆儿糕、蜂糕、豆渣糕、甑儿糕、糊涂糕、粽子、驴打滚、瞪眼食、凉粉、面鱼儿、豌豆黄、芸豆卷、江米藕、艾窝窝、果子干、玻璃粉、酸梅汤、雪花酪、冰碗、刨冰、冰激凌、奶酪、奶豆腐、奶点心、烤白薯、炸白薯干、糖葫芦，等等，那真是数不胜数。

北京人对北京的小吃情有独钟，几乎每天必吃，离不开、忘不了。

早点是油条豆浆，炒肝包子，晚上是硬面饽饽、肥卤鸡。隔三岔五还要来碗卤煮火烧、饶俩炸糕。逢年过节，更是应时的春饼、粽子、元宵一样不落。

阔别京城的海外老人，几十年的梦里，最惦记的是能喝上一口烫心的豆汁儿，尝尝天兴居的炒肝，还是不是早先那个味儿？

那么，何谓"小吃"呢？

《现代汉语词典》解释有三：

（1）饭馆中分量少而价钱低的菜；（2）饮食业中出售的年糕、粽子、元宵、油茶等食品的总称；（3）西餐中的冷盘。

这些解释虽兼顾几个方面，却未切中"小吃"的"要害"。

在我的意识中，小吃是相对于正餐讲的。对于有闲者，它是随意品尝的"零嘴儿""闲白儿"，不管饿不饿，吃的是兴趣、爱好，尝的是一种心灵上的满足，俗称"口头福"。

而对于劳苦大众来说，它是花费不多、有滋有味，又能填饱肚子的"上品"，可谓经济、实惠、解馋、管饱。

因此，北京的小吃养育了北京人，它是北京长久以来，多民族和谐共处、文化相融结出的果实。

"小吃"不小，大有文章！

老北京的小吃原本是走着卖的，挑着挑儿，走街串巷，边走边吆喝。

后来渐渐分成了摆摊待客和走街串巷两种。也有二者兼顾的，平时推车挑担，到处叫卖；到时候赶庙会、到厂甸挤个地方摆摊。反正"小吃"这买卖夜夜不得安，终年不得闲。

那么，有没有一个地方，集小吃之大成、保四时之风采、终年不散呢？

有，那就是天桥，这块京城别样的吉祥宝地。

说起天桥的小吃，那是小吃的"群英会"，样多、味正、看着漂亮，吃着便宜、实惠，绝不坑人，也不敢坑人。

都说天桥的把式光说不练，天桥小吃摊可是又说又练，因为，吆喝得再好听，也得让人坐下吃，粘人靠的不是卖主的嘴，而是靠穷哥们吃得有滋有味儿，顺溜开心，还想再来。

在天桥众多的小吃摊中，以豆汁儿摊最多，总有十几个，遍布各个市场，说明豆汁儿招人喜欢。

豆汁儿色青、味酸，有一种奇特的味道。外地人喝不惯，甚至鼻闻之欲呕。而北京人嗜之如饴，而且上瘾。尤其在盛夏难耐的时候，到摊上喝一碗滚烫的豆汁儿，就着可口的咸菜，必然发出一身透汗，那叫痛快！据说它能保你一夏天不得病，你道奇也不奇？

当年京剧大佬谭鑫培、梅兰芳、马连良等京剧名家吃遍了山珍海味、西洋大餐，演完了戏，偏喜欢到铺子里喝碗热豆汁儿，卸卸劲儿，缓缓神儿，觉得嗓子特别舒坦；就是没去铺子的功夫，也让店里的小伙计把热豆汁儿送到家里，说是喝豆汁儿对嗓子好，有保养的奇效。

豆汁儿成了北京小吃独一无二的代表作。

过去，豆汁儿本是粉房磨豆子做粉时的下脚料，俗称"酸泔水"，天一热就发酵，气味难闻，随手倒掉。

北京人历来节俭成性。那时，有人觉得倒掉可惜，就加热煮开，一尝，别有风味，又解渴，又解饿，无意中发现了北京的一宗"名吃"！

从前，北京有很多粉坊，专门制作淀粉和粉丝、粉条。粉丝、粉条晒干后晶莹透明，随时可用，以绿豆粉最好。

做法是驴拉或人推石磨磨豆子，一边添豆子一边加水，石磨上就出现三样"产品"：

顶细的浆汁儿用来做粉，这是主产品；

较稀的水汤儿流到另一个桶里，就是豆汁儿；

剩下的青豆渣，用锅煮去青气味，就是京城的另一名吃，麻豆腐。

豆汁儿又分老浆、清浆两种。老浆稠，熬透了，就是摊上喝的豆汁儿。

清浆稀，熬制时还要兑上捣碎的小米或白米，或绿豆面，稠乎乎，香喷喷，不似白粥，胜似白粥，名曰"豆汁儿粥"。

豆汁儿的口味，随着发酵的程度分微甜、甜酸、酸三种，发酵时间越长，口味越酸。

喝豆汁儿必配好咸菜，如暴腌芥菜疙瘩、大腌萝卜、暴腌白菜帮子等大路菜。要求刀工细，颜色好，咸得适度，香得可口，桌上还配有清亮的炸辣椒油。照例，喝豆汁儿，咸菜装在大盘子里，任人白吃。精细的咸菜，如暴腌苤蓝、八宝酱菜等则要另交钱。摊商还配有焦圈、油炸鬼、烧饼等食品，供人选用。

当时北京著名的豆汁店有琉璃厂张家，东安市场徐家、何家，天桥的舒记四大家。这四家铺面、餐具、制作都很讲究，就餐的人也比较阔绰，是升了"大雅之堂"的豆汁。

我在灯市口育英上中学时，中午下课常到街北路边豆汁摊上喝一碗豆汁，2分钱；吃半斤烙饼，6分钱，就着不要钱的咸菜，吃得饱饱的、美美的，下午听课蛮有精神。

也有走街串巷的豆汁儿挑子，一头小火炉上坐着一锅开开儿的豆汁儿，一头是个小方桌，放着咸菜、焦圈、碗筷等，还挂着几个小板凳。到人多的地方，放下挑子，吆喝一声："豆汁儿——粥咧。"

除了豆汁，豆腐脑的浓香一直留在记忆中。

我记得天桥老电影院（我在那儿看过老电影《火烧红莲寺》）门前的豆腐脑最正宗。喝豆腐脑，讲究的是卤，自然豆腐也要嫩爽。

先把泡了的黄豆磨成浆，煮沸后点上适量的生石膏，就成了又白又嫩的豆腐，装进擦得锃亮的红铜锅里，如同脑状。

卤用上好的羊肉、口蘑及黄花、木耳等附料熬制而成，羊肉口蘑搭配的混合浓香，无与伦比。

吃时，摊主先问，要不要豆腐？怪了，吃的是豆腐脑吗，怎么不要豆腐？原来很多人就是冲着卤的浓香去的。不过，我还是喜欢吃红白两间的豆腐脑。

只见，摊主用特制的红铜薄片勺，盛起豆腐，再浇上浓浓的羊肉卤，点上蒜泥、辣椒油，那口味令人垂涎、难忘。此处，非张家口的蘑菇不可，它特有的清香奇异地与羊肉匹配出一股迷人的香味，迷得人走不动道，非吃这一口不可。这是任何一种蘑菇也替不了口蘑的。

小吃不衰，是小商小贩精心维护、不敢倒牌子的结果。那是他们养家糊口的命根子。

所以，也如同大买卖老字号的经营一样，选料必精、制作必细、造型必美、器皿必洁、定价必廉。东来顺不就是从摆摊卖熟杂面、荞麦面扒糕做起来的吗！

话说到这儿，想起"炒肝儿"的发明，就有不少的学问，可以从中窥知"小吃"之一斑。

炒肝儿是北京小吃中经久不衰的名吃。顾名，不能思义，炒肝可不是过火过油炒出来的猪肝儿。它的产生、发展，凝聚着做者、卖者、吃者和媒体四方面的智慧与合作。

前门外鲜鱼口中间路南，有个小酒馆叫"会仙居"，开业于清同治元年（1862），专卖黄酒和开花豆、花生米、咸鸭蛋、豆腐干一类佐酒的小菜。来的都是些没多大进项的贫苦人。

别看酒馆买卖不大，对待顾客却特别和气，体贴周到。比如，赶到午、晚两顿正餐时，掌柜的就把附近大饭馆的剩菜（俗称"折箩"）收集起来，回锅加工，卖给这些找饭辙的人。这种"回锅菜"花不了俩钱，满满吃上一大碗，荤腥足，解馋，兴许碰上海参、鱼翅，很受劳苦大众欢迎。

传说，一天，下了一夜的雪，早晨天冷得出奇。这时候，打外面走进来一位白胡子老头儿。老者哆哆嗦嗦要了杯黄酒，也不要菜，直咂摸到中午。老人就事儿要了两碗"折箩"，不大功夫就吃完了。

汇钱的时候，老者一摸兜，呀，钱不够！老掌柜早就看在眼里，装在心上，递上一碗热茶，扶老者坐下说："天儿这么冷，您这么大岁数，大老远地来我们小店，还不是看得起我们？今儿的账，我候了。"老者千恩万谢地走了。

可从此，早上锅里的折箩怎么卖也不见少，反而越盛越多，味道也越来越香。上门的顾客风闻而来，竟有好奇的王府的管家，都说鲜鱼口没字号的小酒馆遇上了仙人。住在东城的翰林也跑来吃了碗折箩，提笔写了块匾："会仙居"，挂在了酒馆的门上。小酒馆有了"大名儿"，买卖更好了。

可您别忘了，靠卖"折箩"挣钱的买卖，再好也是"拾人牙慧"，登不了大雅之堂。神仙的仙气管不了多少日子。

1900年八国联军毁了北京城，祸害了老百姓，日子再苦，也得咬着牙一天一天地过。

会仙居劫后余生。老掌柜刘喜贵撒手而去，买卖交给了他儿子刘宝忠哥儿仨。

买卖怎么做？他们看见隔壁"广来永"的白水汤羊铺的买卖挺好，就仿照买来猪的下水，大水洗净，而后，肠切段、肝切片、心切丁、肺切条，放上花椒、大料、咸盐，白汤清煮，名曰：白水杂碎。因其肉味纯正，一时还不错。日子一长，老一个味，而且猪心、猪肺很难吃，每天都吐一地，眼看着买卖式微了，一天不如一天。

当时《北京新报》的记者杨曼青和"会仙居"的刘家挺熟，出主意说，去掉猪心、猪肺，煮猪肠，猪肝时加酱色，勾芡，出锅叫"炒肝儿"，说肝儿是用油炒过的，别说是烩的，然后，我在报上一宣传，准成！

主意好，还要制作好，精工细做，一点不马虎。

炒肝儿的主料是猪肥肠，最要紧的第一步就是"串肠儿"，先把猪肠放在盐碱水中浸泡，反复用盐碱面揉搓，去腥洗净，而且要把挂在肥肠上的网油撕干净。然后再用清水加醋漂净，除去猪肠的腥臭味，这是最脏、最累的一道工序，也最要紧。

洗净的猪肠用大水煮，开锅后改文火炖，上面压个小一号的木锅盖，为的是熟烂、不走味，保其浓香。肠子烂熟后，取出切成五分段，即"顶针段"，备用。坐锅炸大料，至金黄炸透；炸蒜片，至金黄；炸黄酱，熟透装盆儿待用。另熬上好的口蘑汤备用。

做炒肝时，先把切好的熟肠段投入沸汤中，再放炒好的蒜酱、葱花、姜末和口蘑汤，稍一开锅即放切好的嫩猪肝，开锅即勾芡，芡要上好、稀稠适度。最后撒上一层厚厚的蒜泥，香味扑鼻的"炒肝儿"，即此大功告成。跟着《北京新报》一段美妙的介绍，"会仙居喝炒肝儿去！"成了京城一时之胜。

刘宝忠哥儿仨，为保炒肝儿新鲜滑爽，卖一锅，做一锅，不怕费时费力。他们还在景德镇定制了一批直径二寸的小碗，专盛炒肝儿，讲究盛的匀实、冒尖，有肠有肝；喝时不用筷子，不用勺，端着碗转着圈喝。喝炒肝儿不解饿，他们蒸的包子皮儿薄，馅儿大，味道鲜，正好与炒肝儿搭配。店里秉承一贯热情待客、周到服务的老传统，没有下班时间，什么时候来，什么时候喝，食客很满意。有心人编了不少歇后语，满城传颂，成了最动人的广告。如："会仙居的炒肝儿——没早没晚。""会仙居的炒肝儿——没心没肺。""炒肝儿不勾芡——熬心熬肺。""猪八戒吃炒肝儿——自残骨肉"等。说明人们喝炒肝儿，喝出了品味。

有人写诗赞道：

稠浓汁里猪肥肠，交易公平论块尝。
谚语流传猪八戒，一声过市炒肝香。

一味小吃，何以引得人们趋之若鹜，又说俏皮话，又写诗，赞不绝口呢？

原因有三：

（1）人们平时瞧不起的猪下水，也能巧用心计，精工细做，烹出美味，证明，事在人为；

（2）干什么，说什么。做小吃，就必须琢磨顾客的口味，挖掘市场的需求，吊住食客的胃口；

（3）吃什么，怎么吃都有学问。小碗盛炒肝，别致创新，既省了成本，又赢得顾客的好评，点子就是钱。

但是，会仙居的成功，应了老子"福兮祸所伏"那句老话，而且祸不单行。

钱挣多了，哥儿仨的心散了，眼都盯在钱上，闹起了纠纷，谁还管炒肝儿好不好？

这当儿，有人却一门心思盯上了炒肝儿。谁呀？"远香馆"饭馆掌灶的厨师洪瑞和天桥卖大饼的沙玉福。俩人都有一手好厨艺，又肯用心，更主要的是下定了与会仙居竞争必胜的决心。他们敢唱对台戏！

两人合资就在会仙居的斜对门开了一家同样专卖炒肝儿的小馆儿："天兴居"。

你"会仙"靠神仙，我"天兴"靠天，看谁比得过谁？

天兴居的炒肝儿不是照搬照学、跟着会仙居的脚后跟儿走，而是有所改良。

比如，设专人串肠，洗之前剪掉大肠头、尾，干干净净，没有一点儿杂物；猪肝选最嫩的肝尖儿部位，口感最好；佐料不用酱，改用上好的酱油；调汤不用口蘑，改用新发明的日本"味之素"；勾芡更不能含糊，选用上好清亮的芡粉，不计较价钱高低；选最好的厨师掌灶。

再有，用肝肠的下脚料烹制种种菜肴，贱价出售；改进服务，设雅座、聘女招待、安装电话，方便顾客等。总之，就是要不遗余力地精益求精，提升口味、外观，加强服务，创造"炒肝儿"的新品牌。

功夫不负有心人。天兴居果然超过了会仙居。两"居"比着干，便宜了老百姓。1956年公私合营，二居合一，定名"天兴居"。

如今，炒肝儿遍布京城小吃店，却"各有千秋"：有稀汤寡水的，有没肝少肠的，店家却一脸正经地说："这是正宗的北京炒肝儿！"令人啼笑皆非。

小吃不易，经年累月。遥想当年这些走街串巷的"先行者"，一年到头，不避寒暑，凭着一声声悠扬的吆喝，敲开了千家万户的门窗，送上美食，至今心存感激。而那一声声迥然不同的叫卖声、响器声，常常伴着往日的回想，激起旧情的涟漪，荡漾不已。

正是：

小吃不小辛苦成，手随心到制作精。
为求深巷回应客，冲风唤卖一声声。

三、巧手拾掇万家器

俗话说，"破家值万贯"。

第十一章 飘然远去的老行业

居家过日子离不开吃、穿、用的家伙什儿，什么锅碗儿瓢盆、桌椅板凳、皮棉单夹，等等，翻腾翻腾，就是一大堆东西，更甭说有小孩的家里，哄小孩儿的零碎东西就更多。

这些东西未见得值几个大钱，可缺什么都不行，坏了不能扔，就得找人修。

比方，小孩把瓷碗摔两半了，胡同里来了"锯锅锯碗的"，钉上锯子，抹上油灰，两半合一，瓷碗照使。

蒸窝头的笼屉散了，有"拴笼屉的"，打眼穿篾子，把笼屉"拴"紧，上锅不跑气，窝头、馒头照蒸。

做开水的铁壶漏了，没关系，找"焊洋铁壶的"打磨干净，点锡焊实，胜似当初。

雨伞（早先有油纸、桐油布两种，纸的居多）漏了个大窟窿，修伞的贴上油纸，还刷一层"血料"，坚固耐用。

这样心灵手巧的匠人还有木匠、瓦匠、玻璃匠、钟表匠、修眼镜的、修扇子的、卖小孩玩具的、打小鼓的、收破烂儿的、换取灯儿的，干什么的都有，要修什么就有修什么的手艺人。

晨昏反复，来来往往，叫卖不绝。一年十二个月，胡同里闪动着五行八作的"皮影"，起伏着呼唤希望的歌声。

当年老北京物质不丰富，平民的生活很简朴，省吃俭用，算计着花钱，算计着使用东西。

我有个中学同学，每年必把一年花的钱详细记录，连一根三分钱的冰棍儿也不落，然后加起来除以365天，求出每天的费用，再订明年的指标。他能告诉我一双布鞋从买到扔，一天核几分钱。他精明能干，功课也好，从来不出前三名。

正是老北京人的节俭精神，让心灵手巧的修理行业，尽其所能。而北京人在简朴生活中也能自得其乐，日子过得丰富多彩。

比如，扇子。

从前，北京过夏天，一无空调，二少电扇，全凭一把扇子却暑。

民众笑谈：

　　扇子有风，拿在手中。
　　有人来借，等到立冬。

由此可见，过去京城百姓无扇不过夏的习俗。

然而，扇子五花八门，有文雅精美的纸折扇、佳人掩面的团扇、羽毛编排的鹅翎扇和最普及的大芭蕉叶扇。

这里有严格的界限，什么人用什么扇子，品级自分。

芭蕉叶扇是用蒲葵的叶子做的，又叫葵扇、大蒲扇。

蒲葵种在农家。农闲时农民选八年以上的蒲葵，取完好的大蒲葵叶连长把儿割下，压平风干，再圈以细篾丝，白线锁上边儿，以求坚固奈牢，入夏挑到城里来卖。

因为便宜、招风、皮实，很受劳动人民的欢迎。热天，扇风；雨天，挡雨；走路骑车插在后背，凉快沥汗。还能轰苍蝇、打蚊子，挥舞自如，一职多能，只是用着粗俗，不登大雅。君不见那位救苦救难的济癫僧，手挥的就是一把破芭蕉叶。他舞蹈街市，到处度人行善惩恶，芭蕉叶只有在他手上，才能神通广大，一般人怎能比得？

所以，清代有人写诗，借题发挥：

蒲葵扇颇不恶，一把在手风在握。
为何世人用者少？只因价廉遭奚落。
价贱竟遭世人弃，物犹如此令人气。
无怪滑头个个吹牛皮，身价高抬善做作。

诗写得不怎么样，借着蒲扇发了顿牢骚，说的却是实话。

偏有好事者，不服这个气儿，非要变不雅为雅。怎么"雅"呢？

选周正的叶子，截去长把，换上象牙、玳瑁、名竹、文木的把儿，圈上锦边儿，装饰银花、翠蝶，精美异常，质朴里透出华贵，身价大增。原来，

蒲扇也有丽质身，巧加包装铁变金。
世间难分贵与贱，得人顺时即登云。

团扇，又叫纨扇、罗扇，以圆形为主，还有椭圆、方形、如意形的，多以绢、纨丝织品，或纸作扇面。扇把讲究，材质取象牙、斑竹、漆木等，一柄通头，把扇面分为两半，正好题诗作画，寄情言志。

团扇的历史很长，公元前一世纪汉成帝刘骜为赵飞燕姐妹迷惑，疏远了许皇后和班婕妤，班婕妤借扇言忧，诗曰：

新制齐纨扇，皎洁如霜雪。
裁为合欢扇，团团似明月。
出入君怀袖，动摇微风发。

诗以团扇为题，言物寄情，写得很含蓄。

正因为团扇是妙龄小姐、雍容贵妇、皇后妃嫔的随手之物，又具有优美的造型，所以留存下许多诗歌佳作。

低眉弄团扇，不知心恨谁……

吴中近事君知否？团扇家家画放翁……
奉帚平明金殿开，且将团扇共徘徊……

当然，最真切动人的是唐代大诗人杜牧的《秋夕》：

银烛秋光冷画屏，轻罗小扇扑流萤。
天阶夜色凉如水，卧看牛郎织女星。

秋夜如水，流萤曳光，无言地轻挥罗扇，依偎着望着星空，今夕何夕，夫复何言？诗人排遣了28个字，就构筑了一个冷的秋夜、热的爱情。妙哉，杜牧！

团扇虽美，终归带有浓重的香粉气，卿卿我我，缠绵悱恻。比不得羽扇大气磅礴。

苏东坡一首"大江东去，浪淘尽，千古风流人物"，撼人心魄，荡气回肠。词中说道：

遥想公瑾当年，小乔出嫁了，
雄姿英发，羽扇纶巾，
谈笑间，樯橹灰飞烟灭。

一柄羽扇，说说笑笑，就把曹操的八十三万人马烧得灰飞烟灭。赤壁一战，周公瑾了得！羽扇轻摇，又是何等潇洒！

想象中，这该不是街面上和掸子一起叫卖的"鸡毛扇子"，当是"雕翎大扇"，起码也是仙鹤、雉鸡、雄鹅一类美丽翎羽做的扇。把握手中，大，且美。方显出伟丈夫的儒雅、帅气。

可是在京剧中，这把呼风唤雨的"羽扇"，并未属于插着两根雉尾的周瑜，而是让给了神机妙算的诸葛亮。

他一出场就念道：

羽扇纶巾，四轮车，快似风云。

从他初出茅庐火烧博望坡，到他鞠躬尽瘁、九伐中原、星灭归天，这柄羽扇从不离手，指指点点，奠定了蜀汉的三分基业。

羽扇的神威、机巧与儒雅，被京剧的孔明发挥得淋漓尽致。那么人们要问了，是谁把雕翎大扇递给了诸葛亮呢？

这里边有个故事：

话说清廷李连英大总管为了讨慈禧老佛爷的喜欢，在颐和园养了一只名贵的赭鹰。

赭鹰通人性，通身羽毛光亮整洁，名唤"一抹油"，李连英爱护备至，精心养护。也许是爱过了头，赭鹰偏偏早逝。这让大总管痛惜不已，就挑选上乘的翎羽制成雕翎大扇，象牙做柄，嵌以玉石、孔雀翎，令大扇威中带媚，气宇轩昂。李连英爱不释手，却不敢拿出示众。毕竟陪在太后身边，怎敢挥舞大扇？岂不太张扬了。

然而翎扇何用呢？

他想到了擅演诸葛亮的京剧名伶、老佛爷最喜欢的须生谭鑫培。

一次慈禧传谭鑫培到颐和园的德和园演出《失街亭》《空城计》《斩马谡》。李和谭的私交甚好。这天，谭鑫培早早赶到颐和园，先去看望李大总管。李连英把雕翎大扇交给了谭鑫培，让他用在诸葛亮的身上。

谭鑫培惊诧有顷，受宠若惊；挥舞了几下，顿觉得心应手，心有所悟。

诸葛亮出场一念"引子"，慈禧眼前一亮，忙问哪儿来的雕翎扇？李连英赶忙说明原委，慈禧点头称好。

这场戏老谭唱念俱佳，挥扇做戏，尤其卖力，出了不少彩儿。尤其《斩马谡》一场，挥扇、抖扇、掩扇，把个诸葛亮痛悔的心情，表演得淋漓尽致。慈禧看得十分动情，竟滴了几滴眼泪。

演罢，慈禧异常高兴，又赏银子，又赏黄马褂儿。转过头，直夸小李子会办事。从此，诸葛亮一出场就拿起了雕翎扇。

其实，羽扇的历史最长，当是中国扇子的老祖宗。

传说四千多年前，殷商时期就有人把雉羽扇献给殷王了。

不过，从字面上讲，"扇本指门扇，会意字，从户从羽。表示门户开合像鸟翅膀活动。由门扇转指扇子。"（《新华多功能字典》）

过去，京城时有挑担卖羽扇的，圆形木柄，鸡鹅毛编制，兼卖鸡毛掸子一类用品。高档的羽扇由扇庄专售，自然讲究。

京城夏天，还有一种背箱串胡同的小生意。

木箱似柜，箱上十字架装数串铜铃，走起路来，哗楞哗楞作响，俗称"换扇面的"。

他们的小箱里有几层抽屉，装着扇面、扇股、剪刀、胶棒之类修折扇的用品，也有成品折扇供人挑选。

折扇又叫撒扇，古称聚头扇，由扇股、扇面两部分组成。苏东坡赞颂高丽白松扇："展之广尺余，合之只两指。"道出了折扇的实用功能。

它的赏美功能，一个是扇股的用材讲究，竹、木、棕、象牙、玳瑁、兽骨等均可入选，造型别致，制作精美。大股两面，还可雕画刻字；就连扇轴的造型，也可一展匠心。

再一个就是，折扇的核心自然是扇面，绵纸、绫绢饰以洒金、泥金、雪金等底纹，正好激起书画名家挥毫泼墨的欲望，山水人物、花卉翎毛、诗词歌赋、名言警句，尽可挥洒。代代相传，存下了多少绝世名作。

小小折扇提供了无垠的艺术创作空间，既解暑，又显示主人儒雅身份，正是夏日不可或缺的一宗宝物。

折扇虽巧，却不是本土产，而是"东洋货"。一说是唐代日本遣唐僧带进来的；另一说是宋代从高丽传进的，反正不管从哪儿来，一入中华，就被吸收，融进新意，更加华美。

扇子年年用，夏日离不开，扇面破了，细股子折了，扇轴散了，总要有人修。请听，胡同里传来阵阵铃声。"换扇面的"来了，笑呵呵地修好如新，还向您介绍今年的流行款。正是胡同里川流不息的手艺人，为您解忧，为己谋生，结成相依共生的关系。平平生活，谁又离得开谁呢？有道是：

> 人生如戏并非戏，衣食住行身所系。
> 人劳物损平常理，巧手拾掇万家器。

四、饥饿逼出来的天才

都说北京是中外闻名的文化古都，北京人听了挺自豪。

可"文化"二字到底怎么讲？

历史悠久，古迹众多，人文荟萃，群贤毕至，这是不是"文化"？

文明，有礼貌，有谦有让，客客气气，说话不温不火，显得有学问，这算不算"文化"？

绘画、写书、唱戏、说相声、捏面人、耍骨丢丢、象牙雕刻、景泰蓝，这些行业属不属"文化"？

细究起来，北京的"文化"，无处不在，没边没沿的，几句话说不清楚。但有一点可以肯定，那就是，北京的文化是在漫长历史中形成的，是历代北京人代代相传、你一砖我一瓦共同建造的。

从紫禁城里的君臣役使，到市井街巷中的贩夫走卒，人人有份儿，都是北京文化的创造者。而挣扎于生活低层的劳苦大众，除了卖苦力、耍手艺，有些人选择了以文化为业，孜孜以求，同样取得了杰出的业绩。

比如，北京的"代表作"：相声。

相声是北京的土特产，它产于此，发迹于此，是北京人少不了的玩意儿。

相声是北京人说话的艺术，那种幽默、机智、耿直、玩世不恭、好讥讽，又不敢招惹人的风格，很能表现出老北京人的脾气秉性。

相声成形也就是百十多年的历史，时代的产物。有人做学问，推论相声起源于两千多年前先秦时代的"俳优"；又有人说起源于一千多年前唐代的"参军戏"。年代久远，学问太深了，俗人难解。

说得通的，有相声模样，又有真名实姓的，应在清末民初，出生地是天桥，创始人是清道光年间唱八角鼓的艺人张三禄。

八角鼓原本是满族牧居休闲演唱时的一种手鼓，用硬木框围成八个等边的角，一面蒙蟒皮，另一面空着。七个框中间，每边嵌两面小铜镲，一个框中间嵌柱，拴黄、杏黄两股长穗。

鼓不大，演奏时，左手竖立持鼓，右手弹奏，手法有弹、摇、碰、搓、拍五种。

八角鼓兴起于乾隆时期的一次战争。

大、小金川位于大渡河上游，居民主要是藏族。这里高寒缺氧，常年积雪，交通阻隔，居民不过两三万，山地仅200多平方公里。由于这里的土司内部纷争，惊动了北京紫禁城，乾隆帝不高兴，命云贵总督阿桂率军出征。没想到这次作战既漫长，又相当艰苦。官兵都是满人，哪儿受过这罪，吃过这苦？思乡心切，斗志衰落。

阿桂为了鼓舞士气，就以树叶为题，编成各种歌曲，名为"岔曲"，教官兵演唱。结果，这招还真起了作用，激战在歌声中取得最后的胜利。

这场料想不到的"费五年之功、十万之师、七千余万之帑"平叛的胜利，让乾隆十分兴奋，他亲到卢沟桥迎接凯旋的官兵，还选取八旗子弟，用八角鼓练唱"树叶黄"。

上有所好，下必效之。一时京城响彻八角鼓，万众争唱"树叶黄"。

后来，八角鼓的词曲，经过内务府旗人司瑞轩（艺名随缘乐）的改进，并广泛吸收民间的牌子曲，丰富了音乐内容，增强了表现力，创立了单弦牌子曲的艺术形式。

张三禄演唱八角鼓技艺高超，胜人一筹，尤其擅长见景生情，当场抓哏；演唱时，他随机应变，不守老套，很受观众欢迎。

艺高的人，往往脾气大，他不愿与人搭班，就跑到天桥、庙会撂地演出，一个人一台戏，自由自在。

不唱八角鼓了，他以说、学、逗、唱四大技能作艺，自称其艺为"相声"。相是表演，声是模仿，目的是让观众开怀大笑。

张三禄走出戏班，撂地单干，发挥了他当场抓哏的表演才能，开创了"相声"这一艺术形式。而真正接过他的衣钵、使"相声"成形、并被尊称相声开山祖的，是自号"穷不怕"的朱绍文。

朱绍文，道光年间生人，隶属汉军旗，世居地安门外毡子房，幼读诗书，是个没中举的秀才。

如同很多旗人一样，他喜好京戏，工丑行，唱作俱佳，尤擅插科打诨，临场发挥。据说，有一次他陪程长庚大老板唱《法门寺》，他饰贾桂。演出中，他现场抖机灵，说了些时兴的事，惹得程大老板很不高兴。此后他改唱架子花脸，人高瘦，气势不足，也没红。

他是个心高气盛的文化人，不甘沉寂，就辞了京剧这一行，撂地唱太平歌词。

这种演唱很简单，伴奏乐器就是两块长五寸、宽三寸的小竹板，名叫"玉子"。左手握着"玉子"，一开一合，响一下，用它打节奏。太平歌词是以说为主、句尾一拉腔儿的演唱形式，原来是乞丐要饭时演唱的。后来传到宫里，慈禧听了起名"太平歌词"，还御赐了两块竹板。演员没文化，不懂得"御赐"是什么意思，以为竹板叫"玉子"。后代以讹传讹，说相声的都把这两块板儿，叫"玉子"了。

太平歌词很对朱绍文的路：慢条斯理，有板有韵，唱的交代得清楚，观众也听得明白，引人兴趣。他对汉字的形、音、义有研究，能把一个字讲得头头是道。

怎么撂地演出呢？他首创了白沙写字。

把大理石磨成很细很细的白沙，装进一个小布袋里，左手打着两块竹板的"玉子"，右手从布袋里捏出点儿白沙，在地上先洒出一个大白圈儿，行话叫"画锅"，算是演出范围。过路的人好奇，围过来，（行话叫粘圆子）朱绍文也不看大伙，只顾蹲在地上洒白沙写字，比如他写"容"字，一边"写"一边唱：

　　写上一撇不像个字，饶上一笔念个人。人字头上点两点念个火，火到临头灾必临。灾字底下添个口念个容，劝诸位得容人处且容人。

字写完了，观众随之在欢笑中报以掌声。

这时，人围满了，净等着朱绍文入"活"了。他能写一丈二尺的双钩字，比如"一笔寿""一笔福""一笔虎"，气势大，字漂亮，观众点头赞叹。

而后，他边唱边在大字旁，写副对联："画上荷花和尚画，书临汉字翰林书。"对联工整有趣，还可以反过来念，意思一样。

他常写的对联还有"书童磨墨墨抹书童一脉墨,梅香添煤煤爆梅香两眉煤"。念起来拗口,像绕口令,却勾画出两个小佣人的天真模样。观众又开心又长知识,大声喊好!

他满腹诗书,才思敏捷,又有丰富的人生经验,所以他演唱的节目谐而不厌,雅而不村,讥讽邪佞,劝人行善。比如他的"字头歌":"三字同头芙蓉花,三字同旁姐妹妈。""三字同头常當當,三字同旁吃喝唱。"然后,他引申:"皆因为吃喝唱,才落了个常當當。您看不学好,行吗?"

他有两副常使的"玉子"。一副上刻:"满腹文章穷不怕,五车书史落地贫。"还有一副,上刻:"日吃千家饭,夜宿古庙堂;不作犯法事,哪怕见君王!"直白、磊落,可见他"贫贱不能移"的高尚情操。

他是单口相声的开山祖,一个人一台戏,"包袱"不断,拢得住人,功夫浅了不行;他还是对口相声和群口相声的发轫者,丰富了表演形式,加强了戏剧性,逗捧有序,高潮迭起。他学京城货声(小买卖吆喝)惟妙惟肖。蒙古罗王很喜欢他的"玩意儿",把他延至府中,不让他外出撂地了。"庚子"后,他已70多岁,不久就辞世了。今天相声界的演员几乎都是他再传的弟子。他的作品,如单口的《老倭国斗法》《乾隆爷打江南围》,对口的《大保镖》《黄鹤楼》,四人说的《四字联音》等传承至今。他的学问、人品、艺德,深受同行和观众崇敬,人称"穷先生"。

清末杨曼卿在《天桥杂咏》中赞他:

信口诙谐一老翁,招财进宝写尤工。
频敲竹板蹲身唱,谁道斯人不怕穷?
日日街头撒白沙,不需笔墨也涂鸦。
文章扫地寻常事,求得钱来为养家。

诗,写出了朱绍文的形态,却没有说出他安贫乐道,出污泥而不染的高贵品质。这在天桥艺人中是多么难能可贵呀!穷不怕继张三禄之后,开启了一个"平地抠饼"的新行业,说相声。一些极聪明的穷苦人找到了一条靠才智和自身条件,平地起家的谋生之路。

侯宝林,一个连自己是哪人、父母姓字名谁都不知道的苦孩子,流落到北京,寄居他人檐下。

没爹妈的孩子谁疼?侯宝林打小要过饭、捡过煤核儿、粥厂打过粥、卖过冰核(读胡)、豌豆、报纸,只要能糊住一张挨饿的小嘴,他什么罪都能受，什么苦都能吃。他常挨饿，知道饿得前心贴后心那滋味有多难受；他也有高兴的时候，那就是在鼓楼、天桥的空场里，看见说相声的人口吐莲花，比比划划有多可乐。晚上做梦，老是梦见吃了一只烧鸡，肚子里撑得难受；要不就是一圈人围着他，听他说相声，包袱一抖，"哗"观众们都咧了瓢儿（大笑）了，大把的"铜子儿"扔到他身上，生疼！他疼醒了。肚子里照旧咕咕叫。

12岁，他跑到天桥，跟拉京胡的颜泽甫学京戏，后来师徒一起搭了三角市场"云里飞"白宝山的戏班，拉场子、串妓院卖唱。

云里飞正经学过戏，他天桥这个摊儿唱得叫"滑稽二黄"，破面袋染染当行头，纸烟盒子糊把糊把当盔头，不分行当，想怎么唱就怎么唱，只要招笑，人家给钱就行。

时人写诗说道：

　　小戏争看云里飞，褴衫破帽纸盒盔。
　　诙谐百出眉开眼，惹得游人啼笑飞。

侯宝林如愿以偿，边学边唱，一举学了京戏、相声两门功课，更主要的是他能在演出中觉察出，观众喜欢看（听）什么"玩意儿"。这对他以后的攒活（创作）至关重要。云里飞的玩意儿，虽号称是"滑稽二黄"，大耍活宝，却总归是"滑稽"有余，"二黄"不足。侯宝林虽然喜欢京戏，还是一门心思盯上了表演自如、内容丰富的相声。

他在天桥、鼓楼、西单的场子里看李德钖（万人迷）、焦德海、高德明、常宝臣、朱阔泉等老艺人的表演。趁下完雨晾板凳晒场子的时候，他央告人家，说好话，让他下地练上一小段儿。可干一行有一行的规矩，没门子不行，经人说合，他先被朱阔泉（大面包）收养，后拜为师，开始正式学艺。朱阔泉是焦德海（张三禄以后、相声的第四代传人）的徒弟，与张寿臣、常连安、汤金城是师兄弟。侯宝林成了相声的第五代传人，与常宝堃（小蘑菇）、刘宝瑞同辈。这时正是相声的鼎盛时期，京津地区好角儿云集、风格各异，没有点绝活拢不住人。侯宝林思路清晰，他遍观京津同行的取胜之处，掂量自己的长短，做了三件事：

（1）选择了同在天桥作艺的郭启儒作搭档。郭演出风格朴实厚道，正与他华丽多彩的风格形成反差：高问低答，一唱一和，听着看着都很舒服；

（2）清理段子中庸俗低级、骂人损人、搂便宜的"包袱"，净化演出内容，挖掘段子里的艺术精华；

（3）发挥自己唱做俱佳、模仿能力强的优势，或改或创，丰富演出节目，别具特色。

他们来到曲艺竞争最激烈的天津，而且走进剧场，从平地升到舞台。这样，既拉开了与观众的距离，便于表演；又为观众提供一个全景观摩的空间。

自然，被人瞧不起的撂地玩意儿，也因此升格成了舞台艺术，相声演员也能和京剧演员一样成角儿！无论是京剧，还是"杂耍儿"（曲艺），天津观众眼里可不揉沙子。他们发现侯宝林的玩意儿地道、不脏、有真功夫，不同凡响。

很快，他在剧场的排序也由压轴，提升到大轴。几个电台也约请他们去说。侯宝林、郭启儒在天津一炮而红，他们与常宝堃、赵佩如、马三立、张庆森、郭荣启、朱相臣等相声艺人一起，共同努力，给传统相声开创了一个承前启后的新生面。

后人景慕侯宝林艺术的博大纯正，当面请教他成功的秘诀。侯宝林脱口而出："这个秘诀就是一个字：'饿！'为了不挨饿，你就得长本事，比别人强。这才有饭吃！"

天桥的艺人都是经常挨饿的苦出身，说数来宝的高凤山是三河县贫苦农民的孩子，随父流落北京，要饭捡煤核儿，什么都干。后来跟曹麻子学快板，情如父子，练就了清脆流利、响遏行云的快板功夫。他的《诸葛亮压宝》《黑姑娘》等曲目，诙谐有趣，百听不厌。

唱连珠快书的曹宝禄，从小到天桥学梅花调，后跟随金晓珊学习单弦、连珠快书，艺技大进，他借与鼓界大王刘宝全同台机会，用心揣摩，终成名家。他的单弦《五圣朝天》说的是龙王爷、土地爷、门神爷、灶王爷和兔儿爷五位主管尘世的大圣，不适应人世的变革，跑到天庭玉皇大帝面前申诉个人愁苦的尴尬窘状。听着可笑可乐，完全扫荡了五圣的神威，极具讽喻情趣，是艺人自创的杰作。

有"天桥马连良"之称的京剧演员梁益鸣出身北京通县的一家贫苦农民，原名梁大龙。名字叫龙，可他呼不来风，也唤不来雨。

这年，天旱无雨，颗粒无收，一家四口生活无着。父亲只身跑到唐山去挖煤，不料想钱没挣来，偏偏遭遇冒顶事故，右臂被砸断，人废了，矿方不留，被辞退回家。

日子更难了，母亲只得忍痛抛下一双儿女，来到京城给人家当"老妈子"（保姆），熬更守夜，拼死拼活也挣不来半袋杂合面。无奈，母亲只好把八岁的大龙托付给在天桥办"群益社"戏班的亲戚张起，让不知京剧为何物的梁大龙，改名梁益鸣，走上京剧舞台。

早先进戏班学戏如同蹲大狱，棍棒之下出人才。住的挤，吃的差不说，顶着星星喊嗓子、踢腿、下腰、跑圆场，累得迈不开步也不说。就怕一人出错，打"通堂"。皮开肉绽自己疼，同班的伙伴受牵连，更叫人心惊肉跳、寝食不安。

梁益鸣学老生，《四郎探母》是打底子的"基础课"。在"过关"一场中，杨延辉（四郎）在紧密的"急急风"锣鼓点中，有四句流水板：

把头的儿郎要令箭，翻身下了马雕鞍，

背后取出金批箭，把关的儿郎仔细观。

这四句要边唱边做，协调一致，速度快，动作利落，演员讲究个"唰利"劲儿，做对了，准库要下好来。11岁的梁益鸣这回可过不了关了。不是唱错了，就是"身段"没跟上。师傅喊："停！再打头儿来一遍！"一连三遍，越唱越糟。师傅左右开弓，打了梁益鸣俩大嘴巴，血，顺着小梁的嘴角流下来。"不许擦！接着唱！"戏里的杨四郎利利落落地过了关，探了母，小益鸣却怎么也过不了这四句"流水板"。为这，全班被打了两次"通堂"；他被打背过气两次。

他，想过寻死；又一想家里的亲人，心软了。老人说过，"要想人前显贵，必须背后受罪"。他只有横下心把戏唱好这一条活路。平时看不出有多少"绝顶天分"的梁益鸣，铆足了劲，把世间的所有苦当糖球吃，靠着他坚忍不拔的毅力和志存高远的决心，终于成了"群益社"的台柱子，成了天桥的第一生。

是"第一"吗？他不承认。

有一次他在西长安街新新大戏院看了马连良的《串龙珠》以后，他折服了。这才叫第一。

从此他决心学习马连良。每演必看，找人记录。请陪马先生唱戏的老演员、演奏员给"说说"。那时候没有录音、录像设备，全凭眼观、手记、口传、心受。功到自然成。天桥的观众不用到珠市口以北的大戏园子去看"马连良"了，也不用买昂贵的戏票，照样能听上"马连良"的《借东风》《苏武牧羊》《四进士》《淮河营》等马派名剧，就连马连良多年不演的《南天门》《骂王朗》《四郎探母》等剧，梁益鸣也想方设法恢复上演。

在过去，天桥被城里的"上等人"视为"下九流"的沉瀣之地。梁益鸣学马连良学得再好，也得不到"行内"的承认。而四九城的"下九流"却欣喜若狂，直奔天桥看自己的"马连良"。

直到1959年6月，才在北京市文化局张梦庚副局长的说合下，59岁的马连良才收下苦学自己多年、45岁的梁益鸣。

拜师这天，梅兰芳、肖长华等名家亲临前门饭店，祝贺讲话。此后一年多，马连良对梁益鸣的马派戏一一指点，悉心传授。梁益鸣如醍醐灌顶，演艺愈加精进。

这期间有某个国家剧院邀请他担任主演，月薪1000元，他婉言谢绝，甘愿拿着月薪150元，与剧团的伙伴们，同甘共苦，相濡以沫，守着有饭大家吃的集体所有制，不离开天桥，不离开喜欢马派的劳苦大众。

1962年春天，梁益鸣学习并演出了由吴晗编剧、马连良老师主演的新编历史剧《海瑞罢官》，观众反映强烈。他的马派艺术更加趋于臻美。

孰料此举竟为这一对珍爱艺术的师徒，惹下塌天大祸！

1966年12月16日，一代名伶马连良含冤辞世。1970年10月18日，被轰出京剧团、成了无业游民的"天桥马连良"、杰出的马派传人梁益鸣，遽然长逝。

从此，广陵曲散，人世间再难寻觅"马派"的潇洒飘逸。

梁益鸣，一个农家的苦孩子，印证了不登大雅的天桥，照样可以再造高雅的艺术奇葩。

在天桥，靠演艺谋生的行当五花八门。

唱戏、唱大鼓书、唱莲花落、说评书、说相声、说数来宝、演双簧、演口技、拉洋片等，这算一路，俗称是"吃开口饭的"。

还有一路是演出杂技的，例如，变戏法（不是魔术）、车技（自行车）、巧耍花坛、抖空竹、踢毽子、钻罗圈、盘杠子、练武术、耍狗熊的，等等，这些艺人在生存艰难的状况下，继承了传统杂技，保存了这份文化遗产，难能宝贵。

1950年春，正是在这些艺人的基础上，组建了中国杂技团，代表新中国首先出访苏联和东欧各国，他们的精彩演出轰动国外，反响良好。

人们这才醒悟，原来旧日天桥撂地摊的"玩意儿"，竟是国宝！

过去有句歇后语："天桥的把式——光说不练。"这话有情可原，却不一定对。打把式卖艺，靠的是真功夫，要是演员一天到晚什么也不说，一个劲儿傻练，练得气都喘不过来，观众既看不出门道，也凑不起热闹，谁还往场子里扔钱哪？说相声讲究"三翻四抖"。只有交代足了，再抖"包袱"，那才"响"，才"脆"，更何况打把式卖艺的了。

比方说，摔跤吧。

天桥的跤场有几处，名人可不少，像沈三、张狗子、宝三、徐俊清、满宝珍等人，都是身怀绝技的好手。

在天桥，摔跤是别具一格的竞技运动。它既不是吃开口饭的说唱艺术，也不属当众表演的杂技。从根上说，它本不是生意场上的行当。只因为大清王朝的垮台，"善扑营"解散，这些吃皇粮的"扑户"才为生活所迫，来到天桥下场子表演"掼跤"。说到这儿，有必要简单勾勒一下人类摔跤的历史。

早在原始社会，人类为了生存，就要猎取食物和捍卫自己的人身安全。摔跤是凭借体力、智力和技巧，也就是赤手空拳，去战胜对手的最基本的手段。可以说，摔跤是人类最古老的竞技运动。早在公元前776年举行的古代奥运会，欧洲人就把摔跤列入比赛项目。我国流行的"蚩尤戏"也揭示了远古摔跤为战的蛛丝马迹。

传说，蚩尤鬓角的毛发，像剑戟一样锋利；头上有坚硬锐利的双角。他和轩辕氏打仗的时候，"以角抵人，人不能向"。

后世的人，就模仿当年战斗情景，演出"蚩尤戏"，演员头戴一对牛角，两两三三，互相顶撞，无力还击者，败！这种"角抵"就是摔跤的前身。

秦汉时期，宫廷民间都盛行这种叫"相扑"（今日本仍用此名）的竞技运动。

宋代叫"角力"，看来力的成分大于技。传说岳飞帐下猛将牛皋力大身沉，勇猛无比，就是学不来拳棒。岳飞因材施教，从拳术中提炼出一套叼拿锁扣、挨傍挤靠、勾挂连环、闪展腾挪的技巧，传给牛皋，其实就是掼跤。牛皋学得津津有味。传说后来牛皋大战金兀术，二人从马上滚落马下，角力摔跤，牛皋凭着技高力大，骑在金兀术身上，兀术挣扎不开，气闷而死；牛皋意外取胜，大笑而亡。民间留下"气死金兀术，乐死老牛皋"。

有清一代，是马上得的天下，自然重视骑射，但对马下的"掼跤"也十分重视。

皇家把它定为八旗子弟必训科目。并从八旗子弟中选拔优秀的跤手，充任"善扑营"的"布库"，俗称"扑户"。善扑营是皇家直属部队，有三百多人，分左右两翼，都统、副都统、左右翼印务等职，都由亲王、郡王、贝勒、贝子担任。

左翼（官跤场）设在东城大佛寺；右翼（官跤场）设在西城护国寺。

善扑营，实际是皇家的近卫营、贴身保镖，不仅跤要掼得好，擒拿、拳脚、弓箭也要精通。善扑营最露脸的一件事，就是少年康熙，带着小布库，一举擒获权臣鳌拜，震惊朝野。

善扑营的布库按资格和水平分头、二、三、四等。平日练跤，每个人找自己的功夫，年底比试。每年的考核定在正月初九的演礼，名曰"垫差"，又叫"拿等"，优胜者既升等级，又有封赏。布库们都很上心。正月十九，皇上要在紫光阁检阅善扑营的成绩，由善扑营的布库和蒙古高手在毡子上过跤，比出胜负，一方面检查善扑营的水平；另一方面也是向蒙古显示威武。腊月二十三，糖瓜祭灶这天，皇上也亲自下场子，在毡子上与善扑营顶级高手过跤，以身垂范，彰显武功。由此可见历代清帝对善扑营的重视和密切关系。

清帝逊位，善扑营的扑户们没了钱粮，只能自寻活路。头等扑户宛永顺，人称宛八爷，功夫好、威望高，在家设馆教学生，日子也还过得去。

同是善扑营的扑户杨双恩就不成了，只好到天桥拉个场子练练拳脚，求点糊口的钱。岁数大，又张不开嘴，没等练完，人就散了，找谁要钱？杨双恩伤心落泪，唉声叹气，没了主意。可巧让卖牛杂碎的沈三看见了，他赶忙放下车，问个究竟。

沈三大名沈友三，以推车串巷、卖牛杂碎为生。他最好练跤，体质好，悟性高，是宛八爷的得意门生。杨双恩的处境让他心酸。他让杨双恩看着车子，转身找来几个年轻的哥儿们，穿上"褡裢"，蹬上螳螂肚靴子，就在场子里支吧起来，喊着、叫着、舞着、跳着，个个都像下山的小老虎。人们很快围拢了。沈三笑眯眯，先向周围看客作了个罗圈揖，说道：

今天，我们小哥儿几个来到杨大叔的场子，给大伙儿摔两场跤。我们卖卖力气，叫您瞧瞧当年康熙爷的小布库们，是怎么制伏老鳌拜的。这可是看家的绝活，轻易不露。今儿个，您来着了！赶上杨大叔高兴，叫我们亮亮看家的本事。摔完了，没别的，有钱的，您扔个俩仨，帮个钱场。那位说了，今儿我没带钱。没关系，有您在这儿站脚助威，也算帮了人场。刚才我看了，今天来的各位，都有福星罩着，财神随着，寿星领着。您可别挪地儿，看完了，帮完了我们小哥几个，您再走，回家准有好事等着您哪。闲话少说，我再给各位作个揖，说摔就摔。插手就练。

这一番江湖诀稳住了观众，沈三和杨双恩打头阵，只见这一老一少，稍作盘桓，就纠在一起，什么"别子""坡脚""得合乐""挑桩""握腿""三倒腰"，招招见巧，步步斗狠，只看得观众忽而目瞪口呆，忽而连声喊好！自然看完了，大把的铜子儿扔到圈儿里。老杨感动，沈三高兴。

渐渐地，沈三也不卖牛杂碎了，与老杨合伙，开了天桥的第一个摔跤场子。善扑营的功夫落户天桥，练跤的门户大开，吸引了更多的青年人踏进跤场。

沈三的跤摔得机灵、摔得瓷实。两人一交手，很快，沈三就能判断出对手的长短处，他随之避其所长、克其所短，使出独家的"绊子"，干净利落脆地把对手扔在胯下。

除了撂跤，他的硬气功也十分了得，他有两手绝活："双风贯耳"和"当胸开石"。

20世纪30年代，上海明星电影公司来北京拍摄根据张恨水长篇小说改编的故事片《啼笑因缘》，专程到天桥拍摄了沈三的这两个绝活，珍存了这一宝贵的实况。

表演"双凤贯耳"时，沈三倒地侧卧，太阳穴下枕一块新砖，与之对应的头上太阳穴，再摞三块新砖。另一人手持重磅大铁锤，高高抡起，狠力砸向沈三头上三块砖，只听一声响亮，头上三块和枕下一块砖粉粉碎，沈三一个鲤鱼打挺跳起，毫发无损。

表演"当胸开石"时，预备两条板凳，中间相距三四尺。沈三头枕一凳，脚置一凳，平躺，身子悬空。此时，助手抬一磨盘平放在沈三胸腹上，沈三运气悬空顶住沉重的石磨盘。另一人挥动重锤，猛砸沈三当胸石磨盘，一声惊天怒吼："开！"，只见石磨盘，在沈三气顶和锤砸的合击下碎裂，沈三挺身起立，观众掌声如雷！

宝三，大号宝善林，16岁成为宛八爷的关门弟子。少年立志，勤学苦练，师父爱惜，师兄弟都很得意他这个小师弟。

宝三为人正派，品行端正，洁身自好，一心练功，跤行的人都很敬重他。他和魏老、李永福等硬里子搭配，跤摔得默契、火爆、干脆、好看，深得人缘。

宝三的跤场，有哥儿几个帮衬，抱着团儿，不散摊儿，在天桥维持得最久，成了天桥跤场的品牌。在京城，只要一提摔跤，就没有不知道宝三的。

宝三还有一绝，就是每逢年节，他不摔跤，亮出天桥独一无二的耍中幡的绝活，留下"天桥的中幡三丈三"的美誉。

幡，是一种用竹竿挑起来的长条形旗帜，上有伞盖，缀流苏，配金铃、小旗，旗面绣金龙，围镶火焰，五彩缤纷、金声悦耳。幡本是皇家仪仗队的一种"执事"，有硕、中、小三种。硕幡12米以上，中幡9米左右，小幡3、4米，常以"中幡"概括之。

皇家仪仗队的成员，自然选的都是八旗子弟中的骁勇之士，臂力、腿功、个头、模样都得够份儿。皇上出巡、回宫，仪仗队在鼓乐声中浩浩荡荡出动，威风凛凛、阵势堂堂。每遇闲暇时，有好事者仗着体力好、功夫深，信手舞动中幡，上下翻飞，金铃阵阵，如九天彩云飘来清远的仙乐，好看又好听，渐渐形成套路，集成一宗漂亮的专门技艺。

清晚期，王小辫的哥哥在宫里当差，干的就是仪仗队里打执事的活儿，他善耍中幡，能耍出许多花样。王小辫钟爱此事，从他哥哥那儿把这套本事学了过来，又潜心研究、埋头苦练，归纳出"挑、端、云、开、垂"的手法，和"踢、抽、盘、跪、过"的腿法，把这件宫里的绝技带到了民间，首先在天桥亮出了"三丈三"的中幡，一举撼动京城！

宝三动了心，每天有空儿就去看王小辫的表演。他发现，中幡顶天立地，旗铃漂亮，耍动起来"幡不离身、杆不落地"，人随着中幡的舞动，不断变换闪、展、腾、挪的动作，这就要求表演者不但要有胆量、有力量，而且要有超人的平衡技巧和配合动作。这几样本事，按说掼跤的能手都该有。宝三胸有成竹，跃跃欲试。

　　机会来了。一次，王小辫正托举中幡过顶，猛然刮起一阵旋风，眼看中幡斜倒，砸向一位公子爷。宝三手疾眼快，跳进场中，一把接住即将倾倒的中幡，一个"霸王抖枪"把幡扳了回来，跟着一个"苏秦背剑"，把中幡稳稳地把住、掂起，托给了王小辫，全场炸雷般地喊了一个"好！"

　　王小辫高高兴兴地收下了宝三这个徒弟，把全套的中幡技艺一件不剩地传给了宝三。宝三不仅接过了师傅的传授，还结合掼跤、拳术、气功，发展了中幡的表演形式和技艺难度，由单练，到二人对练、众人合练，表演性更强了。宝三的中幡，驰名京津，不断有人约请表演。

　　有一次宝三到北海去表演中幡，路上要过两座牌楼，按规矩中幡不准倒着过。人们把目光投向宝三。只见他托着幡，大步流星走到牌楼前，一运气，一个爆发力，把中幡直溜溜的扔向高空，跃过牌楼，他垫步拧腰，一个箭步跨过牌楼，稳稳的接住从天而降的中幡。这一招，轰动了京城，民众盛赞宝三的中幡能过牌楼！

　　梅花香自苦寒来，宝剑锋从磨砺出。贫困饥饿的生活，不仅激励了人们的求生欲望、拼搏的勇气和战胜困难的智慧，也在通常显示不出来的状况下，极大地挖掘出了人的内在潜力，成就事业，锻造人才。

　　由梦堆积起来的老北京，为寻梦、找梦、求生、祈福的人们，提供了无数可遇可求的机会和英雄用武的广阔天地，并且述说了许多饶有情趣的故事。

天桥点痦子摊贩

第十二章
吹不走、改不了的老风俗

| 清貪斜情養神靈 | | 清觀古書揮心度 |

除夕跪拜父母

小京纪实 BEIJING JISHI 老北京梦寻

俗话说:"十里不同风,百里不同俗。"

一个地方有一个地方的风俗,老北京自然也有老北京的老风俗。

那么,风俗到底为何物呢?

《汉书·地理志》讲得很玄奥,却不乏机理:

> 凡民尊五常之性,而有刚柔缓急音声不同,系水土之风气,故谓之风;好恶取舍动静无常,随君上之情欲,故谓之俗。

《辞海》讲:

风俗是"历代相延积久而成的风尚、习俗"。

这么讲,仿佛又言之不足,乃进一步解释:"自然条件不同而形成的习尚叫风;社会环境不同而形成的习尚叫俗。"

《现代汉语词典》讲的就比较简单:风俗是"社会上长期形成的风尚、礼节、习惯等的总合"。

这么说,风俗这个词儿可谓包罗万象。词儿的由来不去管它,只说大面,风俗有哪些呢?比如过年过节、婚丧嫁娶,小孩满月,老人庆寿,居住习惯,饮食口味,穿衣戴帽,等等,不一而足。而北京地处天子脚下,五方杂处,四海云集,天南地北,风俗就没有准确的方向性、地域性,却有宽容性和示范性。试想,全国乃至全世界的各色人等,一股脑儿汇聚京城,"同饮一河水,同顶一方天",该当如何?他们相互影响,相互制约,一方面是和而不同,另一方面又必须求同存异，实现约定俗成，澄出一层层"精华"，风行于世，流芳百代。这些"精华"，无人规定，却众人共尊；虽礼法繁杂，却寓"礼"于乐。审视老北京的老风俗不光丰富多彩，而且充满情趣，细剥就里，那里边藏着老辈人的记忆、经验、苦乐，乃至生命。它是文明的积累，历史的文化遗存，一笔平添生活乐趣、增益人生智慧的文明财富。

这里就拣最能体现老北京老风俗的过年过节的事儿说说。

年、节是人们日常生活的亮点，节庆蓄满了迷人的情节和持久的欢乐。

北京人最讲究过年、过节，这里边还有不少说道。

旧时的北京，节庆不断，一年当中，隔三岔五就会有一个应时当令的祭祀、游乐的活动，过的是节，遵的是礼，找的是乐。

比如清明节（公历四月五日前后）、端午节（农历五月初五）、乞巧节（农历七月初七）、中元节（农历七月十五）、中秋节（农历八月十五）、重阳节（农历九月初九）、冬至节（农历十一月中旬）、腊八节（农历十二月初八）、春节（农历正月初一）等。

记得小时候，爱唱一个歌谣，把十二个月的节说了个遍，也反映了那时北京的时尚。

正月正，大街小巷挂红灯，
二月二，家家摆席接女儿，
三月三，蟠桃宫里去游玩，
四月四，男女老幼游塔寺（指白塔寺），
五月五，白糖粽子送姑母，
六月六，阴天下雨煮白肉，
七月七，坐在院中看织女，
八月八，穿双球鞋逛白塔（指北海），
九月九，大伙喝杯重阳酒，
十月十，穷人着急没饭吃，
冬月中，公园北海去溜冰（指中山公园和北海），
腊月腊，调猪调羊过年啦！

一、春节

一年节庆，以春节最为隆盛。

它几乎占了腊、正两个月：腊月准备，正月高潮，直到二月二"龙抬头"才

偃旗息鼓，前前后后足有俩月多。

春节过大年，礼数最多，规模最大，时间也最长，成了全民族辞旧迎新、总结性的盛大典礼。

现在五十岁开外的人都有儿时盼过年的共识。因为那时候国弱家贫，物资匮乏，肉蛋奶不用说，就连花生瓜子也是稀罕之物，只有到了春节才肯赏光，或者还有更幸运的事光临：可以裁件新衣服，换顶新帽子，到厂甸买串儿大糖葫芦！

记得有首儿歌唱道：

糖瓜祭灶，新年来到。

姑娘要花，小子要炮，老头儿要顶新毡帽！

那种欣喜、急切的心情唱得清清楚楚。

贫穷，让人充满期待，也更恪守传统，遵从道德。

旧时的北京，一进腊月，街头巷尾就充满了浓浓的节日气氛。

《京都风俗志》描绘：

市中卖年货者，棋布星罗。如案几笔墨，人丛作书，则卖春联者，五色新鲜，千张炫目，则卖画者，芦棚鳞次，摊架相依，则佛花供品，杯盘杵臼，凡祭神日用之物，堆积满道，各处皆然。

这时节，京城店铺装饰一新，货物备齐，起早贪黑地接待顾客，熬更守夜也要做好年底的最后一笔买卖。只见马路边摆摊的，胡同口挑担的，叫卖着年画、佛龛、对联、花炮、绒花、绣花样子、灯笼、香炉、腊千儿、春联儿、门神、挂千儿、鲜鱼水菜、干鲜果品，等等，那真是五光十色不胜观，叫卖声声试比高，喧腾的街市一下子把人们的心气哄了起来，真的"要过团圆年喽"！

1. 腊八节

腊月初八一碗香甜的百果粥，揭开了春节的序幕。

富庶人家是"老太太心别烦，过了腊八就过年"，说的是盼年心切，喜悦日盛。穷困的人，心情不同。因为，时至岁尾年关，商界纷纷写帖子催账，被称作"送信儿的腊八粥，要命的关东糖，救命的煮饽饽！"只有过了年初一，才躲过债主。

一个"年"有的盼、有的怕；几家欢乐饮美酒，几家愁苦命到头！年是节，还是关？

腊八节又叫成道节，有个来由。传说佛祖释迦牟尼，就是在这一天得的道，成的佛：

　　话说释迦牟尼，本是古印度迦毗罗国的王子，他为了解除人世间生、老、病、死四大痛苦，舍弃优裕的王族生活，踏遍山川险境，寻求人生哲理。苦修多年，却终无所获。这一年的腊月初八，他来到哈尔邦的尼连河畔，累饿交加，眼前一黑就晕倒在菩提树下。此时牧女茜迦罗越正提着用头牛的奶熬成的奶米粥，到菩提树谢神还愿。她看见释迦牟尼躺在地上奄奄一息，赶忙把奶粥喂给他吃，扶他靠在树下歇息。释迦牟尼恢复了元气，只觉眼前大放光明，通体清爽如鸿毛，心中顿有所悟，遂成大道。

还有另一个版本：

　　释迦牟尼一路苦行，只靠拣拾野果草籽充饥，时常因为悟道专注，忘了采食，也忘了劳累。终于在腊月初八这一天，他倒在了尼连河畔的菩提树下。他勉强把布袋中拣拾的野果草籽倒在钵子里，煮成一钵稀粥，慢慢吃下。这时，奇迹发生了，眼前的混沌世界幻化出一条披满霞光的天堂之路。

佛祖看破了红尘，悟出了正道。

　　两个说法差不多。总是讲佛祖修行是苦思苦行的结果，寻求真理要百折不回。从此，佛门弟子每逢腊八，就举行诵经礼佛活动，并用杂米干果熬粥敬佛布施，牢记佛祖慈悲悯世，刻苦修行的功德。

　　过去，京城皇寺名刹都有腊八舍粥的善举。皇帝也将宫中御制的"腊八粥"装盒赐给王公大臣。渐渐风行成俗，腊八节演化成春节序曲。如今，人们清晨喝着香甜美味的腊八粥，还知道佛祖苦修苦练悟出的，慈悲为怀、智慧在心的至理吗？

　　腊月的安排，弛张有序，先松后紧，节奏逐日加快。

　　初八过了，是半个月的准备，气氛一天比一天浓烈。

　　声音出自黄口小儿脆嫩的歌声：

　　　　二十三，糖瓜儿粘；

　　　　二十四，扫房日；

　　　　二十五，推糜黍；

　　　　二十六，去调肉；

　　　　二十七，宰只鸡；

　　　　二十八，把面发；

　　　　二十九，蒸馒首；

　　　　三十儿晚上坐一宿；

　　　　大年初一扭一扭。

　　这个编排具体的时刻表，为春节的团聚大餐安排得头头是道。

二十三祭灶是"过小年儿"，为"大年儿"作预热，让民众先吃点甜头，目标定在厨房里的那位灶王爷和灶王奶奶。

可能是饿怕了，中国人特别重视吃，信奉"民以食为天"。

逢年过节的核心就是吃。立春的春饼，端阳的粽子，中秋的月饼……就连老北京人见面的问候，也是以吃代好："您吃了吗？"答："偏过了。"

然而，吃从何来呢？当然是厨房，它虽不登大雅，却是居家之要害重地。

更有一层，那是老天爷派驻为"一家之主"灶王爷夫妇的监督所！

2. 腊月二十三祭灶

传说灶王爷夫妇是玉皇大帝派驻各家的，专门监督一家人的言行。

到腊月二十三这天晚上，他老人家要回到天庭，向老天爷具体汇报这家人的善恶言行，听从玉皇大帝的赏罚。

因此，到了黑夜，院里立起高干，挂天灯，为灶君回宫照亮。

其实祭灶是我国远古重大祭祀活动之一，核心是火，它表达了原始社会人类对火的敬畏和崇拜。

古代祭祀单纯热烈，用黄羊。后来故事多了，降了级，改用饭菜羹汤，糖瓜糖饼，还要为灶君的神马准备清水一碗，料豆一盘。

过去因为妇女整天围着锅台转，就在灶王眼皮底下，所以，为显庄重，有"男不拜月，女不祭灶"的说法。

祭灶开始时，点蜡上香，把化开的关东糖抹在灶王爷夫妇的嘴上，为的是粘住他的嘴，让他别在老天爷那儿说本家的坏话。

主祭人口念："您上天就多言好事吧，专等您回宫降吉祥啦！"然后，取下神像，与千张、元宝一起就地焚化，清水一泼。只见青烟缭绕，火灭灰飞，就算礼成。

这时，妇女躲进厨房打扫炉灶，涂抹新泥，名曰"挂袍"。

老早已前，北京唱小曲儿的有一段"祭灶"，很真实，也很风趣：

　　腊月二十三，
　　呀呀哟，
　　家家祭灶，
　　送神上天，
　　祭的是人间善恶言。

> 一张方桌搁在灶前,
> 千张元宝挂在两边。
> 滚茶凉水,
> 草料俱全。
> 糖果子,
> 糖饼子,
> 正素两盘。
> 当家人跪倒,
> 手举着香烟,
> 一不求富贵,
> 二不求吃穿;
> 好事儿替我多说,
> 坏事儿替我隐瞒。（《霓裳续谱》）

由"祭灶",顺而想到,家里炉灶上常有一种类似蛐蛐的小虫出没：色黄白,体有纹,六足,有鬓,以炉台上的残渣剩饭为食,夜半常发"曲曲"声,细碎悠长,为沉寂的夜色又添一份幽深。

父亲说,这就是灶王爷的"马",俗称"灶马",人不加害,虫亦不害人。

我更奇怪,难道灶君夫妇竟如此寒酸,以小虫为骑吗?

早先,我家厨房东墙垒有炉灶,灶王爷的神位在南墙靠炉灶的侧上方,整日烟熏火燎,神像满脸油烟,几不可辨。

我常想,天宫诸神中,唯有灶王爷夫妇地位最惨：环境差,任务重,24小时蹲守不说,走的时候还要被糖稀糊住嘴,有口难开。回宫汇报也难,老说好话,玉皇不信;如实回报,惹恼了地面主人,人家来年不请了,岂不失业? 空有监督虚名,又要逢场作戏。

灶王爷, 难!

3.除夕、大年夜、三十晚上

从二十六到除夕, 过年的节奏加快。

这几天灶君回宫,人间无人主宰,百无禁忌,叫做"乱岁"。人们多用这几天谈婚论嫁,以为大吉大利。

这几天还要把一年的药方凑在一起烧掉, 叫做"丢百病"。

除夕这一天,还要把门神、春联、挂千（又作挂钱）贴好。京城街巷呈现出：

> 挂门钱纸飐春风, 福字门神处处同。

香墨春联都代写，依然十里桃花红。（《都门竹枝词》）

中国人看重门，自然更看重门神。

过年讲究万象更新，从哪儿新呢？

首先是门：过去大门都是左右两扇，正好贴两位门神，两边的门框再镶上一对春联，这样红白对应、字画搭配、高雅美观、焕然一新！

贴门神的历史很久。中国有部古老的奇书《山海经》，里面说道：

在浩荡无垠的东海，有座度朔山，山上有棵弯弯曲曲的大桃树，占地三千里，伸向东北方的树枝底下有座鬼门，大小鬼都从此门出入。鬼门两侧有神荼、郁垒两位神将把守。若发现为非作歹的恶鬼，二神将就用苇索捆绑，扔到虎池喂虎。

后人就把连恶鬼都惧怕的神荼、郁垒的画像贴在门上，并悬挂桃符驱邪避鬼。

《荆楚岁时记》载：

正月一日，绘二神，贴户左右。左神荼，右郁垒，俗谓之门神。

这是最早的门神，亦有只写名字，不画像的。今多不用。

后来比较常见的两位门神爷，是大唐名将秦叔宝和尉迟恭二位：

据说，大唐贞观年间，宫中入夜常有鬼怪作祟，唐太宗李世民不堪其扰，难以安息，就调来秦叔宝、尉迟恭一白、一黑两位爱将，彻夜把守宫门。鬼怪惧其威严，一哄而散。自此，宫中平静如常。

民间仿照此例，画白盔、白甲、净面飘髯的秦叔宝，和黑盔、黑甲、铁面短钢髯的尉迟恭神像贴门左右，以为神佑。

还有把捉鬼的唐终南进士钟馗贴在门上的，只是左右一样，成了"对判儿"，红袍黑靴，虬髯赤面，仗剑驱邪，颇有威势，也很好看。

除此之外，还有贴麒麟送子的、和合二仙的。

清代宫廷门神依照宫殿的职能、等级定制，分八类：

一将军（分金、红、绿、满云金、满云红、满云绿六种将军），二福神（有绿加官、白加官两种），三勇士，四童子，五麒麟，六娃娃，七神判（分满云朱砂判官和福在眼前判官），八福禄寿三星。

这一大批门神，打破了老一套，各种门神形象灵动，装饰性很强，很值得借鉴。

春联古称桃符。传说，桃木避邪，把吉祥话写在桃木片上，挂在门框上，禳灾祈福，也好看。

这个习俗最早起源于五代后蜀宫中。蜀后主孟昶写在桃符上的"新年纳余庆,佳节号长春",是中国的第一副春联。

后来,改在红纸上用毛笔写黑字或金字,书法酣畅,对仗工整,愈发美观。紫禁城的宫殿是朱漆金顶,所以,春联是白纸蓝字。

挂千(挂钱)是把"抬头见喜""福在眼前"一类的吉祥话刻在红、黄、金色配图案的剪纸上,呈长方形,底边有穗,贴在房檐、影壁上,随风飘荡,喜气洋洋。据说挂千可以把外来的邪风晦气挡回去。

新糊的高丽纸窗或玻璃窗上,还要贴美丽、喜庆的窗花,寄托希望,憧憬未来。中国人尚红,这时的街巷院落四处飘红,人们心情欢悦,除夕在暮霭中,一步步降临了。

有道是:

雪亮玻璃窗洞圆,香花爆竹霸王鞭;
太平鼓打咚咚响,红线穿成压岁钱。

拜年,首先要拜的是神佛、祖先,再次是长辈亲人,再再次是故旧友人。

我记得布置完院、门的春联、挂千以后,就是布置堂屋的神位了。

事先到大栅栏把口路西的正兴南纸店,请一张诸天神圣的"百分图",全开的宣纸套色刻印诸天神圣,画幅中上方的主要佛尊,均用金箔敷面,金光熠熠,分外夺目!

神像供在堂屋北墙的正中央。像前大条案摆放从前门大街正明斋请来的一堂一号蜜供,一堂五座,状若佛塔,红纸剪花,从塔顶垂罩蜜供,红黄搭配煞是好看。条案前的八仙桌供干果、馒头、素菜(香油炸过的山药块、豆腐块、粉条段)上插通心草剪画的"八仙"人、红绒福字、金元宝。

桌椅全用暗八仙的绣花红缎帷子披罩,桌上白铜五供香烟缭绕,红烛常照,香火昼夜接续。

供神同时,还要打开祖宗牌位,挂上祖宗的"影像"。

敬神同时祭祖,这是一年中,全家最红火、最喜庆的几天。

腊月三十日是一年的最后一天,名"除夕"。除,本义是台阶,衍生义有度过的意思,所以腊月又叫"除月",三十这天叫"除夕"。这天的晚上要隆重地进行三件事。

第一件事是吃顿团圆饭:

一年到头,家里家外都不容易,年前都要赶回来,亲人团聚,围坐一桌,互诉衷肠,吃一顿"团圆饭"。席间敬酒布菜,互道辛苦,敬老抚幼,其乐融融。别看一顿团圆饭,却是维系一家和睦团圆、铭记亲情责任的重要手段。这顿饭丰盛、难忘,是用心准备十几天的最后成果。俗话说:"宁可穷一年,不可穷一天。"

第二件事是守岁：

吃完团圆饭，按辈分分拨给长辈拜年。长辈坐在八仙桌两侧，儿孙跪地磕头，口念祝福长寿之类的颂语。长辈说些勉励的话，礼毕给"压岁钱"，维系长幼有序，百善孝当先的封建秩序。

说到"压岁钱"也有个来由：

传说古时候有个小妖怪叫"祟"，黑身子，小白手，专门摸熟睡的小孩。一摸小孩就发烧，胡言乱语，说是中了邪了。

怎么治呢？给小孩一枚"压胜钱"，握在手里，"祟"就不敢来了。《博古图》称这种钱"一体之间，龙马并著，形长而方"。这种"钱"是避邪的镇物，样子很多，很漂亮，但不是货币。此风俗始于汉代，市面上或者还能看到这种"压胜钱"。

渐渐地，因"祟"与"岁"同音，压祟的意思被奖励的意思替代了，"压胜钱"成了孩子们"磕头挣钱"的"压岁钱"。

挺好的却病祈福的"压祟"，变了味儿，成了孩子们过年挣钱比阔的兴奋点。

吃完团圆饭，家中女眷收拾收拾赶包素馅饺子，用香菇、木耳、粉丝、胡萝卜、炸货、香菜作馅，拌以香油，包成饺子。

为了酿造幸运气氛，女主人暗把一个小银毫包进去，声明谁吃着谁一年有福，惹得众人心绪不宁。

明太监刘若愚著《明宫史》里记载：

正月初一五更起，焚香放纸炮……饮椒柏酒，吃水点心，即扁食也。或暗包银钱一二于内，得之者以卜一岁之吉。

它证明，北京人正月初一吃饺子的习俗，起码有四五百年的历史了。

习俗还有，"三十晚上坐一宿"。

因此其他人也不能睡觉，各自消遣，静待新旧交替的"更交子时"的到来。子时（23时、24时、1时）一到，钟声、爆竹声响彻夜空。

据说此时天宫诸神汇集九天，俯视人间百态，准备下界赐福惩恶。人们谨言慎行，在院子里燃松枝，香烟缭绕，消去灾祸，名为"炉祟"。踩踏铺在地上的芝麻秸，噼啪作响，名曰"踩祟"。岁祟同音，企盼在新的一年，把邪祟灾祸踩在脚下，驱出家门，讨个大吉大利。

"踩岁"的另一个说法是踩过旧岁，走进新年，而今迈步从头越，赢得万象更新、吉祥如意。

交更时刻，家里的主妇忙着下锅煮饺子，顺应"更交子时"之"交子"（饺子）二字。这里要特别说说"饺子"。

中餐享誉世界，不单单是它口味浓郁，做法高超，而且在于它内中蕴藏着丰厚的文化理念。其中饺子就是一件绝佳的创作。

饺子又叫水角、扁食、饽饽、馄饨、水点心。

饺子，极高明地把主副食合二为一，而且把食者巧妙地转化为做者，人人参与，在围桌共话的和谐气氛中，擀皮和馅，包进鸡鸭鱼肉、海鲜蔬菜等人间美味，随心所欲，荤素自便！饺子味美、形美，可以用一双巧手，又快又好地包出各种形态的饺子，既美观，又充实，尝之以鲜，果之以腹，而且烹调合理，增益健康。

清朝的李光庭有感而发，写诗赞饺子：

细研霜肤薄，弯环味曲包。
拈花生指上，斗角簇眉梢。
轻似月钩漾，白如云子抄。
主人非自食，饾饤莫同嘲。

美味的饺子让这位李大老爷搜索枯肠，遣词造句，憋成一首诗。文则文矣，却少了饺子的水灵、好吃。

我想起过去老北京的一首民歌，虽是家长里短的大白话，理却不亏：

夏令去，秋季过，年节又要奉婆婆，快包煮饽饽。
皮儿薄，馅儿多，婆婆吃了笑呵呵，媳妇费张罗。

在我国北方，它是喜庆食品，就连结婚大典上也有吃"子孙饺子"的一个重要的程序。在包括春节在内的许多节日，吃饺子，是应节的主餐。

民间流传"好吃不如饺子，舒服不如倒着"，体验再三，千真万确！

"饺子、酒，越喝越有"，绝妙搭配，绝对理想！

所以，在初一凌晨接神的供桌上，三碗素馅饺子，是主要的供品，想必诸神也承认"好吃不过饺子"！

第三件事是接神：

时间是除夕的下半夜，大年初一的凌晨。

接神大礼开始了，香案摆在院中（印象中，父亲的商店无院，香案只能摆在北布巷子不宽的街中），家长主祭，按《皇历》上标明的方向，一一上香，迎接天地诸神，及新请来的灶王禡。众人跪地磕头。焚化千张、元宝一类祭品。礼成后，按辈分再向家长（掌柜的）拜年，长者说一些勋勉的话。这时东方发白，人们准备在大年初一的早晨，开始外出拜年了。记忆尤深的有两件事。

一个是除夕这一天至午夜，总有人敲门，口喊："送财神爷来啦！"

一些乞丐或无业游民，抓住人们求财心切的心理，到晓市（早市）批来一些粗印的"财神爷"，挨家递送。送财神的来了，自然"欢迎"，给的钱都超值，显得大方。一表敬神之诚，二表周济穷人过年。再有送者，也一律照收，不能拒绝。除夕这天，总能"请"到十几份财神爷，留到年初二一早，祭财神时焚化。

另一个是"柜上"说"官话"。

初一凌晨接完神后，掌柜的照例要在账房分别找员工"说官话"："官话"者，甩开私人面子，一本正经地评说一年的功过，赏罚分明，决定去留。这一夜多数人兴奋，也有个别人沮丧。

记得有个员工收拾铺盖时，无意中露出一本《金瓶梅》。后查该员两次寅夜不归，追问，是逛了"胡同"。说官话时，即明示该员犯了规矩，节后柜上出川资，由保人领着返回老家了。年终结算的不光是员工一年的经济所得，还有一年的做人表现。

过去，北京的买卖家大多用乡亲，一为知根知底，用着放心；也是为着便于管理，有铺保证。掌柜的以身作则，对伙计要不偏不倚，认真负责，这样才能服众，树立正气，话说在官面，是非立在人心，买卖焉能不正规？

4. 正月初一、元旦

大年初一，一年之始，名为元旦。

民国后，以冬去春来之际，把初一定名"春节"。元旦就成了公历年1月1日的专用词了。

大年初一去拜年的习俗，由来已久。

元人欧阳玄《渔家傲》词中描写：

　　绣毂雕鞍来往闹，闲驰骤，拜年直过烧灯后。

可见街上的繁忙。

过去，因为男主外，女主内，所以，初一拜年是男人的事。

按北京的老规矩，年初一是本家同宗拜年；年初二是姥姥舅舅家拜年；年初三以后是给老师、同学、朋友、同事拜年。亲人间拜年，带上点心匣子、干鲜果品等，不奢华，讲心意。给上级、朋友、生意上的好伙伴拜年，是借拜年笼络感情，表达谢意，织造良好的人际关系。初一到初五，家里不接待女客，妇女在家也不出门，有挺多的规矩：

不说不吉利的话；不动刀（凶器）；不打碎盘碗，如果不小心摔了，赶紧说"岁岁（碎碎）平安"；不扫地；不倒泔水（怕把"财"扫出去）；不动针线、剪子（怕眼睛长"针眼"，惹口舌）；不看病、吃药，希冀一年不得病。这些"老令"看起来有些迂腐，其实它是把希望物化为禁规，提醒人们谨慎小心，防患未然，取得心理上的满足。

5. 正月初二，祭财神

忙碌一年，彼此见面，张嘴的第一句话，就是"恭喜发财！"因此，忙完了大年初一之后，不能耽误的一件大事、急事、非办不可的事，就是祭拜财神！

北京的俗曲唱道：

　　新正初二日，
　　大祭财神，
　　点上香蜡把酒斟，
　　供上了公鸡、猪头、活鲤鱼。
　　一家老幼行礼毕，
　　鞭炮一响惊天地。

民谚：

　　初一饺子，初二面，初三的合子往家转。

据说，这三天的食谱，都与财神有关：初一吃饺子是为财神爷催生；初二吃面是为财神爷降生挑寿；初三吃合子是神保佑人往家里赚钱。看来，过年请财神爷光顾家门，是众望所归了。

那么，迎了半天，财神是谁呢？

不是一位，有文武之分，共三位。

文财神叫比干，是殷纣王的丞相，因为他正直无私，敢于直言，被纣王挖了心，历代民众一直都很钦佩他的正直无畏。

武财神有两位：一个是三国时的五虎上将关羽，他是忠义的化身，买卖家都以为他诚信可托，义薄云天。在显眼的位置上设神龛，点香烛，祈求日夜保佑。

另一个叫赵公明，据说秦时避乱，他在终南山得道，被道教封为"正一玄坛元帅"，有赵公元帅之称。此公黑面密髯、头戴铁冠、手挥铁鞭、身骑黑虎，威风八面。传说他有驱雷役电，除瘟禳疫的本事。他秉性公正，主持公道，助人求财。

这三位财神甭管是文是武，都是正直无畏的化身，人们明白，求财取利不能昧着良心唯利是图，选财神也必须要选个居心公正、有真本事的。

财神虽热，老北京的财神庙却不多。

据查，乾隆年间在北京成百上千的庙宇中，仅有十座财神庙，大多供的是赵公元帅。其中，城南的五显财神庙最有名，这里从大年初二到十六日举行的庙会鼎沸京城，它同逛厂甸、白云观一样，是老北京过春节必不可少的一个节目。

五显财神庙在广安门外六里桥西南。

早年间，为了抢烧头股香，赶早发财，很多信众借着"吉星高照"的吉言，顶着星星月亮，从四九城拥到广安门，等着开城门。

门一开，万众奔涌冲进庙门，地小人多，你争我抢，来不及进入大殿，就忙着把成股的香投进院内的香池。哪敢跪在地上磕头，生怕被后面拥上来的人踩死，只能挤到殿前朝里一望，算是"心到神知"。

有的人挤不进庙院，只好把香烧在门口，悻悻而返。

有些不是本寺的僧、道，也趁机赶来，拦路化缘，"借花献佛"。

更有趣的是庙院西配殿设有"借元宝处"，发财心切的人可以在这里用现金买纸糊的金元宝、银元宝，拿回家供在案头，名为向财神爷"借用"的。等来年发了，再加倍返还给财神。

这里的财神如此神通广大，供的是哪一位呢？

说来蹊跷。原来正殿当中端坐的财神既非比干、关羽，也不是赵公元帅，而是五位短衣襟、小打扮，相貌威猛的汉子。这和庙堂供奉的神圣、佛祖大相径庭。

那这五位是什么人？何以享此殊荣？何以名为"五显财神庙"？又何以赢得信众如此狂热的崇拜呢？

细看殿内五位"好汉"，仿佛是绿林中人。

原来他们是明朝的五位"大元帅"：

都天威猛大元帅曹显聪、横天都部大元帅刘显明、丹天降魔大元帅李显德、飞天风火大元帅葛显真、通天金目大元帅张显正。

据说他们侠肝义胆、扶弱抑强、乐善好施、仗义疏财，深得民众爱戴。

他们死后，明英宗于天顺二年（1458）敕封为"五显元帅"，建庙奉祀。

很明显，这五位"都天""横天""丹天""飞天""通天"，都不把"天"放在眼里的"大元帅"，肯定是"犯上作乱"的绿林好汉。奇怪的是，明英宗朱祁镇怎么为这五个"反叛"修庙祭祀呢？

还有另一个说法就更明白了。

说是康熙年间，京城有伍氏兄弟三人，行侠仗义、劫富济贫，另有二人相帮，深得民众信赖。五人死后，百姓感其恩义，乾隆元年在此立祠奉香。五位好汉劫富济贫，当然不容于政。他们是怎么死的？为什么朝廷又允许建庙祭拜，而且就在天子脚下、几百年盛行不衰？这两个说法至今都是个谜。

听老辈人讲，当年这个五显财神庙，又叫"五哥庙"，规模很大。

庙外有个大广场，竖着高大的牌楼；庙内的三间大殿很宽敞，正殿外有两株参天的百年古树和建庙、修葺的大石碑，还有一座聚众谢神的戏楼。

明神宗万历年间和清高宗乾隆元年，曾两次重修。后来朝廷顾不上了，年久失修，到清末就只剩一层殿了，可那热闹劲儿愣一点没减！

因为，过去来五显财神庙进香的大多是发财心切的商贾、求稳怕乱的梨园子弟和寄存梦想的妓女。这些人流落风尘、身在江湖，漂泊不定，福祸不保，好梦难求，只有拜神，祈求幸福。

拜谁呢？玉帝高远，佛祖威严，只好找绿林中仗义有为、说了算数的人。

财神庙庙会有两道风景很好看：

一个是从菜市口到广安门，为逛庙会的人拉脚的小驴和小排子车川流不息。就连平时坐包月车、轿车来的富商贵客，到这里也扔下自己的好车，挤上小排子车，和普通大众一道前往，显示求神祈财的"一视同仁"。

另一道风景是从庙里拜神归来，人们拿着从庙会买回来的红绒福字、金银纸元宝、聚宝盆、风车、大糖葫芦和财神庙特有的纸红鱼，取意"年年有余""富贵有余"。一路红光，咔咔有声，发财高歌，响彻云霄。

20世纪50年代后期，庙会停办。

1987年下半年，因建西三环六里桥立交桥，五显财神庙被拆除，但保存了两株古树。

如今庙拆了，神没了，赤裸裸的金钱钞票，却堂而皇之地跑出来，顶替了赵公明、五显财神，亲自挂帅，掌控万世的天庭。

6. 破五

从年初一到年初五这五天，人们心情兴奋，却小心谨慎，因为过年有诸多禁忌，一旦冒犯了哪条就会招来流年不利。

初五是最后一天，一早大放鞭炮，崩走穷神恶煞，早迎福星。

中午还要吃一顿饺子，呼唤阖家和和美美。

过了初五是初六，这天，新媳妇回娘家，家里的女眷也可以走亲访友、出门闲逛了。市面的买卖家，一早店主率领全体员工，在街上摆开香案，焚香叩首，恭迎财神将临，祈求"开市大吉，万事亨通"。这时，街上鞭炮大作，紫烟升腾，带着节日的欢乐，人们在惜别除夕、元旦的高潮中，度进节日最后的余韵。

7. 初七、人日、人胜节

在春节密集的节日里，仿佛初七没什么名堂、是难得空闲的一天。一查问，不对了，初七有讲究，名曰"人日"。

《燕京岁时记》说：

> 初七日谓之人日，是日天气清明者，则人生繁衍。

甭问了，这天要是阴天下雪，肯定人口就要下降了。仿佛人日主生。有什么说词吗？

《北齐书·魏收传》记载：

> 魏帝宴百僚，问何故名"人日"？皆莫能知。收对曰："晋议郎董勋《答问礼俗》云：正月一日为鸡，二日为狗，三日为猪，四日为羊，五日为牛，六日为马，七日为人。"

魏收的意思是指鸡、狗、猪、羊、牛、马的生日，占了前六天；初七是人的生日、人类的生日。据说，遥遥远古，天帝派女娲下凡，炼石补天，把共工发怒撞塌的不周天补上。天是补好了，可天地玄黄，宇宙洪荒，了无生气。女娲百无聊赖，随手拿起身边的黄土，初一捏了个鸡，初二捏了个狗……捏了六天，满地欢叫，有了生气，可怎么看怎么觉得少点什么。对了，缺少个支撑世间万物的"人"，生活依然无序。初七这天，女娲仿照自己，捏了一男一女，又主持婚配，让"人"去生儿育女，繁衍至今。

后世为纪念女娲炼石补天、黄土造人之功，定大年初七为"人日"，又名"人胜节"。

为了在这天驱阴赶晴，家家户户要在院子里烙薄饼，炒"盒子菜"，名曰："熏天"求晴。

"人日"的"发明"，不同于其他节日。

人们终于觉悟到除了祭神祭祖之外，不能不给"自己"一个说法："人"的胜出。

说法虽则套了天神造人、造万物的窠臼，却说明人类与众生万物都出自一"母"——大自然。人与万物是相容相和、共荣共生的依存关系，不可以强凌弱，暴殄天物。

可惜，这样一个人类反思的节日，却在生态日益失衡、大自然屡遭破坏的今天，被人类自己遗忘了。

8. 初八、顺星

古人相信，地面有多少人，天上就必定有多少星。

道家和星象家认为，每人一年的吉凶祸福，都由一位"流年照命星宿"（由日、月、水、火、木、金、土、罗候、计都九星轮流值年照命）主宰。

初八夜晚，诸星下界聚会，人间要举行"顺星"的祭祀仪式，回应自己的"流年照命星宿"。

怎么祭祀呢？

事先，家中妇女用黄、白两色灯草纸剪成灯花，尾部折叠似鸡爪，可以站立。然后把剪好的灯花放在香油盆里浸泡，再从街上卖"支炉"（一种放在炉盘上支撑炊具的小砖块）的小贩那里买来黄土烧制的小灯碗。

入夜，等夜空中星星都出齐了，家人院中摆案，供上"星神祃"和"本命延年寿星君"。神龛前，点燃108盏灯碗里的黄白灯花，安放五碗熟元宵（每碗5个）和一杯清茶。

祭祀时，还要把点燃的灯花散放在灶台、门槛、窗台、案头等处。闪闪烁烁，仿佛"银河落九天"。

礼毕，全家吃元宵，大放鞭炮。这就是家里的"顺星"。

而社会顺星的隆重活动，则放在道教主刹白云观。

初八，是西便门外白云观举行祭星大典的吉日。

白天，香客拥到庙里的元辰殿，给值年的本命星君上香、捐灯油，祈求消灾解祸。满大殿姿态各异的星君，怎么找出自己的那位值年星君呢？有个法子，当您迈进大殿敛神细看，先盯住一位您觉着顺眼的星神，而后顺着右手按您的岁数数，数到您当年岁数的那位，您瞧吧，一准像您，这就是您值年的星君。赶紧上供烧香礼拜，放香钱，递红包，星君知会了，自会保佑您一年顺遂幸福。

晚上白云观主持率领众道人，披法衣，鸣钟鼓，在元辰殿香案前，广陈供养，燃点全套星宿灯盏，合诵《玉枢经》，祈祷风调雨顺，国泰民安。就连京城官绅名士、富贾大亨也赶来顺星，以求吉星高照。

9. 正月十五、上元节、元宵节

惜别春节的尾声，应在新年的第一次月圆的元宵节上。这天，团圆的主题，再一次得到全民族的尽情发挥。

正月十五古称上元节，后来又叫元宵节、灯节。

一个节的形成、发展有个历史不断充填的过程，从中不难发现人们是怎么把一层层的愿望，叠加、物化成繁文缛礼的节庆。在寻欢作乐中，增添摆脱危难的信心和勇气。元宵节就是一例。

元宵节"节"的起因，要推到公元前187年的汉代。

高祖刘邦死后，帝后吕雉专权，她利用吕氏的家族势力，取代了刘家统治集团的地位。七年后，周勃等老臣戡平了诸吕之乱，皇权复归刘家，汉文帝刘恒继位。奏凯之日选在正月十五上元节，文帝刘恒非常高兴，传旨，每逢此宵普天同庆，与民同乐。

怎么乐呢？无非是张灯结彩，宴群臣，演百戏，举国欢庆。因为这是新年的第一个月圆夜，节名"元宵"。那时只定为节，还没有逛花灯、吃带馅的"元宵"等习俗。

公元前99年的一天，想得道成仙的汉武帝刘彻，召集方士们询问远国遐方有什么稀罕之事？

众方士支支吾吾，无言以对。

唯有他的宠臣东方朔跪地进言说：

> 臣游北极，至钟火之山，日月所不照。有青龙衔烛火，以照之四极。

武帝下令，正月十五祭祀北极神。（郭宪《别国洞冥记》）

看来这是真的。司马迁在《史记》里记载：

> 汉家常以正月上元祭祀太一甘泉，以昏时夜祀，至明而终。

太一，就是北极神东皇泰一。暗夜无光，唯有一轮皓月当空，无私地向人间播撒清辉。这叫人从冥冥中联想到，那是一条见首不见尾的青龙，口含明珠，施福于世。这很可能演变成后来民间的舞龙灯。

东汉明帝刘庄永平十年（67年），为了提倡佛教，敕令上元节张点灯火，呼应天上的明月，同放光明，以示尊佛。从此，节日之夜大放灯火。有了灯，活动更明亮、活泼了。

到了唐朝，李姓皇帝以老子李聃为先祖，以道教为国教，又为上元节里加进了新的内容：

正月十五是道教尊崇的"上元赐福天官紫微大帝"的生日，举行多种多样的庆祝活动。其实这个"紫微大帝"就是皇帝自己的化身，这么做的目的还是为了彰显君权神授，大唐千秋。

值得注意的是，上元之夜的礼神活动里，添加了宫里煮食"搓粉丸",为"紫微大帝"祝寿的内容。这该是吃"元宵"的开始。到今天,我国南方的糯米汤圆,还是如此做法。

唐玄宗时,把张灯活动由一个晚上,改为三个晚上;

北宋时期,延为五个晚上;

南宋时期,增到六个晚上。

明太祖朱元璋创建大明王朝后,敕命家家点灯,欢庆元宵,规定初八"上灯",十七日"落灯",一连张灯开市十个夜晚。

成祖朱棣迁都北京后,沿用旧制,灯节仍然是初八开始,十五日"正灯",十八日结束,共十个夜晚。

活动中心设在紫禁城东面的灯市口,一时"人不得顾,车不能旋,填城溢郭,旁流百廛"。欢腾喧闹的情景可想而知。直到清康熙年间,朝廷深恐灯市喧闹危及宫城,才把灯市迁到东四牌楼、西四牌楼、新街口、棋盘街和外城的大栅栏、琉璃厂、灵佑宫(天桥)等地。

回忆中,昔日北京灯节难忘的"亮点"有三:

第一是买卖家儿的花灯彩盒,争奇斗胜。

过年停业时前门大街、大栅栏、鲜鱼口、廊坊头、二条的买卖家,纷纷在玻璃橱窗里,挂出精心绘制的大幅布制的连环画。

画幅依窗而定,数量不多,但很大,如选取《三国演义》《封神榜》《红楼梦》等名著的精彩片段,引来不少观众驻足观望。我这几天总要跑去好几次,看个没够。因为画得实在太好了,不单情真景实,颜色瑰丽,人物穿戴表情栩栩如生。而且画家捕捉的那"一刹那",恰是节骨眼儿,如同一个"四击头"亮相,那叫"绝"!看这种"橱窗年画"补书之不足,增戏之有余,有情结,有琢磨劲儿,很耐看。买卖家到年底,花重金请名画家、选名著,展示"戏出",是装点,也是"广告",更是对广大消费者的酬谢和拉人缘儿。

这种酬谢还表现在正月十五晚上的花灯和彩盒上。

是夜黄昏,店家在门口挂出精心制作的花灯,纱绢的、玻璃的、明角的、灯草纸的……上面绘有山水、花卉、翎毛、人物,也有戏出、故事。有的转动如走马灯;有的不动,成组成排,似连环画。灯的造型也是各有巧妙,引人观赏。

诗人赞颂这情景:

满城灯火耀街红,弦管笙歌到处同。

真是升平良夜景,万家楼阁月明中。

晚饭后,人们走出家门,聚集到箭楼与正阳门之间的广场,静待各大商家来此比赛放"盒子灯"。

先是各商家在广场中心支起四根大杉篙，呈金字塔状。顶部交汇处悬一大铁钩，上挂一个直径1.5米、高0.5米的大纸盒子，通体彩画，非常漂亮。皓月当空，只见一家商铺率先点燃垂地的芯子，火光闪烁上升，直逼"彩盒"。猛然，一声响亮，火光迸发，彩盒"哗啦"脱落一层，灯照处，一黑衣汉子挥拳猛击胯下斑斓猛虎。"啊，武松打虎！"几乎是异口同声。哗啦，哄！又是一声响亮，"彩盒"又落一层：只见短墙、街楼，一少妇临窗俯视，街中一男子仰面嘻笑。"挑帘裁衣！"有人高喊。如此随着一声声响亮，彩盒一共跌落了十层，原来是《水浒传》的"武十回"。这边刚完，那边又放起了《三国演义》，"桃园三结义""三英战吕布"……一挡接一挡，不时伴有各种花炮鸣放。人们津津有味地仰头观看，忽而大声叫好；忽而惊奇赞叹，如醉如痴。整个广场似海潮击岸，一波轰响，一波沉寂，涛声不断。这夜，星光、月光、炮光、火光，映在一张张亢奋的笑脸上，仿佛世间愁苦尽失，只存下欢乐。

第二是民间花会大闹花灯。

早先，花会在北京城挺流行，四九城都有很多名目不同的花会。每支会有专门的组织和统一的指挥。

这里的"花"，是指"会"的花样，一挡子一个样，表演各有特色。

花会是伴着铿锵的锣鼓声，由若干"节目"串接在一起，边走边演。

行进中，如果群众热情邀请，会头挥旗，停止前进，就地表演。

这种形式热烈火爆，最符合春节闹元宵的气氛。

我在崇文门外清化寺街的清化寺（明代古寺）读小学时，被稀里糊涂拉进一支花会，换上一身黑箭衣，勾脸挥棍，演开路的"五虎"，师傅交待了几句，有大师兄领着打，一会儿也就跟上趟了。

花会最齐整的组合是"幡鼓齐动十三挡"。它的走会次序是：

　　开路打先锋（一人耍飞叉开路），五虎紧跟行（耍齐眉棍）；

　　门前摆设辖客木（高跷、秧歌），中幡抖威风（耍五六米铜铃旗幡）；

　　狮子蹲门分左右（太狮、少狮），双石头上下行（举砸子、耍砸子）；

　　掷子石锁把门挡（抛接双石锁），杠子门上横（攀耍木杠）；

　　花坛盛美酒，吵子响连声（乐器演奏，有文场、武场之分）；

　　扛箱来进贡（演出"县太爷出巡"。随走随演，回答群众提问，诙谐有趣）；

天平称一称（莲花落、什不闲唱段）；

神胆来蹲底（挎鼓会的大鼓队断后），幡鼓齐动庆太平。

每挡会的前面，都有一面镶火焰边、内绣会名的三角门旗引路，引会人手执一把同样的、但小得多的"拨旗"，指挥本会的行进、表演。

花会行进的线路预先都安排好。有的买卖家在门口摆下茶桌点心，等花会到来盛情邀请演出。会头一挥大旗，拉开场子开始一挡一挡表演，演完抱拳致谢，不动茶水点心，围观群众高声喊好。因为会里有规矩："笼箱自带，茶水不扰；分文不取，毫厘不要。"

花会是公益组织，参加的人没报酬，却有尽职尽责的义务。当然全套行头道具、乐器杂物要靠大老或行会资助。花会内部凭的是一股子江湖义气，也不乏被人利用，达到见不得人的目的。然而大多数参加表演者都是因爱好而来的。

有一年灯节，我参加的花会，走到金鱼池北面的大市北上坡，与两支花会不期而遇，互不相让，谁也走不了。观众知道，要打擂了，人，越聚越多，且高声喊叫、起哄。三个会头一合计，决定一挡对一挡的比试。

三挡开路钢叉，飞天搅地，伤了两个。我们三挡五虎棍，直打得头破血流。高跷过桥，摔伤了仨人，太狮夺旗，俩人断了腿……

此后的比试更是"下定决心，不怕牺牲"，都豁上了命！巡警听说怕出大事，赶忙劝说，又赶来不少穿马褂儿长袍儿的头面人解劝，这才偃旗息鼓，分别散去。闹元宵，闹到要打群架，不值也不愿，可赶上了，谁也不能丢人现眼，在众人面前认"怂"，所以腆着脸也要上。各挡子会只有平时苦练本事，到时候才能力拔头筹，这叫"傲立独尊"。

除了春节，走会的另一个高潮是农历四月的妙峰山碧霞元君庙会和六月中顶的庙会。

京津地区的各路花会，从四面八方赶往妙峰山朝圣，也是一次大会合。据说这次走会盛举惊动了住在颐和园的慈禧。她摆驾北宫门的楼上，观看路过的花会。各路花会自然不放过这个机会，使出浑身解数表演，博得慈禧的青睐，好应召进园表演，赢得绣龙黄旗，获得"万寿无疆某某老会"的殊荣。

时过境迁，走会的盛况在沉寂了一段时间后，正逐渐恢复。看到国外各地举办的狂欢节，也是盛装游行，伴以激昂的鼓乐，不禁想起我们早先的花会，祝愿当年那种融勇敢、智慧与技巧的群众的自娱自乐，再现火红，代代相传，传出"老北京"那股精气神来。

第三是簇簇人围火判官。

正月十五闹花灯的"花",固然指灯面上绘画千端,赏心悦目的"画";也还指灯的造型五花八门,别出心裁。但花灯巧妙,总是悬挂半空的灯。然而,京城西皇城根路北的一座庙里,竟矗立起一座红袍纱帽五官喷火的坐地判官,人称"火判",引得全城的民众簇簇围观,堪称京师上元奇景。正是:

灯市元宵百样灯,烧来火判焰腾腾。

黄鹂紫燕全无影,三月街头早卖冰。

原来火判用黄泥塑身,通体空腔蓄入煤球,如同一个大火炉。点燃后,七窍生烟冒火,整体通红,映得满院红光,有如神判天降。这个创意匠心独运,可谓胆大妄为;细一琢磨,要做成这一"火判",技术难度极大:造型要逼真,炉膛要合理,点燃要方便,火起不变形。敢问这是哪位大家的手艺呢?

具瞻先生在《新正飞火忆京华》一文中说道:

"火判"首创于清代道咸年间,当时在西单鱼市附近有位从事修造炉灶的工匠姓恭,人称老恭。那时室内取暖煤炉的灶膛多用"锅盔木"(一种特种白色泥土)所制成,俗称白炉子。老恭师傅心灵手巧,在京城很有名。有一次,他被传进圆明园当差,看见大水法十二生肖按十二时辰喷水,不由得心里一动:能不能以火代水、塑个神道呢?他选取民间传说中钟馗的形象,用"锅盔木"塑形,灶膛搪里,点火即燃,始则"钟馗"的耳、眼、鼻、嘴七窍生烟,渐渐淡烟转浓,喷出火焰。火光先由青绿转紫,最后变红。火焰随风向变幻不定,时隐时现,越显"钟馗"神威莫测。此后,老恭又为守护圆明园住在北花园的兵士,塑了一组"五鬼闹判",造型奇妙,火起情生,堪称一绝。英法联军毁了圆明园,此"绝"亦绝!

二、正月十九、燕九节

春节的梦总也做不完,老是找点理由,造个"节",再给自己、给家祝福一番。比如闹完元宵以后的"燕九"。来源呢,有说道。

康熙癸酉(1693)宣城人袁启旭刻了本九位诗人的合集:《燕九雅集》。书叙里说:

京师以正月十九日为燕九之会。相传元时丘长春于此日仙去。

至今远近道流，皆于此日聚城西白云观，观即长春修炼处也。车骑如云，游人纷沓，上自王公贵戚，下至舆隶贩夫，无不毕集。

孔圣人的后人、《桃花扇传奇》的作者孔尚任是九位诗人之首，他率先唱道：

　　春宵过了春灯灭，剩有燕京燕九节。
　　才走星桥又步云，真仙不遇心如结。

明白了，原来燕九这天，京师民众蜂拥而至白云观，是为了"遇神仙"，却病延年。

传说，长春真人丘处机，每逢十八日夜就会显灵，或幻游人，或化乞丐，在白云观"显像度人"。侥幸被"度"者，即可脱俗成仙，长生不老。所以这天冠盖如云、游人如织，涌向白云观。人们在滚滚人流中，左顾右盼，留心观瞧，希望碰见"神仙"。就有人把街边老乞丐请回家中好好供养的；也有的拾一瘸犬小心照料的，都以为自己慧眼识真，撞见了"真人"，结果闹了不少笑话。不过，民间艺人和商贩倒是从"神仙们"的身上，着着实实地赚了个锅满盆盈。

三、二月二、龙抬头

在地处北方的京师，虽然名之曰春节，却在新正很难发现一点春的气息。无怪乎安徽宣城人袁启旭叹道：

　　燕山正月春茫茫，却道他乡胜故乡。
　　那比江南江水上，绿波双桨野梅香。

那么，京城的"春"，来自何处呢？

俗话说，"春打六九头，七九河开，八九雁来，九九加一九，耕牛遍地走"。

进入二月，方传来一点春的信息。那信息，就是二月二的"龙抬头"。

传说，二月二是土地爷的生日。大地回春，自然从脚下解冻的土地开始。酣睡一冬的神龙悠然梦醒，抬头望天，查看春的到来。因而，这天一早，京城人纷纷去祭土地，拜土地爷。吃的食品都与龙有关，比如，春饼叫龙鳞，米饭叫龙子，面条叫龙须，饺子叫龙耳，等等。九龙治水，大地生万物，离不开空气和水，雨露滋润禾苗壮。

民间还有个习惯：这天出门接闺女、回娘家省亲。民谣唱道："二月二，接宝贝儿；接不来，娘掉泪儿。"

春节迎来了春的信息。热热闹闹的大年，以亲人的再次团聚收尾。人们终于悟出，过年过年，为的是阖家团圆；吃喝享受，还不是准备来年奋斗！

如今，龙抬头只留下个说法，立春吃春饼倒延续至今。

老北京吃"春饼"，颇值一说。

做法是，开水烫面，和面擀开抹油，烙双合薄薄的春饼，直径15厘米。而后把浓香不腻的"天福号"酱肘子，蘸酱的小葱和炒得的"合菜"（菠菜、豆芽菜、粉丝、鸡蛋、豆腐丝、少许韭菜炒熟）一起包进薄饼里，卷而食之，其美无比，名曰"咬春"。春饼结构合理，有益健康。这真是中餐味美养人的一大成功创造。

春日来临，"民以食为天"的中国人，就自我提醒：均衡饮食，多吃蔬菜。无怪乎，立春这天，豆芽菜和肘子都供不应求了呢。

四、清明节、寒食节

每年春分过后的十五天是清明，它大致在阳历的4月5日前后。这时节天清日明，万物萌生，它给"猫"了一冬的京城众生带来温暖和喜悦，也唤醒了人们心灵的复苏。于是家家户户忙着预备祭祀用品祭祖添坟，追忆祖先的恩德，为的是不忘根本。老人们说，清明祭祖是咱们民族的老令（礼）儿，打从两千多年前的周朝就有了，战国时很盛行，到了秦汉清明祭扫就成了一年少不了的礼仪。唐玄宗立了规矩，正式把清明节祭祖扫墓定为朝廷的"五礼"之一，可见庄重。

1. 家祭

记得儿时，清明未到的头几天，妈妈就把堂屋条案上的祖宗牌位和白铜五供擦抹干净。小心地取下牌位的木罩，亮出里面四位神主的灵牌，细木打磨的浅黄色木牌宽5厘米，高33厘米，镶在长方形木雕宝座上，牌面上用小楷分别写着父亲的上四辈双亲的名讳，男性名讳俱全，女性无名，只写某姓氏，双亲名下均为"大人之灵位"。醒目的是，每面神主牌的上端，都有一枚红红的朱点，那是父亲请宣南长椿寺德高望重的了然老和尚做道场时，在佛前，用朱砂笔点化开光的星点。红光隐现，这样祖宗的木牌位就有了"灵气"，列祖列宗就能和我们一家人朝夕相处，我们也就能随时得到先人的福荫庇护了。

听亲人讲，大约在我两岁的时候，父亲有了事由，一家四口搬离湿井胡同的小屋，迁入稍宽敞的吊打胡同，搬家之前父亲到廊坊二条一家小器作，专门定做了这座祖宗牌位，并请同乡的董先生工整地写下先人的名讳，用黑面红里包袱皮包裹请到长椿寺，点朱后，才奉迎回家。父亲曾这样说，落户北京，第一件大事，就是把祖宗灵位请到家中正位，不能忘了根本。秧儿爬得再远，只要连着根，照样开花结果！因此，我一直觉得，条案上的祖宗牌位是全家最神圣的地方。尽管年深日久，它的颜色被香烟烛火熏成了棕色。

清明祭拜选在节前的一个单日子，妈妈摆上五碟贡品，还要摆上四个大"包袱"，里面装满了金银纸做的锞子、各种仿真冥币，鼓鼓囊囊。这些是我从前门大街大栅栏东口路南的公兴南纸店买的，方方的大"包袱"像个大信封，木板墨色手工印刷。包袱中间长条黑框填入一对先人的名讳，右边上联写收件人地址；左边下联是寄件人地址。每次写包袱都是我的差事。我从此记住了老祖宗在阴曹地府的住址和送达人："张千李万送山西省太谷县南门外东庄村。"我颇惊奇，怎么水浒传里押解林冲的两个解差，还管起了我们家的闲事？

爸爸点燃一对蜡烛，然后上香，跪拜，我们依次毕恭毕敬地磕四个头，应的是"神三鬼四"的礼儿。夜半过后，我端着一个铜盆，两个弟弟捧着包袱，黄白纸吊钱，随爸爸妈妈来到胡同口宽敞处，冲着老家的方向，让我们哥仨跪地磕四个头，口呼："老祖宗们，儿孙们给您送钱来啦！"礼毕起身，在铜盆里泼上祭祀的黄酒，一一焚化大包袱。只见微微清风扫地而起，逼近火盆，卷起烟灰，螺旋上升，带入半空，挥洒而走。祖宗有灵，当领会儿孙的一片孝心了吧。

2. 寒食

1946年清明前后，在鹞儿胡同平介会馆，我听过一出山西梆子《重耳走国》，至今印象深刻。那时，抗战胜利，全民精神振奋，主演丁果仙、牛桂英、郭凤英等名角风华正茂，技艺纯熟，加之此次又值春光明媚，能赴京为乡亲演出，怎不尽心尽力。一出戏围绕晋文公重耳与孤臣介子推之间的恩义纠葛，演绎得动人心魄，催人泪下，同另一处晋剧名剧《八义图》（《赵氏孤儿》）一样，为民族传统美德树立了一个永不褪色的活标本。

故事发生在两千六百多年前的春秋时期：

> 晋献公的妃子骊姬为了让自己的儿子继位，设毒计逼得太子申生拔剑自刎。申生死后，他的弟弟晋公子重耳受尽屈辱，被逼逃亡。原来侍从重耳的家臣纷纷离去，只有介子推几个耿介之士紧紧相随。流亡途中哪有温饱？一日，重耳饿昏，衰弱不堪的介子推背着众人割下自己的股肉，炙烤饲君，救了重耳一命。重耳坚忍不拔，依靠群臣终于夺得王权，成为赫赫有名的春秋五霸之一的晋文公。功臣宴上，觥筹交错，重耳封赏众臣，独独忘了一向谦卑的介子推。经人提示，重耳如梦方醒。此时介子推已背着老母遁入绵山（今山西省介休县东南）。重耳派人搜山未得，急于求贤，乃举火焚绵山，

留出一条山路，希冀把介子推母子逼出山林。不想介氏母子不为功名利禄所动，环抱一棵柳树而死。搜山的人们在介子推拥抱的树洞里，发现一角写在衣襟上的血书：

割肉奉君实臣心，祈盼主公霸业成。

功成之后常自省，勤政是否清且明。

重耳读罢泪如雨下，将血书深藏胸襟，当即下令厚葬介子推母子，建造祠堂永祭。并昭示天下，把火焚绵山这一天定为寒食节，禁忌烟火，三餐只可寒食。

第二年春天，晋文公重耳带领群臣登绵山祭拜介子推，发现被烧的枯柳复活，长出茂密的绿枝，依依垂地。晋文公大恸，折枝盘成绿环戴在头上，仿佛介子推就在身旁，提醒自己清正廉明，乃赐柳树名为"清明柳"。

寒食节正确的日子是在冬至后的105天，约在清明节前后。因而人们很容易把清明节与寒食节混为一谈。其实，这两个节的日子相近，内容也类似，他们似乎都在传达着一个慎终追远的信息，隐约地告诫人们，活在当下，不管是快乐着，还是痛苦着，都不能忘记当初艰难跋涉的岁月，同时也必须想到给日后的子孙们，留下一片芳草萋萋的绿地和一宇清洁明亮的天空。

3.习俗

清明节的头等大事当然是上坟插柳，祭奠先人。

先说坟。过去，京城的坟茔主要在外城和四郊。或单独，或群聚，规模大小不一，全依墓主的身份资财而定。其中最辉煌的当然是皇陵，其次是王爷坟，一般是公墓，最不济的是乱死岗子，无主的墓地，比如早先天坛东面的四块玉、陶然亭……

北京是辽金元明清五朝的帝都，皇上坐龙廷，一个仗着君权神授，另一个就是靠着先人的赐予。因此在兴建皇城时，就专门建造宫殿安厝列祖列宗的牌位，天安门东面有规模宏大的太庙，紫禁城里有蓝瓦盖顶的奉先殿。这两处建筑里供的都是皇朝列祖列宗的牌位，祭祀的规格和功能却有区别。

历朝历代的皇帝在精神世界里一方面祈求列祖列宗神灵的时刻庇护，另一方面把期望寄托在本朝皇陵（寿宫）的选址和建造上。每当一代君主继位，立即设立寿宫监，由亲王近臣领办，建造皇陵。皇陵选址由天师级的堪舆权威，率领众人踏看京城四郊，选择几处风水绝佳的地方，请示君王视察确定，而后大兴土木，建造寿宫，直至本朝君王晏驾才收工。北京有幸，眼下还留下京北昌平天寿山的明十三陵，以及东西各距京城120里的清东陵（河北遵化）和清西陵（河北易县）。此外，还有几座清代的王爷坟散落京西北郊，多已破败被掘，京西妙高峰较完整地保存了清代醇亲王奕譞建造的阴阳二宅，古木参天，庭院深深，可见一斑。

至于列朝的文武百官的墓在京郊就较比少见了。这是因为官吏们都是顺着科举取士的路子，由乡考到县，再考到府，最后考到京城参加会试，一级级考上来的，祖坟都在老家，京官一场最终都要回到故乡，所以京城少见官吏大墓。同理，北京的居民来自全国各地，混好了的回乡重修祖坟，混砸了的衣食尚且无着，哪还顾得上后事如何。偏偏有些会馆念及同乡情谊，在南郊购买义地，或就地安葬亡故的穷乡亲，或暂厝一时，等待有人返乡领回故土。清明时节，移民聚集的北京城，弥漫着浓浓的离愁别绪，街头巷尾一簇簇明明灭灭的祭祀烟火，飘升着梦想，散落下颓唐，期待着来年的流转。然而，毕竟冬去春来，趁着大好春光去郊游踏青，游园赏花，放飞纸鸢，细细品味眼前的幸福，也未尝不是度过清明的好法子。忽然想起唐代大诗人杜牧那首脍炙人口的绝句，把清明的韵味印染得淋漓尽致：

清明时节雨纷纷，路上行人欲断魂。
借问酒家何处有，牧童遥指杏花村。

五、五月节、端午节、端阳节、女儿节

五月，夏日之中，阳光充足。街头小孩高兴地唱道：

杏儿红，麦儿黄，
五月初五是端阳。
门插艾，香满堂，
龙船比赛喜洋洋。
粽叶香，包五粮，
剥开粽子裹上糖，
除五毒，饮雄黄，
和美的日子长又长。

人们的情趣是跟着太阳走的。
夏日来临，万木葱茏，江河汪洋，人们的活力与期望也正旺盛。

北京人挺讲究的五月节到了。除了吃粽子（古称角黍、粘黍），喝菖蒲酒、雄黄酒，老令还很多。比如挂香囊、做五色丝缠的"绣粽"、贴窗花驱五毒，挂钟馗像，门口挂菖蒲叶、艾蒿叶，等等。

要点是三个：祭先人、除五毒、吃粽子。

节日的背景是搞好夏季环境卫生（驱五毒），锻炼身体（赛龙舟），却病延年。

五月节何以叫"端午"呢？

端，开端。一个月，有三个五，初五是第一个五，所以叫"端五"。

又因为农历以地支纪月，五月为"午"，故名"端午"。

五为阳数，又叫"端阳"。

五月节的来源说法挺多。

小时候听得最多的是楚国三闾大夫屈原报国不成，自沉汨罗江。楚国百姓唯恐鱼虾伤着屈大夫，一是驾船抢救（演变成赛龙舟），一是投米饲鱼虾（包粽子）。

其实早在屈原以前，先民就有赛龙舟、吃粽子的习俗。有了屈原的故事，习俗就有了载体，好发挥，形象性也强了。

我记得20世纪50年代初期，北京上演了郭沫若的历史名剧《屈原》，轰动京城。看后，深为诗人写诗人的磅礴气势所染，整日朗读剧中屈原的大段独白"雷电颂"，感受至深。从此，那个忧国忧民的诗人，伴着郭老高昂的诗篇，走进了我的"五月节"。

五月节的来源，除了纪念屈原，还有纪念介子推、纪念伍子胥、纪念曹娥等说法。

著名学者闻一多经过考证，认为端午节源于古代的"龙子节"。

中华民族的祖先像伏羲、女娲、颛顼、大禹等都是崇拜"龙"的部族领袖。飞龙在天，能治水解旱，法力无边。自古以来，先民就把五月初五作为"龙"的生日，隆重祭祀，祈求天力，战胜一切困难和敌人，赢得美好生活。

五月京城，榴花照眼，瓜果飘香。街巷飘出卖"五月鲜"的叫卖声。揭开蒙在篮筐上面微潮的蓝布，是一层碧绿的桑叶，桑叶底下盖着桑葚、樱桃、香白杏、小油桃等时鲜果品，鲜嫩艳丽，勾人馋虫。

这时的黄瓜、葫芦、茄子等青菜也陆续上市，京城处处清新，迎来了一年里最美好的季节。

明清以来，京城：

> 自五月初一日至初五日，饰小闺女，尽态极妍。出嫁女亦各归宁，因呼为女儿节。端午日，集五色线为索，系小儿胫。男子戴艾叶，妇女画蜈蚣、蛇、蝎虎、蟾、蝎为五毒符，插钗头。
>
> 端午日，士人相约，携酒果游赏天坛松林、高粱桥柳林、德胜门内水关、安定门外满井，名踏青。妇女如之，比之南京雨花台更盛。
>
> （明·沈榜《宛署杂记》）

北京是古城。过去，城内外的房子老旧，绿树荒地又多，一到夏天，常为这五种"毒虫"所扰，就是紫禁城里也时有所见。

端午节时，把刻有五毒的剪纸，分别用针钉在屋子四周、犄角旮旯儿，意在提醒。还到糕点铺买刻有五毒图案的"五毒饼"自吃和送人。小孩穿绣有五毒图案的兜兜和五毒鞋。就连宫眷内臣这天也穿绣着五毒艾虎图案的补子蟒衣。

驱五毒的活动，装饰、调剂了平淡的生活，创造了和谐自然的美。

女儿节，姑娘们还用绫罗绸缎的零布头，比着做小老虎、樱头、桑葚、小辣椒、小黄瓜、小茄子，或者"五毒"等小玩意儿，显示才艺。

做好后，把小玩意儿用五色丝线穿成串儿，别在大襟上，或小孩的后身上，走起路来，飘飘摇摇，五彩缤纷，煞是好看。这还有个名堂，叫"长命缕""续命缕"，或曰"葫芦"。妇女过节，要头插红绒"福"字，"卍"字或"五毒"。

到初五过午，把头上戴的"福"字，身上别的"长命缕"统统扔到街上，算是"扔灾"。

六、七夕节

七月天热，晚上睡不好觉，坐在胡同口大槐树底下，听同院的文瑞文大爷说故事。

他是黄带子，祖先"从龙入京"，有战功。后来没落了，铁杆庄稼一倒，没了饭辙，只好到前门大街摆烟摊。说是摊，其实就一个挎篮，斜立着一块板，上面浮摆着几盒烟，还有一半是空盒，装样子。穷到这个份上，文大爷不装样子，照旧挺着腰板儿走道儿，目不斜视。对小孩儿，他很和气，总是找个话茬儿，把他那一肚子的故事，"倒"给我们，尤其是我。

每到七月初七的晚上，他就说起"牛郎织女天河配"的故事。

说之前，他先指着天上一溜闪闪烁烁的星带，"那就是天河。再看，河那边有颗贼亮贼亮的星，那是织女；她对面，一个大星星带着一边一个小星星，就是牛郎和他们的俩孩子。"接着，他慢条斯理地说开了：

老年间，天下太平。玉皇大帝的小闺女看见人间这么好，就私下天堂，来到人间，游遍青山绿水，大小城乡。

这天，她碰巧看见牛郎驾着大黄牛耕地。小伙子眉目清秀、身材魁梧，干起活来洒洒落落，这可迷住了织女；牛郎呢，哪见过这么美的天仙，扶着犁把出了神。老黄牛本是天上金牛星下凡，既知道织女，也熟悉牛郎，摇身一变现了真形，给二人做媒，配成夫妻。小两口男耕女织，恩恩爱爱，日子过得挺美。过了两年，得了一儿一女，日子过得更全活啦。

王母娘娘不高兴了，知道织女私自下凡气得要命，她命令二郎神把织女抢回天宫。

牛郎得着信儿，挑起一双儿女紧着追赶，眼看追上了，王母娘娘拔下头上的金簪，凌空一划，一条波涛滚滚的大河，把牛郎织女隔在河两边。

儿哭女嚎，夫妻悲泣，金牛星不忍，恳求王母，才允许每年七月七日夜，方可隔河一见。金牛星又恳求喜鹊大仙调来万只喜鹊，凌空架起一道鹊桥，让牛郎织女渡河相会。

这便是七月七，牛郎会织女的故事。

说完故事，文大爷让我们贴近古槐树根仔细谛听，说谁听见织女哭声了，谁就能得着个像织女那么美的好媳妇。

这一说，孩子们恨不得把脑袋扎进树根里。

故事真美，美在人的朴实，传达了真正的美好生活，不靠神仙、不靠父母，要靠自己的一双手去打造。

这个故事的起源很早，据说早在三千多年前的周朝，就有"彼织女""皖彼牵牛"的民歌。

维天有汉，监亦有光。

彼织女，终日七襄。

虽则七襄，不成报章。

彼牵牛，不以服箱。（《诗经·小雅·大东》）

一千多年前，牛郎织女的故事，渐趋完整。

后梁的殷芸在《小说》中记述：

天河之东有织女，天帝之子也。年年机杼劳役，织成云锦天衣，帝怜其独处，许嫁河西牵牛郎。嫁后虽废织、妊，天帝怒，责

第十二章 吹不走、改不了的老风俗

令归河东，但使一年一度相会。

天帝"怜"织女，只是把她看作巧手织锦的奴隶，一旦她结婚怀孕干不了活了，就发怒，硬拆散了一对好夫妻，破坏人间家庭。可见天帝至高，却没有人性，民众是不答应的。

随着故事的流传，人性的内容大大增加，就连老黄牛、喜鹊也来帮忙，让牛郎织女跨过"天河"，终成眷属。

我很喜欢《古诗十九首》的缠绵诗意，词浅意深，直击心灵。记得一次在大教室听了季镇淮教授的《中国古典文学名著选读》课后，恰是初秋。不知怎地，忽然想起《迢迢牵牛星》这首诗，心有情愫，挥之不去。晚自习后，一个人坐在未名湖畔，对着一天繁星，仿佛听见身旁有人在轻轻地吟诵：

迢迢牵牛星，皎皎河汉女。
纤纤擢素手，札札弄机杼。
终日不成章，泣涕零如雨。
河汉清且浅，相去复几许？
盈盈一水间，脉脉不得语。

清人在竹枝词中也寄托了这样一份同情：

玉露金盘又到秋，鹊桥织女会牵牛。
不知今夕是何夕，一夜相逢一夜愁。

人们喜爱织女的花容月貌，更喜爱她的心灵手巧，也希望自己的女儿像织女一样美好，所以，这天没出门的小姑娘要向织女乞巧。

《宛署杂记》记载：

七月七日民间有女家各以碗水暴日下，令女自投小针泛之水面，徐视水底：日影或散如花，动如云，细如线，粗如槌，因以卜女之巧。

这种看水影儿，从形状不同，判断拙巧各异的唯心方法，不知误了多少巧姑娘。

到了晚上，女家还要搭乞巧楼，摆香案，穿针引线，向织女乞求灵巧。还有接当晚的露水，擦眼擦手的。

除了"乞巧"，还有"乞婚""乞子""乞财"的，织女好说话，求什么给什么，真成了好心的"万应娘娘"了。

过去，这天京城各大戏园子争演《天河配》。请名老生串演净脸的牛郎，当家青衣演织女，名净演金牛星，名武生演喜鹊大仙，名丑演牛郎的哥嫂，名老旦演王母娘娘。一台戏别开生面，应时当令，很受欢迎。为了招徕看客，剧团使出不少俏头，比如真牛上台，加演电影等。

我在庆乐园看过鸣春社的《天河配》，其中有一场牛郎看仙女洗澡，抢织女衣服的戏，就是在颐和园昆明湖拍的电影。唱着唱着戏，忽然灯一灭，演上了电影，很新鲜。无非是噱头，逗人兴趣。

七、中元节、鬼节

正月十五是一年开始的第一个月圆日，叫上元节。七月十五，是一年当中的月圆日，所以叫中元节，不过这个节日不是庆阳世的团圆，而是缅怀故去的先人，超度亡魂，充满了宗教色彩，是北京佛教、道教界都很重视的大节——盂兰盆盛会，民间俗称"鬼节"。

故事来自《大藏经》：

  目犍连（目莲）幼小聪慧，一心向佛。皈依佛门后，他修得神通能力可达地狱。在地狱，他看到亡故的母亲刘青提被一群饿鬼折磨，惨不忍睹。他将钵中饭菜奉与母亲，却被饿鬼哄抢。眼看母亲受罪，目莲痛不欲生，叩求佛祖搭救。佛祖为目莲孝心所感，赐九环禅杖和盂钵，并要他在七月十五日，准备百味饮食，供养十方僧众，在众罗汉的帮助下，目莲从地狱中救出母亲。

此后，佛教徒把这个故事演绎成"盂兰盆斋"，逐渐成为追念先祖、超度亡魂的社会活动。"盂兰盆"，梵语，意为"解倒悬"，解救受苦难折磨、处在倒悬的鬼魂。

很明显，这是一个劝人行善、信奉佛教的神话，编成戏曲后，影响很大，南北方许多剧种都有此剧目，有的叫《目连僧救母》，有的叫《滑油山》。因为它特有的表演方式，独立出"目连戏"一个门类。

值得注意的是，这个佛经神话，后来竟演变成中国民间广为传袭的习俗：盂兰盆会，而且流传到海外，至今不衰，内中一定具有合理合情的因素可供研究。

据《佛祖统纪》记载，中国自1500年前的梁武帝时，就设置了"盂兰盆斋"。

这天广施斋饭，供应四方游僧；举行诵经法会，水陆道场，大放焰口，放河灯，烧法船。届时京城上空烟云缭绕，一片诵经鼓乐声。

法船，都是由寺庙定制的，材质大多是纸糊的，高贵的法船也有拿绫罗绸缎扎制的。

船有两种，一种是楼船，船头装有鬼王像，层楼叠房，豪华气派；另一种是敞舱摆渡式，中间有桅杆，船上堆满"粮袋"。

过去北京街头巷尾常有"冥衣铺",专为死人出殡时扎糊纸人纸马、轿车楼房,各式法船,世间器物,无所不能,精美绝妙,几可乱真。

为什么要烧法船呢?

有两层意思:

一是为故去的先人送衣送粮送钱财,补充在阴间的开销;二是把漂泊阳间、无处可归的孤魂野鬼,送往阴曹地府,早早托生,这就是"中元普渡"。

烧法船仪式隆重,很讲排场。透过它展示寺庙阵容,也显示信众的身份。从船的大小、装饰,超度法会的规模,就可以看出寺庙的档次和势力。

宣统二年(1910)为慈禧搭的五色绸彩船高一丈多,长六丈,船头装有巨型鬼王,中间还扎了个漂亮的牌楼,船上宫女穿金戴银,与真人一样大。规模之大,耗资之多,空前绝后。做完法事后,当晚焚化于景山东门外。

小时候,我常在放学后跑到天桥西面"四面钟"大空场(今友谊医院)看烧法船。"趁火打劫",抢几个烧不坏的小鬼脑袋(泥塑)拿回家玩,自然少不了一顿扫帚疙瘩,再把"小鬼头"扔到阴山背后去。

这天,京城小孩可玩儿的玩意儿,是冥衣铺扎制的莲花灯。

染好的红粉纸,打皱,裁成莲花瓣,辅以绿荷叶,扎成美丽的莲花灯。内点蜡烛,用秫秸秆儿提着,走街串巷,灯光闪闪。

还有折下荷叶,叶中心粘上小腊,名曰"荷叶灯"。

我们还爬过颓败的坛墙,去天坛空地,拔取一人高的蒿子,在大蒿叶上粘满香头,逐个点燃。一树星光,明明暗暗,伴着蒿香,野情野味,生出许多遐想,此为"蒿子灯"。

七月十五虽比不上正月十五的灯节,却也用别样的"灯光",回应天上的明月,和九泉下的先人。

放河灯不似烧法船,充满了诗情画意。

《京都竹枝词》唱道:

> 御河桥畔看河灯,法鼓金铙施食能。
> 烧过法船无剩鬼,月明人静水澄澄。

放河灯,寺庙做,千家万户也做,是个民众的节日活动。

白天,家里的妇女先用油纸叠成很多小船,然后粘上油灯捻儿,或小洋腊,摆在大笸箩里。

入夜,端到家附近的河流水塘,一一点燃,呼唤着亡故先人,逐个放入水中。微风阵阵,微波荡漾,河灯随着水流,渐渐远去,仿佛载着亲人的怀念,送达到先人无言的心中。

思念、泪水、一河闪烁的灯光……
　　莲花灯、莲花灯，
　　今儿个点了，明儿个扔。
中元才去，转月，人们又聚集月下，欢度秋高气爽的"中秋节"了。

八、八月节、中秋节、团圆节、月饼节、兔爷节

"年怕中秋，月怕半，星期就怕礼拜天。"这句俗话，提醒人们光阴似箭，日月如梭，上一半一过，下一半很快流逝。所以珍惜时光要及早抓住中间环节，弥补缺失。

中秋恰是秋季之中，八月十五又是仲秋之中日，可谓中中之中。中国人最讲究持中为上，不偏不倚，怎么会放过"仲秋"呢？

秋夜如水，十五的月亮，又圆又亮，里面的暗影如画。按文大爷的描述，那里面看守广寒宫的是兔儿爷大将军。他不闲着，正在娑罗树下捣药呢！什么药？长生不老药呗。

远远地眯起眼细看，还真有树，有个像兔子站立的黑影，一捣一捣的。

秋天是收获的季节，京城天高云淡，西山的红叶如晚霞映红了半边天，无风少雨，不冷不热，衣着随心，俏丽示人，真是北京最舒心、最如意的季节。八月节充满喜悦和希望。

早年有一段"岔曲"唱道：
　　荷花未全谢，又到了中秋节，家家户户把月饼切。
　　香蜡纸马兔儿爷，庆中秋，美酒多欢乐。
　　整杯盘，猜拳行令同赏月。

"月饼节"自然先说月饼。

月饼，月圆之饼，也叫团圆饼。圆而且甜，正契合中秋过节、阖家团聚、共叙家常的需要。

过去北京的过节月饼，不是广东月饼，而是提浆、自来红、自来白三种，统属京式糕点，其他样式的月饼都上不了台面。

提浆月饼造型细腻，色泽金黄，上刻月宫景象，细致生动。吃起来不掉渣，不掉面，软硬适度，香甜可口，而且可以做直径60厘米甚至更大的大月饼，充任当夜上供的佳品。

1945年8月15日日寇无条件投降。经历了八年抗战的中国人民，欣喜

若狂。北京城沸腾了，苦尽甘来，人们沉浸在无比的欢乐中。欢乐的高潮涌到9月20日（星期四）的中秋节。战乱离散，生生死死，人们盼着这个梦里呼它千百遍的"团圆节"。

节前，北京山西同乡会在前门外鹞儿胡同的"三晋会馆"，研究怎么样过这个"团圆节"，让京城各个阶层的山西老乡都笑逐颜开，过个舒心的八月节。

有的说请果子红（丁果仙）唱几场拿手戏；有的建议包个饭庄，宴请贫苦同乡，意见不一。父亲和几个老伙伴合计，不如办个"月饼会"，众人投股，大家分"红"；多少不拘，人人有份。中秋那天下午，按股抽奖，提取月饼。哪怕投一分钱，也算一股，也能分得五块上好的提浆月饼。大家一听鼓掌通过，不过，又加了一条：十四、十五、十六唱三天义务大戏，招待同乡。

当即到会的各界老乡纷纷解囊投股，钱庄、票号、颜料店等大买卖投的股最多，此后几天又有不少闻讯赶来的乡亲认股，资金全无问题。大家公推父亲组织班子，就在三晋会馆的大罩棚下支铛烧火，打造月饼；技术活，全由我二大爷杨二蛮掌管。他人高清瘦，左脚微瘸，完全没有"大司务"腆胸叠肚的富态像，却是三晋著名的厨艺高手：置办整桌酒席，五味备至，上得了官宴；打造糕点面食，精美异常，比得上正明斋。

在父亲和二大爷的率领下，十几个人大干三天，超额完成了月饼预定的任务，赶在八月十五一早，按五块一封，精美香甜的提浆月饼包装完毕。

节日下午三晋会馆，鹞儿胡同，乃至前门大街人拥车堵，自行车、洋车、三轮、小卧车、吉普车驮着不同阶层，操山西口音的老乡，打着招呼，问着好，走到一起。昔日军警凌人的威势没了，和和气气地问好；同一家商号的东伙也仿佛久别重逢，亲热得不行。

全变了，难道一场"月饼会"，就神奇地融化了阶级界限，成了荣辱与共的好兄弟？

晚上，丁果仙、乔国瑞（山西名净"狮子黑"）、牛桂英一场《鸡架山》把个武则天的霸气、狄仁杰的睿气和尉迟恭的憨气演得酣畅淋漓！台下山摇地动，好声震天，仿佛盛唐气象重回三晋乡亲面前，一张张赤红的脸上，挂满泪水。这是我平生最难忘的一个中秋节。

父亲办"月饼会"出了名，乡亲们夸他为人实在、讲信用。山西学者李革痴（李泰棻，"五四"时著名史学家，曾任女师大国文系主任，与胡适、鲁迅、周作人等都有较好的过从，后助冯玉祥办学，著《国民军史》）教授说："他大名'守信'，名实相符，名字起得好，做得更好；我再送他个字，'实斋'，多为乡亲办实事，办好事。"自此，朋友乡亲平时都亲切地呼他"实斋"。

京城过中秋，最红、最受欢迎的是"兔儿爷"大将军和"兔奶奶"伉俪。

如今"兔儿爷"成了老北京的"形象大使"：顶盔冠甲，着袍束带，背插四杆靠旗，胯下一匹猛虎，威风凛凛。谁的主意，把绵软胆小的兔子打扮成不可一世的大将军，让他守卫清冷的月宫？

家里供的"月亮祃"，是两长两短四根秫秸中间绷一张白纸，中间一轮明月，红线勾出广汉宫，金色的立兔不穿衣服，持杵捣臼，绘画精美。竖立的"月亮"前，横摆香案，上置月饼、瓜果梨桃及五供。夜半月圆时，男人回避，女人拜月。过去有"男不拜月，女不祭灶"的说法。

为什么呢？

古人观天象、察地物，摸索自然规律，常用阴阳去解释。比如白天黑夜，日主阳，月主阴。男性为阳，女性为阴。男女合，乃有生育。

《礼记·礼器》说：

　　太阳生于东，月生于西，此阴阳之分，夫妇之位也……天子之与后，犹日之与月。

古人认为"水气为精者为月"（《淮南子·天文训》）。称女子的月经为月水。月的圆、缺，喻为怀孕、生子。解释兔子的兔，就是"吐"，生育。我国第一部字书《尔雅·释兽》："兔子曰娩。"有的书说"兔望月而孕"，所以生育能力强，让它在月宫陪伴孤独寂寞的嫦娥。所以女子拜月，寓意着向太阴祈祷多子多福，兔儿爷正是生育强盛的象征。

中秋节吃月饼庆团圆的背后，还隐匿着民族兴旺的大道理呢。

过节吃月饼，文大爷说起了"八月十五杀鞑子"的故事：

　　元顺帝荒淫残暴，激起全国各族人民，特别是南人（南方人）和汉人（北方人）的激烈反抗。那时元统治者收缴了民间的菜刀，由一名"鞑子"（蒙古人）士兵管多少家。谁用菜刀找他借。这个鞑子吃住民家，无恶不作，百姓恨得牙根痒痒，决定响应朱元璋起义军的号召，约定八月十五这天月圆时，一起动手杀鞑子。

可怎么通知呢？聪明人提出，把起义时间写成条，藏在月饼馅里，趁着往各家送月饼的时候，暗示馅里有话，瞒过鞑子兵。

是夜，京城百姓一起动手，与城外的徐达部队里应外合，攻破大都，元顺帝北逃，元帝国灭亡。

为了纪念这个胜利，八月十五吃月饼又有了新的意义。

九、九九重阳节

北京的秋天最美，也最短。当人们还没有醒过味儿来的时候，一夜风起，黄叶飘零，紧跟着跨进了萧索的初冬。所以，过了"中秋"，人们就开始盘算着九九重阳该到哪里去"登高望远"。

据《燕京岁时记》记载：

> 京师谓重阳为九月九日。每届九月九日，则都人士提壶携榼，出郭登高，南则在天宁寺、陶然亭、龙爪槐等处；北则蓟门烟树、清净化城等处，远则西山八刹等处，赋诗饮酒，烤肉分糕，洵一时之快事也。

《易经》："以阳爻为九。"日、月都赶上九，重了，所以叫重阳。在阳数中，九最大，两九相重，自然成了民间一个重要的节日，找个恰当的切入点，明确它的主题，充实内容。

重阳节的由来，可以追溯到两千五百年前的战国时代。

活动内容有：出游、登高、赏菊、插茱萸、饮菊花酒、分食重阳糕。

这里，南朝的梁昊均在《续齐谐记》里，讲了这么一个故事：

> 汝南有个叫桓景的人，跟随道士费长房游学数年。有一天，长房告诉桓景，九月九日你们家有大难，必须外出避难。走之前你们家每个人赶紧做个布袋子，装满茱萸，系在胳膊上，然后找个高的地方去喝菊花酒，这样灾祸可免。桓景听了，立刻叫上全家人，带上茱萸，登高饮酒。晚上回到家里，看见家里的猪狗牛羊都死了。费长房说，它们替你们死了。全家大惊。

后来这个习俗就一代代地流传下来。只是不知道这个故事是先有的，还是后人依附瞎编的。反正重阳节深入人心。

唐代大诗人王维《九月九日忆山东兄弟》一诗脍炙人口。诗曰：

> 独在异乡为异客，每逢佳节倍思亲。
> 遥知兄弟登高处，遍插茱萸少一人。

说到老北京的登高诗，清代也有二首竹枝词，写得很真实。

一个是元大都土城：

> 土城关上去登高，载酒吟诗兴致豪。
> 遥望蓟门烟树外，几人惆怅尚题糕。

一个是宣南天宁寺：

> 天宁寺里好楼台，每到深秋菊又开。
> 赢得倾城车马动，看花犹带玉人来。

秋日近冬，犹如人近暮年；步步登高，仿佛人之增寿。

很早先民就把重阳定为敬老节。

《周礼·月令》：
　　是月也，养衰老；授几杖，行糜粥饮食。
　　几杖，鸠鸟形杖首，又叫王杖，是王朝发给70岁老人的，如同今天的"老年证"，晓谕全民尊老关爱。说明我国自古就有敬老养老的传统，从饮食到行动都有具体的措施。
　　重阳过后，进入冬藏季节，收拾一年得失，喜也好，愁也好，日子总要过。人们只能把希望寄托给明天，寄托给全民族的盛大节日，下一个春节。这个追求美好生活的巡回，伴随着人生，延续着希望，吹不走也改不了。

结婚迎亲的执事

第十三章
美哉，壮哉，我育英

育英中学学生宿舍

北京是国都，自然是全国的政治中心，也必然是全国的文化中心、教育中心。

一方面它得天下精英聚会京都、共襄国事；另一方面，它又担负着吸纳、培育天下英才的重任。在这里，"天子重英豪，文章教尔曹"的颂歌高亢入云；"万般皆下品，唯有读书高"的门联，贴满千家万户；"少年不努力，老大徒伤悲"的教诲，挂在每个家长的嘴头上；"学而优则仕"的信条，被认作人生唯一的康庄大道。因此，办学，就成了皇家、官家和私家都有所作为的一件常事、善事、大事。

回过头看看，早在辽代，契丹政权就在陪都燕京设立了中央官学——南京国子学。

金代，女贞统治者不仅在中都建立了中央的国子学、太学，还办了不少地方学校，开科取士，分期举行女真进士和汉进士的考试。

元世祖忽必烈即位前就在京兆办学。即位后，先后建立国子学，还创建了蒙古国子学和回回国子学。成宗大德十年（1306）开始建造规模宏大的中央最高学府国子监及孔庙，为今天留下一座辉煌的皇家学府。

明永乐帝崇学，学风隆盛。在国子监就读的监生过万人，而且待遇优厚。监内设讲堂、宿舍、图书馆，还刊刻图书。

清代皇帝很重视每年亲自到国子监的"辟雍"讲学，颁诏天下，勉励学子上进成才。有清一朝除了不断扩建国子监外，还在京城广设宗学、觉罗学、旗学，开办金台书院，蓄力提高八旗子弟的文化素质，并饶有兴趣地开始接受西洋文化。

康熙帝玄烨很热衷向西方传教士习学数学、物理，置办了不少仪器。他还在畅春园办起算学馆，引进西洋算术、几何等学科，鼓励子弟们学习，西学之风日盛。

雍正时期，朝廷设立了西洋馆，选送内府子弟学习拉丁文，以应外事之需。

同治元年（1862）京师同文馆成立，这是我国第一所以培养翻译和外交人员为主要任务的洋务学堂，此后，同文馆又增设了算学、法律、天文、土木工程、采矿冶金等学科。

1898年光绪百日维新时，我国第一所具有现代意义的大学——京师大学堂成立了。

光绪卅一年（1905），废除科举，兴办新型学校，结束了沿袭两千多年的封建教育制度，北京得时气之先，开启了近现代教育之先河。

辛亥革命后，民心思变，弃旧维新，新文化运动风起云涌。1912年京师大学堂更名为北京大学，随之中国大学、燕京大学、北京高等师范学校（北师大）、辅仁大学、清华大学相继成立，成为中国现代高等教育的先行者。中、初等教育发展很快，创建中、小学成一时之新兴产业。最早创立的公立中学有一中、二中、三中、四中、女一中、师大附中；私立的有育英、贝满、汇文、慕贞、潞河等教会学校，还有更多的私立学校和中等专科学校。

1922年11月，北洋政府依据国外教育的成功经验，公布的教育制度为"六、三、三、四"制。即小学六年，初中三年，高中三年，大学四年。提出培养"德、智、体、美"四育教育的全面发展的人才。

1949年新中国成立后，我国按照苏联的教育模式进行了改革，首都北京的教育获得蓬勃的发展。

古语云："学如积薪，后来居上"。教育也是一样，今天的学校理应比过去办得更好。那么检讨昔日的办学情景，追忆个人的切身感受，无疑是有益的。予生也晚，仅就解放初期在育英中学的六年读书经历作一回顾，或可鉴知教育与人生之一二。

一、"能按月交学费吗？"

育英学校是北京顶有名的教会学校，1864年成立，有一百多年的历史，出过不少人才。因为师资好、设备齐全、学费高，学生又多是权贵富商或高级知识分子的子弟，家庭出身优越，所以，育英在北京一直被誉为贵族学校，门槛很高，非一般市民子弟所能企及。我的家境平平偏下，却意外地走进育英的大门，纯属误打误撞，命运使然。

1950年夏天，共和国成立不久，北京万象更新，欣欣向荣。我从崇文门外清化寺街小学毕业，心气很盛，一门心思地准备考中学。父亲却兜头泼了一盆冷水，说，能认字，又能打算盘，找个买卖家学徒去吧。那时，父亲就职的买卖歇业了，日子不好过，我明白家里有困难，可心里不乐意，又能说什么呢？偏巧这时，东家的少爷也小学毕业，点着名地要考灯市口的育英中学，还非叫我陪着去考不可，父亲无奈，只好答应。我当然喜出望外。

我记得，当时考场设在灯市东口育英四院高中部，正院坐东朝西的一间教室里。考什么，怎么考的，全忘了，好像那题目并不太难。但让我忘不了的是气势宏大的明朝首辅严嵩相府；廊接廊、院套院，带假山的小花园，桂花丛后的那座胡适之题额的大图书馆。这是我第一次走进如此气派宏大的四合院府邸，知晓了古都北京藏着的另一个文化内涵。还有呢，就是我从未坐过的那把据说只有大学里才有的带小桌面的扶手椅！

发榜了。我这个陪客歪打正着被录取，东家少爷却名落孙山。他扔下一句："考汇文去了。"蹬上英国"凤头"车走了。我反而踟蹰了。报到那天，一位老师透过眼镜的余光，怀疑地问我："能按月交学费吗？"我勉强点了点头，浑身是汗。

父亲很为我考上育英高兴了一阵子，为难的是那笔昂贵的每月必交的学费。为此，他离开北京的家，只身跑到天津去帮人做事，还叫我住校，过集体生活。他放弃了原先让我去学徒的想法，由此改变了我的人生道路。

解放前，北平城里官立的中学不到10所，女中只有4所。私立中学是官立中学的四五倍。不单数量多，而且办学各有特色。虽然那时办校有利可图，却多不敢牟利忘义，落下个误人子弟的罪名。教会办学由来已久，大多办得不错。其中尤以育英和贝满、汇文与慕贞历史悠久，名满京城，蜚声海外。往往一家几代人均受业于一校，秉承一师，成为一时美谈。应该说，我能进入育英，开始人生宝贵的6年中学生活是非常幸运的。

那时，育英仍是私立的，校徽是圆的，足有啤酒瓶子盖儿那么大。两个黄色的见棱见角的"育英"，占满圆底冲出边框，自信、大方，别在蓝布大褂上，分外醒目。

我的育英生活是从一院初中部开始的。

一进校门，首先扑入眼帘、撞开心扉的是门洞里高悬"育英学校"校匾与后面的"陶铸功深"和"双元"两块大匾。"双元"记录了1934年全市会考，获得高中第一名的梁炳文和初中第一名的唐统一，都是出自育英一校的学生，因而有"双元"之赞。金匾高悬，每天进进出出，低头不见抬头见，令人兴奋自豪，又警人自信自励，身为育英的学生，怎么也不能辱没母校的荣誉。

二、老师学问好、品德高，还都有故事

名校，必有名师支撑。育英的老师不光学问好，品德高，堪为人师；而且千人千面，各领风骚，身后都有一段奇哉妙哉的故事，让学生们传诵不已。比如黄子彦老师，可谓育英的"圣人"，育英的"师表"。他治学、教书、管理和生活细节都十分严谨，言行一致，表里如一。站在他面前，你调皮不起来，杂念顿消，只有心悦诚服地聆听他的教诲。那是一种无言的尊严。无怪乎冯玉祥将军都很尊敬热爱他这位老师。有个细节，我印象颇深：黄老师一直爱穿圆口布鞋，即便他的鞋穿得很旧了，鞋底的白边依然洁净鲜明。见微知著，他的人品、人格、人生可见一斑。

张子成老师胖胖大大，像个很随意的胖和尚。他教语文声音洪亮，诙谐有趣，使我们在轻松中领悟了课文和课文以外的许多东西。他是当时很著名的书法家，北京大街商号有不少他题写的匾额，署名"张有为"。字写得孔武有力，很有气魄，这也如他的身躯和性格。我那时走在街上，总爱仰着头找他题写的匾额，找着了就很高兴地站在下面端详半天，觉得很光彩，因为那是我老师写的！

教过我语文的老师，还有钟凤如、文国华、郑诚、仇焕香和赵德培诸先生，他们都是学有专长的饱学之士，春风屡过，使我受益匪浅。钟先生细声细气，一口四川音。可能她刚从大学毕业，说话商商量量，像个大姐姐。文先生文质彬彬，言辞精炼，使我感到为人为学都应该清清楚楚，一丝不苟。

仇先生的形象和个性都很鲜明。首先是他高高的个子，带着个花边大墨镜。"我叫仇焕香。"说着，即在黑板上潇洒地写出这三个字。飘逸、流畅，一派见功见力、纯正老到的"瘦金体"！"啊！"同学们先被那瘦长的笔道镇住了，不由得不叹服。仇先生很得意。"我知道，你们会奇怪我戴着墨镜上课，像个大流氓？"大家想笑，可抿着嘴不敢。仇先生反倒笑出了声："这我可要解释解释。上大学的时候，我是校篮球队的中锋，得分手。一次争夺市冠军的比赛，对方中锋输急了眼，有意犯规，挥拳猛击我的右眼，打断了我右眼肌腱，从此这只眼的瞳孔失去了调节的能力，我不得不永远带着有色的眼镜看人。"大家默然了。稚

嫩的心灵,投上了一丝阴影。生活果真这样残酷吗?初见仇先生,他就在课前给了我们一个重要的警示,仿佛是学习语文的开篇提示,又像是认识生活的预告。那时只觉得愤愤,并不理会多少。我爱文学,仇先生很关心,每次批改我的作文,总是详详细细,有鼓励有批评,特别是那笔漂亮的瘦金体,叫我爱不释手,老师多少苦心和希望尽在其中,每每忆及,感激、自励之情油然而生,学习中怎敢满足、懈怠!

赵德培先生是我高一时的语文老师,同时他又做过我们四班的班主任。他中等身材,微微有些驼背,细白的方脸上配着一副深度的近视镜,说话和气,温文尔雅,鲜有一般文人那种愤世嫉俗的激昂慷慨。我是班长,他是班主任,接触较多。再加上我们都钟情文学,总有说不完的话题。日子久了,我时常能从他镜片射出的目光里读出真诚、信任、鼓励和期待。有时上新课,他停书不讲,突然叫我起立试讲。他坐在一旁仔细地听,然后加以补充、纠正和评论。有一次我的作文他判了120分,众生皆惊。他站在讲台前把我的作文边读边批,指点迷津,大家受益,我亦如梦初醒。

三、难忘恩师张舜英

离开育英多年,很多老师的音容笑貌常在我眼前浮动,感念的深情总未间断。使我更不能忘怀的是我们的另一位班主任,张舜英老师。

她个子不高,语调轻柔,像一位心许子女却从不急躁的好母亲。她教代数,每次上课,她先发给每人一张巴掌大的小方纸,做上一堂课讲的题,然后讲新课。简明扼要,重点突出,最后留下5分钟小结,让同学们提问。一节课被她安排得井井有条,保证学生当堂学会,不给同学课外留负担。

有一年,我们在高中部图书馆前那间最大的教室上课,据说那是当年严嵩的"银安殿",高大空旷。张先生自己出钱让我买了很多课外读物,在教室的西北角布置了一个"红角",装饰得很漂亮,然后摆上书报杂志,鼓励同学们课余多读书,增长课外知识。

她还组织我们坐火车去八达岭看万里长城,学习詹天佑的爱国主义精神。那时候,很少有人跑到这个荒山野岭去玩,交通也不方便。要去,只能从前门火车站上车,坐去张家口的火车,经南口,在居庸关下车。为了让全班的同学都能去,她暗暗出钱,给班上几个经济困难的同学买了车票，还给大家买了不少食品，却说用的是班费。春寒料峭，那天，我们都被眼前第一次见到的真实、雄伟的万里长城震撼了，浑身热血沸腾。在詹天佑铜像前，张先生领着我们把一束山花献上。她在美国生活多年，给我们讲了中国留学生在美国发奋读书，准备回来报效祖国的故事。

张舜英老师是我们高三毕业班的班主任，这一年她特别忙碌，除了教课，还要为全班每个同学的填志愿、报哪个学校、哪个系操心。她逐个分析、指导，与同学谈、家长谈，反反复复，从早忙到晚，操尽了心。有的同学得病住院，她就利用课余时间到医院探望，把落下的课及时补上。致使全班同学无一落榜，而且百分之九十以上的同学，都考进了北大、清华、北航、南开、天大、哈军工等全国一流的大学。我们有今天，离不开张老师的一片苦心。

1956年，我考入北京大学东语系，被分配到蒙古语专业学习。她知道后，立即一个人坐332路公共汽车，跑到燕园找她在燕京时的老朋友、当时的东语系主任季羡林先生，非要给我换个专业不可。季先生再三向她解释，并让我做张先生的工作。她才不好再坚持，叹口气说，我总觉得不理想。舜英老师的关爱深情，我终生难忘。其实，她关爱、顾念的又何止我一个呢？我记得，那时她下班后，时常到同学家里访问，了解家长的职业以及学生的家庭环境，以便因材施教。因为我是班长，她还让我也利用课余到有的同学家去串门，协助她做家长的工作. 经常让我出面帮助个别家庭困难的同学，给些经济补助。那时我就感到，她好像从来没有自己的事，一颗心全用在教书和学生的身上.。

我上北大那年，她和谢玉铭先生的女儿谢希德教授（曾任复旦大学校长、上海市政协主席）夫妇，从美国回来，在北大工作，张先生时常让我带些东西给女儿。1957年，我从东语系转入中文系学习，她准备找她燕京大学时的好友林庚教授关照我，被我婉辞了。她爱她的学生，如同自己的子女，总要尽她自己所能尽到的全部心力才行，从不吝惜，从无休止。直到1991年3月20日，这颗博大的心停止了跳动，我才知道了我敬爱的舜英老师的身世。

1904年4月4日，她出生于山东省德州市沙扬庄的一个医生家庭。1927年她毕业于燕京大学数学系。在燕大读书时，她曾参加著名的"三•一八"爱国学生运动。那天，学生游行的队伍遭到反动军阀的残酷镇压。面对刺刀长枪，她奋不顾身，赤手空拳与反动军阀搏斗，险些牺牲。抗日战争爆发，她不当亡国奴，扶老携幼，带领全家远走大后方。含辛茹苦，一面坚持教书，一面相夫教育子女。1949年厦门解放时，先生正在厦门毓德女中教书。她为祖国的新生所鼓舞，率然出任学校的第一任工会主席，并被同仁推选为代表，参加厦门市人民代表会议。她热爱祖国，正直无私，把毕生的精力和才华都毫无保留地献给了人民的教育事业。退休后，她仍积极参加区政协的各项活动，撰写回忆录，捐款给宋庆龄儿童福利基金会。她自己则安贫乐道，不求闻达。她养育的一女三男，都是享誉国内外的教授、高级工程师、中国科学院院士。她的弟弟张天民教授是我国著名的胸外科专家，早年毕业于协和医学院，也是我们育英1933年的校友。而这些荣耀，绝少从她口中说出。

张舜英老师的一言一行，成为我们处世、做人和治学的榜样。

四、培养兴趣的课外活动

育英的老师灿若一天星辰。他们的光辉不仅启迪了学生的智慧，也陶冶了学生的情趣爱好，乃至性格品德。

如今老校友相聚，说得最多的是当年老师的趣事和丰富多彩的课外生活。"当堂的课，当堂学会""不把作业带回家"，这是那时老师们的共识。而课后在各院展开的种种文体社团活动，吸引着绝大多数同学。谁喜欢什么就参加什么；没兴趣了再换一个，总有一种活动吸引你，培养你的爱好，让你抒发情趣，让你如愿以偿，让你去领悟生活有多么美好。而这时老师们的多才多艺也发挥出来了，师生同娱，寓教于乐，好多同学就是从课外社团活动里，因爱好而培育了专长，选定了一生的从业道路，成为专家学者的。

育英出人才，课外活动丰富，学校重视，坚持一贯，是一个不可或缺的客观原因。

育英有爱国传统，远的不说，1950年抗美援朝运动如火如荼，育英的话剧团编演了大型活报剧《正义的吼声》，演的激昂慷慨，看的义愤填膺。当场有的同学咬破手指写血书，要求参加中国人民志愿军。大家痛哭流涕，群情激愤，那是国与家、家与个人完全融为一体的崇高的民族感情，是中国青年爱国为民思想的具体表现，极为珍贵。那些日子，我们无时无刻不在关心着朝鲜战局的发展，为中朝人民取得的每一个胜利欢欣鼓舞，没日没夜地走上街头庆祝游行。激情燃烧着岁月，燃烧着青春，锤炼着为国为民的红心。那是人生乐章奏响最强音的时刻。

激情澎湃，我找到了诗，并开始学诗、写诗。

先是模仿，学普希金、莱蒙托夫、马雅可夫斯基；学艾青、田间和闻一多。一下课就往图书馆跑，几乎翻遍了图书馆的诗集，回来涂抹那些分行的、阶梯式的文字。那时，北京盛行诗朗诵。专业的，业余的，不分彼此，大家都在一个舞台上吼，浑身热血沸腾。我参加了周学谨老师指导的诗歌朗诵组，无论是诵者，还是听者，时常被中外诗人的杰作激动得如醉如痴。

我特别钟情这种艺术形式。但是，至今让我十分抱憾的是，有一次东城区朗诵比赛，我给搞砸了。那次，育英参赛的节目是集体朗诵智利诗人聂鲁达的诗《我们的窗户》，由我领诵，我身后是两排合诵的同学，气魄很大。大幕拉开了，迎着耀眼的灯光，面对台下黑压压的观众，只等我引吭高诵："让我们打开窗户……"突然，我的脑子一片空白，什么词儿也想不起来了。停顿，冷场。全场静得吓人。我的心狂跳，手脚冰凉发木。时间在可怕地延续，我什么也想不起来,怎么回事？我听见边条内有人焦急地轻喊："快拉幕。"大幕急速地合上了。同学们下场了。只有我愣在台上，老师快步把我带下了舞台。我欲哭无泪，无地自容，痛恨自己不争气！给育英丢了脸，对不起老师，对不起同学们！然而我并未气馁。此后，朗诵却成了我割舍不掉的老节目，在连队、车间、农田，我常常为听众念一首诗，说一段寓言，既活跃气氛，又鼓舞人心。这种形式简便易行，短小精悍，很受群众欢迎。朗诵激发了我的创作灵感，也使我轻易地融入群众之中。

五、"致知力行"，受用一生

如果把育英学校比做一座熔炉的话，那它冶炼出的"育英人"，都有一种与众不同的品格。尽管每个人的业绩不同，但风采气质却往往相似。

1956年我考入北京大学以后，时常有人问我，是不是育英的学生？我问，何以见得？他们总是笑而不答，而后他们立即声明，他们也是育英毕业的，接着彼此亲切地会心一笑。一次，应中国著名摄影家陈复礼先生之邀，我参加香港"135摄影之友"年会，席间一位操持会务的老先生，在繁忙的工作中还不时地照顾我，送材料，答问讯，介绍朋友。初识的陌生，为意外的熟稔所替代。我问："先生是不是北京育英的学生？"他诧异了："你怎么知道？"我笑了。他说，在香港、台湾、日本、美国等国家和地区都有育英的校友会，时常活动。他慨叹，育英的同学，心总是那么热，积极上进，热心服务，这或许是校风的延续吧。

我很感谢他不经意的总结。于是想到育英的校训："致知力行"。

上高二那年，我住在四院高中部西北角的一间孤立的老平房里。有一次教导处老师让我们几个住校的同学，帮助工友清理垃圾，收拾一间堆砌杂物的平房。我发现了两个不大的木箱，里面装满了印刷用的铜板，有图像，还有许多名人题词，如胡适、冯玉祥等，内中就有"致知力行"这块校训。笔锋苍劲有力，忘记是谁写的了。工友说这是当年印育英年刊用的，现在没用了，准备扔掉。后来经教导处老师同意，我把这两箱图版收存了起来，时常翻看，仿佛走进了育英绵长的历史，引出许多遐想。"文革"初期，我家被抄，这些"文物"自然也随之荡然无存了。聊以自慰的是，那铜刻的校训永远留在了我的记忆中，字字鲜明，那是任何人也夺不走的。

在中国哲学史里，知行是个老话题：

是先知后行，还是先行后知？是知难行易，还是知易行难？

它一直是中国哲学家们争论不休的一个基本命题。育英强调"致知"，同时也要求"力行"。提出一个务实、且颇有见地的育人原则。这也该是一代代育英人，在青春年少的美好时光受益最深的处世哲理，是支撑心总是热的，积极进取，事业有成的一个原动力。

吾生也有幸，赶上了最后一拨穿大褂、推平头的私立育英的学生；1952年育英改为市立后，我们又是25中第一届初中毕业生和分校后的65中第一届高中毕业生。三次易名，是百年老校顺应时代的发展，欣逢其盛，是幸；当然更为有幸的是赶上年景丰、仓孝和与张迅如三位风格不同、却同样杰出难得的好校长，还有那么多可敬可爱、永难遗忘的老师和同学。遗憾的是，育英学校的金字招牌却难得回归，这该不光是一个学校的损失。

六、育英也是"家"

我与育英情深，还因为初中三年一直住校，那是我人生第一次离开自己的小家，走进了第一个大"家"。陌生、新奇，再加上神秘的明朝宰相府，整天厮守在一起、同吃、同住、同学习的小伙伴，那生活如转动的万花筒，五颜六色，酸甜苦辣，留下了很多有趣的回忆。

我上育英的第一间宿舍，是一院（初中部）南墙两间临街教室对面的一间三不靠的小平房，教室挨着校门，又与宿舍门对门，那边响铃，这边进门，决不会迟到，这有多方便。方便引出的一件事叫我至今难忘，思念不已。

那是1950年夏天的一个下午，有四点多钟吧，已是课后读报时间。我们班的教室靠西，我坐在把门靠北墙第一排边上的第二个座位。那天正轮上我读报。我站在讲台前读北京日报，忽然有一位高大的人走进教室，他穿一身洗得发白的灰中山装，微笑着坐进我的空位子听我读报。与他同行的还有一个干部站在窗外听。读完了，他站起身没有说什么，笑着向大家点点头走了。望着他远去的背影，我猛然想起，这不是市委书记彭真同志吗！这么大的官来学校视察，既没有校长主任陪同，也没有欢呼鼓掌的仪式，就像个平常人，随随便便走进校门，来到教室，谁也不惊动，也不做指示，这该多新鲜！他一点也不像官，更不像大官，更倒像个和蔼可亲的师长。这是我第一次和党的领导人离得这么近，印象非常深！那个年代，人们的心都贴得很近，没有隔阂，没有芥蒂，想的都一样：国家的复兴。

住校生活，新鲜有趣。我们住的屋子不大，也就十几平方米，是间老房子。进门是一拉溜儿东西顶墙的大通铺，个挨个地睡八个人，进屋就上炕，下地就出门，床底下放脸盆，屋里没有一点活动的地方。好在门外有个小院，小树婆娑，燕飞鸟鸣，很是惬意。晚自习后，大家回到宿舍睡觉，免不了一番打闹说笑，及至静下来，纸糊的顶棚上立即闹腾起来，腾腾腾的乱跑声，夹杂着吱吱的尖叫。原来是耗子大爷们出动了，没完没了地闹，搅得大家睡意顿消。有个天津同学，叫陈克淦，他有一支打铅弹的鸟枪。半夜耗子又闹腾了。他悄悄装上子弹，仰头静听，同时用枪瞄准，随着腾腾声响，他寻踪觅迹，煞有介事。突然，他停枪不动，果断地扣动扳机，只听"啪"的一声，继而万籁俱静。同学们早爬起来，半躬着身仰面看顶棚，谁也不说话。有顷，枪击处渐渐洇出一点红色，越渗越大，"打中了。"欢呼跳跃，一用力，把大通铺踩塌了，惹得看夜的杨老师跑来好一顿说。不过，从此耗子大爷搬家了，我们可以睡踏实觉了，从此，陈克淦荣获特级神枪手的美名。

我还住过一院中间那座有名的二层木楼。居室很小，地板很响，一响动全楼，我叫它"风吹雨打全不怕楼"。半夜起床小便下楼，要到院子东墙水塔边的厕所，而后原路返回。这一路，不管你脚步多轻，总引起全楼"噔、噔、噔"的震响，开始很不习惯，时常一夜数醒。后来刚习惯，又搬到院后面靠南的小洋楼，条件强多了，好比到了外国：木板地，单人床，灰顶洋吊灯，不用添火生炉子，烧的是暖气，那时这可是稀罕物，这回我才和"贵族学校"沾上点边儿。屋里一暖就闹事。记得有一次下大雪，晚上关了灯睡觉，室内外一片通明。一个姓俞的同学忽发奇想："敢不敢裸体赤足操场上跑一圈？"全室齐声喊："敢。"真的脱掉裤衩背心，赤条条光着脚，在雪白的操场上咬着牙、打着战、鬼追似地急跑了一圈。这回可把看夜的杨老师气坏了。他胖，雪地又滑，他边跑边喊，气喘吁吁，还摔了个大马趴。等他一身雪水喘着粗气进屋查铺时，我们早已钻进被窝抖成一团了。

四院的夜晚寂静、神秘，甚至有点瘆人。据说这里正是严嵩相府的正院。我们住在西北角，空旷偏僻，少有人至。冬夜，北风呼啸，枯枝乱摇，躺在床上时常联想起这座明代相府里发生的种种暴行。有人说，在小花园假山下曾挖出过女尸；深夜银安殿内有过审讯犯人的鬼哭狼嚎；校广播室的那座精巧的木楼，据说是当年严嵩之子严世蕃嗜看浸透毒液的《金瓶梅》的地方。因为他有个沾吐沫翻篇儿的习惯，所以"淫书"没看完，他就中毒死在楼上了。晚自习后，我总要约上几个同好在院内游走一番，一任想象的翅膀，顺着厅堂楼阁、穿廊游廊、花前月下任意飞翔，去猜度古人的陈年往事、荣辱悲欢。

　　后来，位于米市大街梅竹胡同的五院盖起一排排红砖平房，作为学生宿舍。我们是第一批入住的学生。每日晚自习后，我们从四院信步返回五院，或小转王府井逛逛东安市场书摊，或漫步东四南大街谈天说地，畅想未来。再后来，我们毕业了，五院又改成教职工宿舍，可巧我们那间宿舍分给了张舜英老师，师生重聚，引起不少往事的回忆。

　　如今许多老师都不在了。五院宿舍荡然无存，开拓成"金宝街"。一、四院面目全非。就是二院（小学）、三院（65中）虽然地方没变，但也无陈迹可寻了。更令人抱憾的是想要恢复育英校名也不可能了。惋惜之余，强以自慰的是，一代代育英人不忘母校，不忘师教，不忘致知力行，薪火相传，后继有人。

　　美哉，壮哉，我育英。

　　那美，引导我走上实现理想的道路，帮助我直面人生，自立、自强、自信。

1950年,育英中学的学生踊跃报名参军

第十四章
饱经沧桑的老北京人

溥仪和弟弟妹妹们

小京纪实
BEIJING JISHI
老北京梦寻

  一位外国历史学家这样说：什么是历史？历史就是每个人经历的总和。

  七十余年相依京城，我发现：除了汗牛充栋的史籍，众多的古建园林以外，世世代代居住在北京城的芸芸众生被忽略了。他们来自四面八方，怀揣着不同的梦想，小到一口活命的豆饼，大到一统江山的壮志，于是他们不顾一切地背井离乡涌进北京，寻梦、圆梦。北京城就像一块法力无边的圆梦磁石，把痴梦的人聚拢来，在这块古老的土地上苦斗。然而美梦并非人人都能成真，有的梦成，有的梦碎。梦成者，志得意满，成家立业，一统江山，延续后代；梦碎者，或落荒而逃，另寻生路，或零落为尘埃，永远被人忘却。

  漫步京城内外，只要留心，到处都能找到北京人成败荣辱的经历。街巷胡同堆积着几代人的挣扎，像屋檐上的兔尾巴草，生而萎，萎而生，生萎不已。我们不难发现一代代北京人用辛勤的劳动和智慧，不单创造了北京城的物质文明与精神文明，同时也以他们各自的经历和脾气秉性，充填了北京的文化内涵，延续着另一类非书写的北京历史。它比二十四史更生动，更翔实，更多彩，也更脆弱，更容易流失。

  北京人当是比北京城更富有、更重要的一笔取之不尽、用之不竭的宝贵资源。获得这一理念的契机，源于我与金友之、张茂滢夫妇结识的这三十余年的情谊，它使我仿佛读到了一页活的北京史。

往事缘起于1981年我为新创办的《中国民航》航机杂志编排栏目，组写稿件。时任中共中央主席的胡耀邦听说此事很高兴，他指示说，要充分利用航机杂志在客舱自由阅读的特点，向中外旅客介绍我们伟大祖国的大好河山、悠久文化和人民生活，通过这些引人兴趣又容易接受的内容，让读者具体了解改革开放带给中国的变化。他说，杂志上不要刊登我们召开的会议和我们的照片，这样，许多人就可以把杂志拿走，带回他们的国家，让更多的人了解中国。

在那个时候，听到胡耀邦同志富有新意的指示，我们豁然开朗，手脚放开，有信心创办一本图文并茂，饶有情趣的对外杂志，让久离祖国的侨胞、海外华人和关心中国发展的外国朋友通过杂志这扇"窗口"了解改革开放中的中国。

很快，旅游风光、传统文化这两个板块都有了选题，人民生活这一块怎么定呢？我想到了爱新觉罗·溥仪和他那本《我的前半生》。虽然他已去世，可他的二弟溥杰和四弟溥任还健在，无疑，这个家族的变化不仅曾经牵动过中国历史的走向，而且最能体现新中国带给人们命运的深刻变化。溥仪"从皇帝到公民"的命运曾经感动全世界。而曾为皇帝四弟的金友之（溥任）老师却一直默默无闻，心甘情愿地当一名小学老师。我拟定在《中国民航》航机杂志中开设"醇亲王府的回忆"专栏，介绍溥任和他的一家，有关领导很赞成这个选题。

一、初识皇弟

那是1981年的秋天，经老同学朱文相（著名戏曲理论家张庚先生的得意门生、学者、教授、原中国戏曲学院院长）介绍，我专程去拜访末代皇帝溥仪的四弟溥任先生。行前，文相一再叮嘱，溥老平素以金友之行名于世，他甘于淡泊，喜欢平静，极少谈及爱新觉罗及其家事，所以，见面要称金老师，免得访问受阻。

小胡同近邻闹市，却因窄长进不了汽车而很安静。这是京城一处很古旧的普通住家。一抹斑驳矮墙，闪出两扇简陋的木门。既没有气派的广亮大门，也不似一座周正的四合院，什么门楼、门礅之类的装饰，一概皆无，连起码的门面都没有。这难道就是当年赫赫皇族后裔的家？我迟疑着按响了门铃。

过了有一会儿，应声开门的正是金友之老师。他高高的个子，满脸堆笑，一身儿洗得发白的蓝涤卡中山服，看模样就很像溥仪，只是更精神、更魁梧。金老师客客气气地在前面引路，穿过一重小院，进入主人起居的三合正院，金老师止步了，他谦和地让进、让座、让茶，然后静静地听我说明来意。出乎意料，他沉思了片刻，还是同意为杂志写稿，只是说明，只写些他熟悉的昔日王府的生活趣事，比如怎么过春节，怎么过端午，等等。我们尊重金先生的意见，没有强求。

好在来日方长，彼此都该有个了解的过程。

杂志创刊后，《醇亲王府的回忆》连载了几期，因为文字平实，生活情趣很浓，很受中外读者的欢迎。难得的是，读者可以从亲历者的笔下，真切地了解清末民初摄政王府的实际生活。这里虽无勾魂摄魄的情节，却也如一泓清水，细微毕现，可以从中领悟不少哲理，匡正世间高烧不下的种种低俗的流传。后来，连载终止了。我却和金友之先生的交往不断加深，成了无话不谈的忘年交。日子长了，我也从频繁的接触中，对金友之先生和他的夫人张茂滢女士的为人处世有了更具体的了解，深深感到这是一位出身不凡家庭的平凡老人。

金友之先生本名爱新觉罗·溥任，1918年9月21日出生在北京什刹海北岸醇亲王府（今宋庆龄北京故居）。按照当时颁发的"优待皇室条件"，那时，醇亲王府依然维系着昔日的显赫。说这个醇亲王府不同凡响，是因为这一家三世"两度潜龙"，先后出过两位皇帝：一位是溥任的二伯父光绪皇帝载湉，另一位是他的大哥宣统皇帝溥仪。他是醇亲王的第三代传人。

平日闲谈中，免不了要说到溥任先生的祖父，第一代醇亲王奕𫍽（1840—1891），他是道光皇帝的七子、咸丰皇帝奕詝的亲弟弟。溥任的大祖母是慈禧太后的妹妹叶赫那拉氏。在咸丰朝的11年间，奕𫍽只在他10岁那年，因为咸丰登基被照例封为醇郡王，此外几乎没有受过多大的晋封。1861年8月22日咸丰帝奕詝在承德避暑山庄内外交困中病死。慈禧、慈安两宫皇太后倚仗恭亲王弈䜣和醇亲王奕𫍽，处置了顾命的八大臣，夺得政权，实行垂帘听政，史称"辛酉政变"（"北京政变"）。在这次政变中，奕𫍽以擒拿肃顺的奇功深得妻姐慈禧的信赖，自此官阶累升：封为正黄旗汉军都统、正黄旗领侍卫内大臣、御前大臣、后扈卫大臣，管理善扑营事务、署理奉宸苑事务、管理正黄旗新旧营房事务、管理火枪营事务、管理神机营事务……1871年晋封亲王。1875年1月慈禧所生的同治帝载淳病死，慈禧指定奕𫍽的四岁儿子载湉入宫，继承他的堂兄而成为光绪皇帝。奕𫍽是皇帝的本生父，自然位极人臣。

再说溥任先生的父亲爱新觉罗·载沣（1883－1951）。他1883年2月出生在北京西城区太平湖醇亲王府（今为中央音乐学院所在地），9岁时继承醇亲王位，18岁受命为头等专使大臣赴德，为克林德之死去赔礼道歉，顺便考察军事。他22岁时，长子溥仪生于后海醇亲王府。1908年11月3日慈禧召见载沣等人，宣布立溥仪为嗣皇帝。第二天光绪帝卒，慈禧懿旨，即授载沣为监国摄政王。不出24小时，掌控国运48年之久的慈禧病逝。一下子，大厦将倾的大清王朝压在了载沣的肩上。

很明显，在清末这几十年的大动荡中，醇亲王府一直以其特殊的地位和作用，处于政治漩涡的中心。随着中国最后一个封建王朝的结束，笼罩在爱新觉罗后裔身上的神秘色彩，不仅没有逐渐消失，反而在一个时期乌烟瘴气地弥漫。甚至，有的媒体以讹传讹，用随意的戏说和低俗的演绎混淆历史，欺骗世人，猎取高涨的收视率。更有甚者，竟先后跳出来，声称自己是什么人的私生子，是什么人的兄弟，大言不惭，招摇过市，且获得一时的名利。这些杂乱不堪的信息和事实，戏弄了历史，直接干扰了溥任家人的平静生活，使他既气愤又无奈。他也渐渐感到，回避过去、"大隐隐于市"的做法并不现实。所以，我们日常交谈的话题，也常常涉及与他家有关的一些史实。

二、显赫背后的隐忧

一个少有的炎热而漫长的夏天甫过，我应约走进满径花草的小院。溥任先生说，今年的牵牛花开得特别好，紫色白边，"小喇叭"张着小嘴儿爬得满墙满地。我即景生情，就势请溥任先生在花丛中留个影。

这次谈话的内容大多集中在他的父亲载沣老先生的几件往事：

> 溥任说，父亲有四个儿子：大哥溥仪，1967年病故。二哥溥杰，1994年3月去世。三弟溥倛，幼年早殇。他落生那年，父亲已经35岁了。但是从他一出生，到1951年父亲病逝，他一直同父亲在一起。

第二代醇亲王载沣的一生跌宕起伏很不平静。

他受第一代醇亲王奕譞的影响很大。溥任先生说，父亲时常对他讲，你的祖父虽然位极人臣，官衔屡加，被赐以"亲王双俸""世袭罔替"的殊勋，进宫恩赐"紫禁城内乘坐四人轿"。但他身居庙堂高位，深知政治风浪的险恶，常有高处不胜寒、如履薄冰之感。所以他为人谦抑，遇事退让，无事不小心、无处不谨慎，常怀戒惧心理。比如，府里的堂号，他不附庸风雅，而是起名"思谦堂""九思堂""退省斋"；自己的号是"朴庵""退潜居士"。他的次子载湉被慈禧立为皇帝以后，忧惧心理更加强烈。他总是利用一切机会，力辞一连串恩赐的官衔，表明自己在政治上没有野心，克己奉公，安分守己，就连日常使用和陈设的物品上，也常常刻字留文，借以警示自己，教训子孙。

溥任先生讲述说，记得他父亲写字时，总要使用祖父遗留下的一把象牙镇尺，微黄的尺面上刻着祖父手书的"闲可养心退思补过"，表明他希冀在难得的清闲中，既可养心，又能补过，寻求安享太平的日子。当然，对已然深陷政治漩涡的祖父来说，这八个意味深长的字，只能是可遇而不可求的。

溥任先生记得在家里正堂的条案上，曾摆放过一件黄铜制作的"欹器"。父亲告诉他，那是祖父在光绪十五年（1898）二月，仿照古书的记载，请能工巧匠专门制作的。"欹器"当时陈设在太平湖醇亲王府的思谦堂正中的大条案上，作为每日必视之物，可见重视非常。父亲告诉他，欹器本自我国古代农田灌溉汲水用的陶罐，后来有人依据它的汲水原理，改装成精巧的"欹器"，成了一种警戒的器物。孔子周游列国时，在鲁桓公的庙堂里见到这个"宥坐之器"（置于人君座右的警示之器）。孔子说："吾闻宥坐之器者，虚则欹，中则正，满则覆。"那意思是告诫人们"满招损，谦受益"。后来，光绪皇帝知道了这件事，也叫人做了一个欹器，摆在宫里，警示自己。

奕𫍽五十大寿时，宾客盈门，贺礼如云，府里府外很喧闹了一阵子。然而，奕𫍽在繁忙的应酬之余，却叫人按照他的意思，精心制作了一面桦木镜。溥任先生从柜中取出了这件文物。只见淡黄的桦木镜面镌刻着他的手书"有镜之名无其用，吾人鉴之宜自重"十四个翠绿的字，很醒目，也很耐人寻味。我反复把玩，照照自己，照照窗外，什么也反映不出来，只有木镜上的字闪着绿光。镜面照不出人，也照不出景，真的是"有镜之名无其用"，我哑然失笑了。溥任先生一旁看着，也绷不住笑了。俗话说，木头眼镜看不透，那做个木头镜子，不是更让人照不见、看不透吗？这又所为何来呢？

老王爷五十大寿，寿礼珍贵无比，堆积如山。他不用珍珠玛瑙作纪念，而是选用东北家乡的桦木做了一面精致的木镜，铭记五十年人生的至深感悟，警示自己在险恶莫测、自身难保的政治斗争中，以慎独、九思、思谦、思退而自省自重，用意是很深沉的。这或许可以作为他"五十而知天命"的一个旁注。天命难违！

我很为老王爷处事维艰的境遇而感慨。追思他的一生，光耀非常是他外显的一面；又有谁知他每每举步，总要左顾右盼，权衡再三才可落定脚步的另一面呢？他深知，稍有不慎，丢官事小，身败名裂、惨遭灭门也不是不可能的。这样的事他的身旁又发生了多少啊！但今之世人，只以为他唯唯诺诺，无所作为，唯慈禧之命是听，全仗着慈禧的恩典飞黄腾达，不过是位平庸无能的王爷。实乃不了解他的苦衷。其实，他内心很郁闷，心常惕惕，由衷地憧憬着另一种平静、恬淡的生活。

溥任先生引我走进他的书房兼卧室，指着墙上一帧古字说："这是我祖父为后代子孙亲笔书写的治家格言，要求我们每个孩子都要做到能背会讲。当时挂在我祖母的屋内，为的是我们每天请安时都能看得见。"说着，溥任先生念了起来：

> 财也大，产也大，后来儿孙祸也大。
> 借问此理是若何？儿孙钱多胆也大。
> 天样大事都不怕，不丧身家不肯罢。
> 财也少，产也少，后来儿孙祸也少。
> 若问此理是若何？子孙钱少胆也小。
> 些微产业知自保，俭使俭用也过了。
> 右古歌，词俚而味长，录以自儆。
> 退潜居士。

奕𫍽为了让儿孙好念、好懂、好背，特意用类似顺口溜、大白话来写治家格言，力求"词俚而味长"。醇亲王福晋、慈禧的妹妹静寿主人，很赞许这个治家格言。溥任先生指着古字的左下角说："看，格言结尾签名处，我祖父自称'退潜居士'，以示不思进取，只求隐姓埋名，过苦行僧似的生活。他还特别注明，这个格言'*静寿主人阅之，颇称许。附志之。*'说明这是他们两人的共同主张。其实我祖母和她姐姐慈禧脾气秉性并不一样。听老人们讲，慈禧的儿子同治帝病逝时，她还传我祖母进宫听戏。我祖母不能不去，可听戏时，她闭着眼，背对着舞台，说：现在是国丧，我不能看戏。慈禧理亏，也没话说。后来慈禧强令我二伯父载湉进宫继位，我祖母深知凶多吉少，悲痛欲绝，伤极而亡。"

我凝视着挂在卧室东墙上的格言真迹，篇幅不大，绢片已呈古铜色，奕𫍽端正的楷书一丝不苟，十分醒目。原本这幅格言因为长时间卷着收藏，受潮粘连，已经不能打开。多亏高明的装裱匠把几尽粉碎的绢片展开，重新装裱，恢复原貌，令人叫绝！

而更令人赞叹的是，奕𫍽的治家格言真迹不仅历经战火动乱幸存至今，而且格言的精神果然不走样地传到今天，使他的子孙们不仅铭记，而且能行。

从他的五子、第二代醇亲王载沣的人生轨迹中，就可以隐约地看到其父谨慎、正直、谦恭、退让的遗风。

格言，应该是解读这个显赫家族精神文明的一把钥匙。

有一年夏天，有人出钱集合了一帮热得烫手的名角，赶拍一部载沣赴德国致歉，在那里与德国公主谈恋爱的电视剧。说是戏说，可用的是真人真事，而且涉及国际关系。溥任先生立即向有关领导义正辞严地讲明了史实，提供了证据，指出了利害关系。最后，在中央领导的干预下，这部拍了一半的闹剧停拍了。我们谈起了这段鲜为人知的往事。溥任先生讲起了十八岁的载沣1901年代表他的皇兄光绪帝载湉出使德国的故事。

1900年，岁在庚子。这年的6月20日清晨，神机营章京恩海率队巡街时，在东单牌楼总布胡同西口，偶遇德国驻华公使克林德开枪寻衅，恩海还击，当场将克林德击毙。这下，洋人有了借口，八国联军于8月14日攻陷北京。8月15日慈禧太后同光绪皇帝仓皇逃出北京。1901年9月7日完全按照帝国主义的侵略要求，正式签订了丧权辱国的《辛丑条约》。

条约的第一款就规定：德国公使克林德被戕一事，除派醇亲王载沣前往德国致歉外，还在被戕地点建立牌坊，用拉丁、德、汉各文列叙光绪皇帝惋惜凶事之旨。（"克林德碑"于一战后1918年11月由东单牌楼移至中山公园大门内，改题"公理战胜"，1953年改为郭沫若题"保卫和平"坊。）1901年6月4日，慈禧电诏载沣为"头等专使大臣"，由内阁学士张翼（张茂滢的祖父）和副都统荫昌等43人随从，前往德国向德皇呈递国书。

国事家事均非等闲，更何况王命在身、军情紧急！载沣一行是肩负着既沉重又庄严的国家使命前往德国的。两位随行大臣，一位老成历练，一位精通洋务，可见事先是做了种种应变准备的。

溥任先生说，他们走到瑞士西北靠近德国的巴塞尔市，其父就托病不前了。传来消息说，暴躁好战的德皇威廉二世要求中国特使觐见时"德主坐见，醇亲王行三鞠躬礼。参赞入见者均叩首！"这和光绪帝陛见德亲王亨利"出立御坐并赐坐"的优礼大相径庭。这不仅不符合对等的外交礼仪，而且是蓄意在国际上羞辱清帝国。载沣说："这不成！本来是来道歉的，再下跪就成耻辱了。"当即转告德皇不能从命。如非要下跪，就转道回国，不道歉了。

威廉二世迫于特使的坚决和国际舆论的压力，只好同意以亲王的礼节来接待。溥任先生接着说："一见面，德皇挺客气，把我父亲安排住在德皇的一个离宫里。当天下午德皇亲赴离宫回拜。还请他一起阅兵，规格很高。在德期间，我父亲始终保持不卑不亢的态度，赢得中外报纸的赞扬，赞他天潢贵胄，不避'重洋多阻，风波险恶，使于四方，不辱君命'。"

溥任先生说，他父亲那时虽然只有十八岁，但生活在那样的家庭，无事不小心，更何况这样的大事。父亲出使德国，远离王朝，牢记使命，随机应变，在两位老臣的襄助和众随从的协助下，比较顺利地完成了这件国内外关注的大事已很不容易,怎么可能发生与德国公主谈恋爱的事呢?使德的过程都清清楚楚地记在他父亲的日记里,这本《使德》纪事是一份珍贵的史料。

光绪二十七年,父亲从德国回来,在开封迎上了回京的銮驾。他向慈禧和光绪奏复了使德赔礼受到礼遇的情况,慈禧嘉勉了一番。十一月护驾走到保定,奉到了慈禧"指婚"荣禄女儿瓜儿加氏为醇亲王福晋的懿旨。光绪三十四年(1900)载沣出任军机大臣。这年的十月,慈禧在颐和园过了她74岁的生日,得了痢疾。卧病的第十天,她突然决定立溥仪为嗣皇帝,"著摄政王载沣监国"。十月二十一日光绪皇帝驾崩,第二天,慈禧也去世了。慈禧死前还在争分夺秒地安排王朝后事。十一月初九日,三岁的溥仪在太和殿登基,年号宣统,成了清代十二朝最后的一位皇帝。

三、惊惧牵来的安然

溥任先生接着说:"这年,我父亲才26岁,虽说是监国摄政王,可实权却掌握在庆亲王奕劻的手里。1911年12月6日,我父亲迫于时势和内外的压力,向隆裕皇太后缴还监国摄政王的印章,奏请辞位。他在笔记中登录:'宣统三年十月十六日,内阁奉懿旨仍以醇亲王退归藩邸,不再议政。'"

说到当时全国爆发的革命浪潮,溥任先生说:"我父亲很清楚,这是大势所趋,谁也挡不住。1912年9月10日,孙中山先生到北京与袁世凯会商政务时,专程来到后海醇亲王府,访问了我父亲载沣。孙先生对他能交出政权,赞成共和,免得生灵涂炭给予很好的评价,认为他对革命是有贡献的。孙先生还把一张有他亲笔签名的照片送给我父亲。我父亲一直珍藏。1952年我把这张具有历史意义的照片,交给了中国革命博物馆。"

溥任先生说:"我父亲的一生经历清末、民国、日伪和新中国四个历史时期,他深受帝制之苦、之害、之累,所以,民国以后他始终反对和拒绝参加一些贵族和遗老们不遗余力地复辟大清王朝的活动。'九·一八'之前,我父亲曾先后两次劝过溥仪不要再生妄想,结果都是不欢而散。因为溥仪当时被身边的郑孝胥、罗振玉一些人迷惑得头昏脑涨,说什么他都听不进去。

1931年溥仪去了东北,1932年他出任伪满洲国'执政',1934年3月改称'满洲帝国皇帝',我和父亲依然住在天津。记得我十三四岁的时候,父亲带着我以私人身份去了趟长春,看望大哥溥仪和我二哥溥杰。去后见他处处受制于日本人,心里很别扭。当时溥仪不觉悟,觉得自己又当上了皇帝。我父亲背着溥仪跟我说,当人家的儿皇帝有什么好,连石敬瑭都不如!

我父亲在长春心里不痛快，病了。溥仪却不让我们回家，说天津有危险。我父亲急了说，我什么政治上的事儿都没参加，谁都能谅解我，不会对我怎么样。于是我父亲连着两顿饭没吃，溥仪一害怕，赶紧买车票，把我们给送回来了。当时我父亲明着不吃饭，实际暗地里吃点点心，吓唬溥仪，好早点回天津。从此我父亲抑郁成病，不能行走。后来天津发大水，我们就搬回北京了。"

　　1947年，溥任先生在父亲的支持下，利用府里的空房办了个竞业小学，取兢兢业业的意思。载沣是董事长，溥任是校长，妹妹当老师，人手不够，溥任也代课。因为小学是私立的，全靠变卖家里的东西维持。"但大家心齐，肯出力，小学办得很有成绩，好的时候有200多名学生。"

　　解放前夕，国民党军队进驻王府正宅，特务机关也看中了这座幽深的王府，里面秘设了监狱。溥任一家搬到了西侧的花园里。载沣病重，只能坐轮椅活动。全家里里外外、大事小情全靠20多岁的溥任一力担承。那时，大哥溥仪和二哥溥杰自满洲国覆灭后生死不知；解放大军势如破竹、围困北京事态不明，而每日艰难不安的生活又受到府内军、特务的骚扰，困苦可知。"那真是度日如年呐！"溥任回忆说。

　　1949年1月30日，北平和平解放，盘踞府里的军队、特务一扫而光。王府又恢复了往日的宁静，然而卧病在床的载沣心里总不轻松。全家赖以生存的王府产业会不会被人民政府没收，一家老小今后的生活怎么办？

　　答案出人意料，又令全家皆大欢喜。当时的市领导请示了中央，醇亲王府作为载沣的私产，政府可以出钱收购，以解当时办公用房短缺之急。1949年10月，载沣让溥任出面把王府出售给高级工业学校，年底，全家迁到东城魏家胡同一个挺大的宅院。1953年3月，遵父命，溥任把王府的金印、银册等40多件珍贵文物和《廿四史》等七千多册珍版图书无偿献给国家文物局。此后，还陆续把府藏的一大批图书献给北京大学、北京图书馆等单位。载沣还率先废除了繁文缛节，欣然同意七女韫欢与一个平民的自由恋爱，并派溥任作代表出席了韫欢和他爱人乔宏志参加的集体婚礼。这时传来确切的消息：溥仪和溥杰还活着，正在苏联战俘营接受改造。载沣释然了，他相信在共产党领导下，新中国大有希望。1951年2月3日，第二代醇亲王、宣统皇帝的生父、清王朝最后一位监国摄政王、中华人民共和国公民爱新觉罗·载沣先生因患尿毒症在北京家中病逝，离他68岁生日仅差几天。溥任先生操办了丧事，将父亲安葬在北京西郊福田公墓。

四、心地平和度余年

溥任先生说:"1960年1月26日,周恩来总理在全国政协亲切地接见了特赦回来的溥仪和家族的成员。他对溥仪说,以前你做了三年小皇帝,历史上承认你是中国的皇帝。那时你还小,父亲掌权,很多事情没有你的责任。张勋复辟的时候,你还在念书,才十岁,还是个孩子,也没有你的责任。到了'九·一八'以后,二十多岁,成年了,伪满这一段事就得你负责任了。听说当时父亲反对他去东北。溥仪听了只是点头,没有言语。说到父亲载沣,周总理说,载沣在辛亥革命爆发后,主动辞去监国摄政王的职位,没有主张对革命进行武力反抗,也不反对宣统皇帝逊位,顺应了时代的潮流,客观上有利于革命。赋闲回家后,他抵制遗老遗少的复辟活动,没有屈从日本人的劝诱,不去东北,与'满洲国'划清界限,充分表现了他的民族气节、政治胆识和魄力,这是他晚年最大的成功。解放后,他率先废除封建礼节,思想开通。周总理特别指出,载沣的国学底子厚,精通满文,对天文学有研究,又是清末、民国、日伪时代的见证人,本应对文史研究做出很好的贡献,政府也准备请他出来做工作,只是他去世太早,很可惜。听了周总理的话,我们全家都流下了感激的泪水。"

望着溥任先生敦厚、谦和的面容,听着他和和气气、从不高声的话语,我的思绪游走飘移,自然联想起溥仪、溥杰和溥任三兄弟所走过的不同的路。大路朝天,各走一边。溥任的一生注定了与父亲相随相伴,在社会没完没了的动荡中奔走京津,维系着醇王府这条古老破旧的大船。他看惯了官场商场的尔虞我诈,经历了一番番潮起潮落,却于五光十色中,平静地选择了以教育为业,承继了父亲"书癖"(载沣自号)的雅好。教育开启了孩子们的心灵,也拓展了溥任的心域。他爱孩子,那是美好的未来。他相信,明天会比今天更好。所以他乐意倾其所有、毫无保留地把自己一生的知识、感悟、理想、希望交给孩子们,听他们甜甜地叫一声"金老师",他心里比什么都知足。

1957年他把竞业小学连同房产一起交给了国家,在西板桥小学教书,后来又调到厂桥小学,直到1988年退休。40年教学生涯使他赢得了人们的尊敬和爱护。他被评为小学高级教师,桃李满天下。回忆过去,他充满温情:"那阵儿学校里一周20多节课,语文、算术都教,很累。现在我这嗓子说话都很费劲,有慢性咽炎,就是教课说话多了。那时候,每人也就挣四五十块钱,可没有人说累,干得还挺来劲儿。"

他说当老师虽然辛苦,但是看到孩子们不断成长,有一些人还能有所成就,心里感到很安慰很快乐。走在街上常有一些四五十岁的人给他鞠躬,叫他"金老师"。教他们的时候,都是不大的孩子,可如今有的都退休了。人这一辈子有多快呀!

"文革"期间,本校的红卫兵造反,在教室里拆毁桌椅,他看见了,怒不可遏,高喊:"你们要干什么?这是公共财产!"孩子们愣住了,没见过平素和和气气的金老师怎么会生这么大的气,乖乖地放下手里的家什,溜出了教室。"您说,我哪这么训过孩子呀?"说完,他嘿嘿地笑了。

在他书房兼卧室的西墙上,挂着一个紫檀木框的天然大理石画,尺寸不大,画面逼真地显现大河奔流,帆樯竞渡,红日西沉,山林缥缈的景色。我近前细看,怎么也解不开天工造化何以如此真切地描绘出人间胜景。我发现画的右上角,有强力打磨的痕迹,乃至凹了下去。溥任不好意思地说这画是慈禧赏给他祖父奕譞的,上面刻了赏赐经过。"文革"时,他给磨没了。我有些嗔怪他磨没了一段重要的记录。但转念一想,也是,他这若不多此一举,恐怕这幅大理石画也粉身碎骨了。

从堂屋迈进溥任先生的小书房,时常见他临窗挥毫,画的是工笔山水,写的是端庄的正楷,如同他的为人:公正平直、一丝不苟。后来眼力稍逊,就不画工笔只写字了。他秉承了爱新觉罗家族的艺术教育传统,受过清宫如意馆(书画馆)名师的启蒙,自然书画的造诣很深。

一年春天,我去看望他。他高兴地从床边大立柜里取出一个纸卷说:"昨天写的,觉得还好。您看看,要是喜欢送给您!"打开纸卷,一面工整的两行楷书赫然在目:"仙露明珠方朗润,松风水月比清华。"

上款"乙亥孟春中澣",下押两方闲章:圆形的阳文是"吾知足矣",长圆形的阴文是"言而有信",下款只题"溥任"二字,两方阴文名章是"爱新觉罗"和"溥任"。我喜欢他的字,如同敬重他的做人:一笔一划,方正平直。那两颗闲章是他的心语,九十几年,他一直是这么做的。

相比溥仪和溥杰二位兄长,溥任先生不仅长寿,而且还有着和美家庭。他的前妻叫金瑜庭,是光绪朝文华殿大学士兼内务府大臣世续的孙女。她的父亲在光绪年间授二品衔。夫妻二人感情和睦。1971年金瑜庭病逝。他们共有三子二女。长子金毓嶂,学地质,曾在贵州工作,后调回北京,曾任北京崇文区副区长兼北京市民族事务委员会副主任;次子金毓峑,北京工业大学教授,环境与能源工程学院副院长;大女儿金毓琨,是一位中学化学老师;次女金毓珵,是一名工人;幼子金毓岚,是朝阳区和平街第一中学的语文老师。1975年冬,57岁的溥任同54岁的张茂滢结婚。他们两家是世交。张茂滢的祖父张翼在光绪年间为内阁学士工部侍郎，曾随载沣出使德国，任参赞大臣。她的父亲是天津著名的文物收藏家张叔诚，"文革"后，他把家藏的文物献给国家，为此曾与天津另一收藏大家周叔弢先生所献文物在故宫联展，藏品之精美珍贵，收藏之广博一时轰动海内外。张茂滢温和敦厚，待人诚挚，是位度曲名家。

1981年溥任当选为北京市西城区政协委员和人大代表。1988年又当选为北京市政协委员，他还是北京市文史馆馆员，许多书画社的名誉社长、顾问。前些年，他先后出访日本、新加坡、马来西亚、法属大溪地、韩国和中国香港地区，参加国际文化交流。1998年，鉴于溥任先生的工作精神和对社会的贡献，中共北京市委和北京市人民政府授予他"第四届首都民族团结进步模范"的光荣称号。凑巧的是，他的次子、北京工业大学教授金毓垄也因教学科研多有建树而同时获此光荣称号。

当我再次走进那个熟悉的小院，金老师已是92岁的垂垂老人。他的老伴张茂滢女士已先他而去，老伴的突然去世，给金老师挺大的打击。屋檐下，那一高一矮两辆他常骑的自行车还在，只是灰尘满身，我们再不能如往日那样，相随到琉璃厂逛旧书店、探寻太平湖南府了。老人早已失聪，只能勉强笔谈。说及往事，他失去了往昔的谈吐，只憨憨地笑，不置可否，是忘却，还是无心，或者兼有？我无从判断。只是当我拿出我们在2000年一起飞赴江南寻访康乾游迹的照片时，他开心地笑了，连连点头，写下"真好"两个字。我发现他写字不抖，腕力不减当年。

默坐着，又失去张茂滢老人的支应，终是难以交谈，我不得不告辞了。

告别金老师走出胡同，正是下班高峰。小胡同外的南锣鼓巷整饬一新，成了京城刻意打造的一条观光酒吧街。街上人来人往、喧闹嘈杂，完全没有了小院内那静谧浓郁的气氛。只几十年的光景，京城就已天翻地覆，换了人间。昔日丧权辱国、任人宰割的痛史，成了屏幕上戏说的闹剧；今人竞相攀比的物质享乐，很难再发生当年那种切肤之痛、痛不欲生，乃至舍生取义的激愤之情。跻身风驰电掣的车流间，我的感知还滞留在金老师往日侃侃而谈的故事中。面对今日金老师憨憨的笑，我有些悲凉，又想起那件"无其用"的木镜，"满招损"的欹器，古铜色的"治家格言"……顺而思量着醇亲王府一家几代人的荣辱浮沉，大清王朝268年的兴衰成败，不由得喟然长叹：那澎湃呼啸、不舍昼夜的时代洪流，卷走了多少人平凡与不凡的蹉跎岁月，又留下几许耐人寻思、振聋发聩的哲理呢？

历史，原来这样亲近，细腻得令人惊悚。

我的思绪，在秋风落日里格外纷繁。

尾 声
故事不远　近在眼前

　　一只名贵的翡翠扳指，孤零零地摆在首都博物馆的展柜中。浓绿的光，似火苗，舔噬着贪婪者的心；它的清润，又仿佛一泓冷泉，袭人双眸，沁人心脾，叫人凝视遐想。

　　这只翡翠扳指的主人，就是清末紫禁城人人皆知的大太监李连英。

　　距离北京150公里的直隶河间府大城县，是出太监的地方。

　　常有"乡亲"从宫里回来，穿着鲜亮，揣着大把的银子，尖着嗓子说，住在宫里，能天天见着皇上娘娘，还知道皇上吃什么，喝什么，怎么怎么的。村里的孩子都听傻了，馋得什么似的，要是有一天……大人赶忙给哈唬住了："知道吗？进宫先要把'小宝贝'割了去！死了都没脸见祖宗！"

　　皮匠李玉靠修皮靴为生。五个儿子五张嘴，都要从他手指头缝里讨吃喝。老二李英泰摔了个跟头，伤口不愈合，发烧昏迷。算命的说，若要逢凶化吉，不入空门入宫门。空门庙宇，整日拜佛念经，生活清苦，有多大指望？宫门显赫，却要舍弃男人的根本，断子绝孙，无颜祖先。左右为难，哪条道都不好走。反正生死有命，富贵在天。他横下一条心，走上了这条想成人又必须从不是"人"做起的登"天"路。

　　七岁净身，九岁进宫，小英泰鬼使神差地被分在懿贵妃兰儿的门下，改名李连英，这是命。从此，慈禧和小李子这对主仆，开始了身影相随的漫长历史。

慈禧化妆南海观世音

初进宫门，他就面临着一场争夺权力的殊死战！原来金钟玉磬、顶礼膜拜的背后，藏着那么多的倾轧、撕咬、暗杀、陷害。这里没有亲情真爱，只有你死我活！据说辛酉那年13岁的小连英，头发里藏着慈禧、慈安的手谕，冒着杀头的危险，不敢歇闲儿地把消息从热河奔送给京城的恭亲王奕䜣。政变成功了，两后垂帘了，大清王朝形似稳定，实际却开始朝着毁灭的深涧急速滑去！

慈禧擅权48年，"皮削李"不离左右。就这样，亿万臣民的生死存亡和几千年的华夏文明，在慈禧颐指气使、独霸朝纲和不经意的谈笑中，信手揉搓、毁弃，伤害惨重。空余下今生后世锥心刺骨的悔痛！人们在痛恨慈禧祸国殃民的同时，常常迁怒于李连英的助纣为虐。恶主子固然可恨，可她的狗奴才更可怜、更可卑，也更可恨！这种恨恨不已的情绪穿越时空，延宕至今。

光绪三十四年（1908）十月二十一日（11月14日）光绪帝薨，终年38岁。次日，慈禧病逝，终年73岁。不过20个小时，仇雠难解的母子俩倏然而逝，撇下一个谜和一个无人收拾、有人惦记的破烂摊子。李连英料理完慈禧的丧事，把慈禧生前赏赐给他的东西，悉数交给隆裕皇太后，当即辞位出宫，退出栖息了52年的紫禁城，淡然为民。

三年后，"于宣统三年二月初四（1911年3月4日）而死" "年六十有四"（《李连英墓葬碑文》）。李连英葬在京西恩济庄的太监墓地，占地20余亩，地面建筑和地下石宫规格很高。

1966年七八月间，六一学校的红卫兵"破四旧"，他们想起了校园内规模齐整的李连英墓园。"小将们"驱赶校长、书记、老师们，拆除了校园内李连英墓地的墓碑、石桥、石牌坊、石供桌；又用力刨挖掉宝顶，终于打开了李连英封闭55年的墓穴。开棺清出了李连英的遗骸，出土了五十几件殉葬的珍宝，其中有钻石帽正一个（直径1.6厘米）、花宝石镶钻石戒指一件（戒面2×1.4厘米）、光绪款金烟碟（盛放鼻烟的用具）一件（金重140.5克）、金珐琅怀表（光绪年制）一块、宋朝青玉环一件（直径5.7厘米）、汉朝青玉剑饰一件（高1.8厘米，宽5厘米）、汉朝玉镯一件（直径8厘米）和这枚翡翠扳指（高2.5厘米，直径3厘米）。

这一来，李连英的死，乃至他一生的荣辱、评议，又起波澜，成了人们津津乐道的一个谜：他是因病而死，尸骸腐坏呢；还是被仇家所杀，入葬时失去身躯，只留下一颗头颅呢？历史等待解疑、重述，如同北京城到

尾声 故事不远 近在眼前

处留下的数不清的谜。

扳指,原本是一种辅助扳弓射箭、戴在右手大拇指上的"套儿"。它可以在右手或左手用力拉开粗硬的弓弦时,辅助瞄准,分散拇指的运动量,保护拇指不被勒伤。古人就地取材,选用鹿骨一类质涩而有韧性的东西,套在右手或左手的大拇指上。这样一个生活、战斗必不可少的工具,因为戴在显眼的拇指上,渐渐成了一种平素也不离拇指的豪华装饰,一种以物状人、随处显示、夸耀自己身份的奢华饰品。

在中国,扳指的历史很长。

无独有偶,上溯到公元前12世纪前半叶,协助商王武丁重整王朝的大妃妇好,也用过一枚镌刻着斑斓兽纹的青玉扳指。1976年出土后,我们发现这枚青玉扳指色青绿,有褐斑,呈圆筒状,下端平齐,上端为斜口,结构合理,恰可套进成人的大拇指中。青玉扳指高2.7-3.8厘米,直径2.4厘米,壁厚0.4厘米。扳指的正面是以双钩线勾勒出的兽形:兽口向下、细长眉、菱形眼,两耳贴后,有一对尖角,尾下垂,短足前屈,兽鼻两侧各有一圆孔。扳指背面靠下端刻有凹槽,应该是叩弦受力处。端详这枚精美的青玉扳指,可以想见当年妇好大妃正是戴着这枚扳指征战无数,频取胜利。而我们的祖先竟能在三千多年前,用精湛的治玉技术,抽取玉芯保存玉套、构思雕琢出如此精美奇特的兽形,不能不叫人拍案称奇!

满族入关前,以游牧为生,骑马射箭为生存之必须。扳指常采用驼骨、鹿骨一类的物品,讲实用,不在乎修饰。八旗各旗都办有骑射学校,适龄少年必须入校培训。小友相聚,免不了争强好胜,比美夸好。扳指就成了比赛箭射之外的一件可夸的物件了。及至大清建国、稳坐江山后,上自皇上、王爷、贝勒、贝子,下至八旗子弟、世间混混,都把扳指当成一件显示富贵权势的标志,完全没有了当年镝鸣沙场的记忆。

功能转换为奢华饰品的扳指,用料广泛,争奇斗胜,材质无所不用其极,如犀角、驼骨、象牙、水晶、翡翠、珊瑚、美玉、名瓷、黄金、白银、亮铜、镶铁,等等,伴有镌刻字画于扳指面上,精益求精,不厌其繁地加以修饰,彰显其华贵无比。扳指凸现了身份的华贵,却抹杀了尚武的精神,堕落了原本材质的朴实,滑向一条沉沦的末路。"玩物丧志"者也,古训犹然!

由此,又想到李连英那枚翡翠扳指。他是罕见的二品顶戴、钦赐黄马褂、内廷三千多太监的大总管。与其高贵的身份相配,右手大拇指上的扳指,该是什么成色,什么身价?谁能比,谁又敢比!

生不离手,死不离身,可见这枚扳指的名贵和它与李连英的密切程度。

有个说法，广为流传：

一次李连英看见恭亲王奕䜣手上戴着枚翡翠扳指，浓、纯、清、润，翡翠的优美材质占全了，世间少见。李连英紧盯着扳指，不由得喊了声："好！"要求恭亲王把这个"小玩意儿""赏"给他。恭亲王婉拒了。次日上朝，说完公事，慈禧瞥了眼奕䜣手上的扳指，问，听说你得了枚翡翠扳指？恭亲王心知肚明地赶忙奉上。过了几天，恭亲王看见李连英志满意得地用丝巾擦拭着那枚翡翠扳指。

故事挺符合民众心目中的慈禧和李连英。主恶仆邪，气焰嚣张，唯利是图嘛！

然而，稍加冷静思索，就不难产生疑问：为了一枚小小的扳指，统管内廷全体太监的大总管，竟去搬动心计多端的主子，耍弄权倾朝野的亲王，他敢吗，犯得上吗？

再者，擅长和"鬼子"打交道、识时通变的恭亲王，会因为一枚小小的扳指，去得罪老佛爷身边的李大总管吗？

而掌控大清江山的慈禧，能助长手下的奴才向自己的政治盟友讨便宜，破坏预设的政治布局吗？孰大孰小，孰轻孰重，心细如发的慈禧老佛爷会掂量不出来？

人们常常有意无意地误解了历史，看轻了历史，甚至任意戏说历史。总以为历史如戏台，不过是"你方唱罢我登场""一朝天子一朝臣"；那台上的人物非忠即奸，不好即坏，绝没有第三条路可走！比如脸谱，你看，好坏都写在脸上呢：红脸忠、白脸奸、黄脸猛、金脸仙，一目了然，到头来"善有善报，恶有恶报，善恶未报，时间未到"。忍着吧，甭急，"天塌下来，自有高个子人顶着"。"历史"就这么简单明白，是是非非，恩恩怨怨，清清楚楚。多少年来，人们就是被这样一个歪理牵着鼻子走，不知误了多少人，多少事，多少朝代！

结果，红卫兵小将们爱憎分明，严督老师刨了大坏蛋李连英的坟；而从此世间流传开李连英遭报被杀，空留下一颗人头入葬。你说惨不惨？

如今，人们面对一件件屡经磨难，依然光彩熠熠的文物，只是惊叹它的价值连城，举世无双，蓄意占有，却扬弃了它坎坷的身世和历史的尊严与教训，令我们茫然无知昨天的嘱托，今日该向何方？

李连英生活于中国最后一个封建王朝覆灭的前夜，位处皇权中心，历经咸丰、同治、光绪、宣统四朝，是慈禧一生最宠信，也是相伴始终的太监。他的地位、威势,朝野皆知。但祸福难测、朝不保夕的处境也使他不敢骄矜,不敢涉政,容让谦退,只求主子欢心。慈禧临朝的48年中,战事不断,朝局诡秘,内忧外患,民不聊生:帝后、帝妃、后妃、帝臣、后臣、朝臣、中外、朝野……几乎处处堆满干柴、烈火,一擦即燃!李连英身处其中,自然明白他前后三任"同事",掉脑袋的结局。

血淋淋的前车之鉴,触目惊心。

他的前任、深受慈禧宠信的"太后掌案"安德海,就是因为骄横跋扈,惹怒了恭亲王奕䜣,被山东巡抚丁宝桢以违制出宫罪处死。事后,慈禧并未迁怒于丁,后来丁宝桢还升任川陕总督,殁于任上,朝廷优抚甚厚。

梳头房太监寇连才机敏正直,颇受慈禧喜爱,后掌会计。他见慈禧擅权,冷落光绪,杖责瑾珍二妃,不立太子,宠信佞臣,听戏享乐,挥霍财政,修复圆明园,殃及国民,结怨朝野,心中不忍,屡屡苦谏,遭到慈禧申斥。后来竟冒死上奏十项条陈,提出请归政皇上;请勿修圆明园以幽皇上;请勿演戏;请废颐和园;请罢修铁路;请革李鸿章职;请续修战备与日本战等。最后,慈禧终以祖训:内监不准言政事,处死了年仅十八岁的寇连才。

李连英由"掌案"升任"总管"后,他原来"太后掌案"的差使,交由王俊如接任。王失宠后,被发往盛京(沈阳),后被秘密处死。这三个人都在李连英的身边,朝夕相处,却因为骄矜跋扈,直言干政,失宠勿用,都落了个人头落地的下场。而宫里被打残、处死的太监,乃至废黜、处死的后妃又有多少?李连英身临其境,敢不束身自警吗!慈禧对他的信赖,除去他能随时随地讨得老佛爷的欢心外,就是他的自警、低调、不惹事。

在慈禧眼中,能像李连英这样"明白懂事"的还有一个人,那就是她的妹夫、位极人臣、享受世袭罔替殊荣的醇亲王奕譞。这位七王爷功高不显,处处退让。特别是自己的儿子(载湉)当了皇帝以后,反而凡事"九思",事事"退省",毫无进取之心,时时退思补过,这让慈禧暗暗满意。尽管大清国的命运,稳稳地掌控在她的手心里,她也从不掉以轻心。

光绪十二年(1886)五月,慈禧懿旨,让主掌海军衙门的醇亲王奕譞去烟台检阅海军,并赐皇帝出巡的杏黄轿。待遇之隆盛,等同皇帝出巡。醇亲王怎敢乘用,内心十分紧张。他力请李连英一同前往阅军,此举正中慈禧下怀。出京后,每见文武官员,醇亲王都让李连英随见,以使太后放心。而李连英也牢记安德海的教训,处处谨饬,时时收敛,穿布衣布靴,不戴二品的红顶,只戴七品县太爷的金顶,手持醇亲王的长烟袋、大皮烟荷包,低头躬身,站在醇亲王身边,随时侍侯装烟打火,殷勤备至。不知者,都以为他是醇亲王的得力随从。事毕,李连英赶忙躲入醇亲王的夹室,不见外官。回京后醇亲王大加赞许李连英的表现,慈禧也很高兴。原本有些御史言官,想乘机弹劾李连英违制出宫阅兵,终因无把柄可用而作罢。从这件事中,不难看出宫内的李连英和宫外的醇亲王是如何小心翼翼地为专横的慈禧所左右。

此外,李连英还必须得体地处理与帝、妃、宗室、重臣之间错综复杂的关系。

在宫里,如果整天只是心怀戒惧,一味地唯唯诺诺而无所作为也不成,依然会陷于朝不保夕的被动地位。李连英明白自己的地位,言谈举止首先要与"老佛爷"的心思丝丝入扣,既不能虚,又不能过,尺度合适;更不能狗仗人势,赶尽杀绝,不给自己留下回身余地。

据吴永《庚子西狩丛谈》记载,慈禧西逃出宫时,让气焰嚣张的二总管崔玉贵处死珍妃。投井前,垂死的珍妃高呼:"李俺答救命!李俺答救命!"此时,李连英并不在场。这绝望的呼喊,从一个侧面反映了李连英平日对珍主子的有限尊重和一些善意,他是奴才,不能随着慈禧的厌恶而落井下石。

在尖锐的帝后矛盾中,他绝口不言政事,默默地遵从太后,不表意见。"戊戌变法"失败后,他对光绪帝颇多同情和尊重。

王小航《方家园杂咏二十首并记事》中有一首诗,写的就是李连英。诗曰:

世态炎凉不堪论,蔑主惟知太后尊。
两夜垂裳恭待旦,膝前呜咽老黄门。

"黄门"就是皇门,指太监。王小航记述下这首诗背后的一段往事。

王小航写道,辛丑和约签定后,李鸿章殁于位,袁世凯署理直隶总督。为了迎接慈禧回銮,袁亲赴保定,为慈禧的行宫做了精心周到、极尽奢华的准备:

太后寝殿铺陈华美、供给周备,李连英室次之,皇上寝殿极冷落。宫监及内务府诸人趋奉太后事毕,各散去饮博或休息。李连英伺太后已睡,潜至皇上寝宫,小阁无一在者。上一人对灯兀坐。连英跪安毕,问曰:"主子为何这时还不睡?"上曰:"你看看这屋里,叫我怎么睡?"连英环视之,时正隆冬,宫中除硬胎之坐褥椅垫靠枕外,无他物。连英跪抱皇上之腿,痛哭曰:"奴才们罪该万死也!"连英出,旋抱衾枕至,曰:"今夜已深,不能再传他们。他们为奴才所备被褥,请主子将就用之。奴才罪上加罪,已无法

尾声　故事不远　近在眼前

也。"

余（王小航）尝闻上驷院卿福启言，上还京后，每追念西行之苦曰："若无李俺答，我活不到今日。"俺答，满语，如汉语之奶妈也。自戊戌以后，太后宫中，即二总管崔玉贵独揽大权，因连英出言谨慎，不敢附和逆谋，故太后疑忌之，以资格仍居大总管之名。

由此可见，再受宠的奴才，也有被主子疑忌、抛弃的时候，更何况慈禧这样反复无常的主子。幸亏老佛爷死得其时，李连英才拣了个全身而退。

宫中岁月，固然是衣鲜食美，而李连英活得并不自在。在老佛爷身边，时常有意想不到的大事小情发生，李要机敏面对，处理得当。费心费力不说，结果是吉是凶，孰难意料。

《清稗类钞·阉寺类》记了"李连英深衔德宗"一段事：

德宗（光绪）大渐，隆裕后欲视之，恐蹈孝哲后覆辙。彷徨无计，李连英进曰："皇帝疾甚，皇后何不视之？"隆裕曰："无老佛爷旨。"李曰："此何时？皇后速往。老佛爷见责，奴才任之。"后使得与德宗诀。

这个虽近人情却充满凶险的决定，李连英担当了，足以看出他修炼多年、积蓄下的政治智慧和应急的决断力。隆裕自然感激于心。李连英死后，隆裕太后赏赐千两白银，丧事也办得很隆重、很体面。他的墓制远超过一般妃嫔，规制很高。这也算李连英宫中一生，显赫一时，落了个寿终正寝。尽管他死后，宫廷内外对李的褒贬不一，甚至有人打主意想动他的财产，终无机可乘。

毕竟李连英在宫里眼见的、经历的太多了。他推人及己，知险恶，能收敛，有自知之明。李连英不像那些小人乍富、气焰嚣张的太监，稍稍得势就讲排场，比阔绰，作威作福，不管不顾。他一生不纳妻妾，弟兄们各过各的，不建大宅院。出宫后，他隐居西华门外的"花神庙"，平素不出门，不访友，过着半出家的日子，自甘默默，潜度余生，还不是怕招灾惹祸，晚年不保。

他常常警告身旁的人说："我受恩深重，不可失慎。天恩越大，性命越险，吾人不可不慎。"还说："一个内务府，每年稳稳当当的十万两银子，足够我花的，用不着交外官，交外官是有危险的。"这话说给人听，也是自解自警。

庚子后，袁世凯、杨士骧等人给老佛爷进贡的同时，也给李连英备一份。李收下后，再想法子把人情还回去。"收一千，还八百"，人情、面子，于情于礼都要说得过去。官场送礼的"规矩"，自古而然，就是皇上、太后、太祖、太宗也心安理得，一概照单全收。李连英能"收一千，还八百"，已经很不容易了。他知道，自己终究是个奴才，再得势，命也是攥在老佛爷手里。他知危自保，不忘形，有了这点"小聪明"。奇怪的是，一些念了一辈子书、出身三榜进士的官吏，却连这点"小聪明"也没有，旁若无人，为所欲为，直闹到"不丧身家不肯罢"！（《醇王家训》）最终，身败名裂，遗臭万年。皮削李始终记着自己是个奴才的"小聪明"，不值得思索、玩味吗？

这么说并不是给李连英翻案，只是击破人们历来口耳相传的成见，为历史人物提供一个设身处地、合情合理的说法。不欺瞒、不戏耍、不媚俗、不随意，还历史真实、合理的面目。

说到底，李连英不过是慈禧忠实的奴才，清朝的太监又不像明朝的太监那样跋扈，可以肆意弄权干政。因此，清兴清亡，他起不了决定作用，也担不了主要责任，他更不可能挺身而出，擎起一片蓝天，解民倒悬。奴才就是个奴才，为非作歹的劣迹，不可能被他的"小聪明"掩盖掉。李连英不是"助纣为虐"的符号，他曾是个活生生的人。在他身上，你不难发现"阿Q"的DNA，找到自己的影子。

在历史的明鉴上，你不难发现现世的影子。历史，就是过去那些人，发生过的那些事儿，可以欺瞒，可以歪曲，但不能戏说，不能抹杀。戏谑或掩盖历史终究是要遭报应的。

再见那枚翡翠扳指，依旧光彩诱人。从一件深埋在缅甸山石之下的璞玉，到雕琢成形，扳指作为一件器物，走过了三四千年的路程，由朴而华，听候人们注进智慧、灵巧和希望。虽然它被打扮成"光环"，去装饰权贵，填补空虚；但它的存在、变异，印证了人类文明进步的光辉。

如今，翡翠扳指出土重光，成了身价不菲的"文物"，而它最后的主人李连英，却灰飞烟灭、尸骨不存，空余下一段说不完的"闲话"，听任人们评说，见仁见智，各取所需。睹物思人，物是人非，有足够的经验教训摆在那儿，叫后人自己去品味。

李连英作为老北京的一个符号，留给我们不尽思索的空间，容我们去揣度猜想。我们又能从中得到多少愉悦、满足或醒悟呢？

老北京是有生命的。它的生命，植根于自身的历史演变、文化积累，它不仅仅留在史书的记载、地面上的建筑和地下的文物里，它还"活"在故事、传说、风俗、习惯、一代代人的记忆、思念、话语当中。这笔丰厚的非物质文化遗产，是城市生命的一部分，是它传宗接代、不失本色的根。

了解老北京，要从知晓老北京开始。知之，方能识之。这正是我们接过历史重任，让古都北京不断焕发新生力量的前提。"今胜昔"

是不争的事实；忆旧思故，也绝非是"没落阶级"垂死的哀鸣。小时候常听大人呵斥："别光吃饭不长记性！"有记性，不忘旧，是应有的觉悟，是做人的品格和处事的情操，是自强不息、与时俱进的基础。既然我们的祖先创造了辉煌的过去，他们的子孙就应接受这笔遗产，去创造更美好的未来！这里，不用回避我们曾经的幼稚和莽撞、冒犯和失误。北京城的生命正活泼地涌动在一代代新北京人的身体中。我们应该无愧先人，无愧北京！

追寻、阅读、温习老北京这本永远也读不完的书，可以在桌前、网上，也可以在街巷胡同里、古代建筑面前。北京的田野、山林、河水，都刻印着老北京的记忆。许多昨天的故事，均可启迪今人的智慧。解读老北京的人和事，可以使我们增智广识，拓展思路，培育情操，完善修养。因为，时代需要我们鉴知古今，做一个开朗通达、乐天知命的现代人。

图书在版编目（CIP）数据

老北京梦寻 / 杨澄著．—北京：北京大学出版社，2014.8
（北京学丛书·纪实系列）
ISBN 978-7-301-24424-1

Ⅰ.①老… Ⅱ.①杨… Ⅲ.①北京市－地方史 Ⅳ.①K291

中国版本图书馆CIP数据核字（2014）第137520号

书　　　名：	老北京梦寻
著作责任者：	杨　澄　著
责 任 编 辑：	陈　健　谢佳丽
标 准 书 号：	ISBN 978-7-301-24424-1/K·1049
出 版 发 行：	北京大学出版社
地　　　址：	北京市海淀区成府路205号　100871
网　　　址：	http://www.pup.cn
新 浪 微 博：	@北京大学出版社
电 子 信 箱：	ss@pup.pku.edu.cn
电　　　话：	邮购部 62752015　发行部 62750672　编辑部 62765016
	出版部 62754962
印　刷　者：	北京大学印刷厂
经　销　者：	新华书店
	787毫米×1092毫米　16开本　20印张　320千字
	2014年8月第1版　2014年8月第1次印刷
定　　　价：	45.00元

未经许可，不得以任何方式复制或抄袭本书之部分或全部内容。
版权所有，侵权必究
举报电话：010-62752024　电子信箱：fd@pup.pku.edu.cn

本书老照片选自拉贝等人拍摄的历史资料。
部分图片由金友之、张祖道、林胜利、梁立、矢井一平等人拍摄。